主编◎孙国瑞

ZHISHICHANQUANFAXUE

知识产权法学

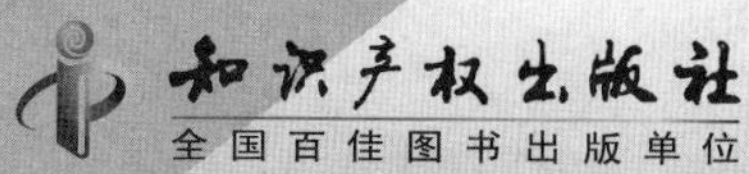

责任编辑：纪萍萍

图书在版编目（CIP）数据

知识产权法学／孙国瑞主编．—北京：知识产权出版社，2012.2

ISBN 978-7-5130-1065-8

Ⅰ．①知…　Ⅱ．①孙…　Ⅲ．①知识产权法学-中国-高等学校-教材　Ⅳ．①D923.401

中国版本图书馆 CIP 数据核字（2012）第 010603 号

知识产权法学

孙国瑞　主编

出版发行：知识产权出版社

社　　址：	北京市海淀区马甸南村 1 号	**邮　　编：**	100088
网　　址：	http：//www.ipph.cn	**邮　　箱：**	bjb@cnipr.com
发行电话：	010-82000860 转 8101/8102	**传　　真：**	010-82000860 转 8240
责编电话：	010-82000860 转 8130	**责编邮箱：**	jpp99@126.com
印　　刷：	知识产权出版社电子制印中心	**经　　销：**	新华书店及相关销售网点
开　　本：	720mm×960mm　1/16	**印　　张：**	17.25
版　　次：	2012 年 2 月第 1 版	**印　　次：**	2012 年 2 月第 1 次印刷
字　　数：	326 千字	**定　　价：**	48.00 元

ISBN 978-7-5130-1065-8/D・1401（3943）

内容简介

本书结合我国的相关立法和司法实践，特别是2008年专利法的修改和2010年著作权法的修改，并借鉴学术界的最新研究成果编写而成，较为全面地分析和阐述了知识产权法律制度及其发展趋势。本书的内容包括知识产权的基本理论，著作权法，商标法，专利法和商业秘密、植物新品种、集成电路布图设计等其他知识产权以及知识产权的国际保护六大部分。

本书适合高等院校法学专业的学生使用，也可以作为对知识产权法律制度感兴趣的各界人士的参考读本。衷心希望读者提出宝贵意见和建议，以便今后修订。

《知识产权法学》撰写人员：

1. 知识产权总论＋著作权法（北京航空航天大学法学院 孙国瑞 撰写）

2. 专利法（北京科技大学法律系 郑瑞琨 撰写）

3. 商标法（广州大学法学院 杨淑霞 河南财经政法大学法学院 金多才 撰写）

4. 植物新品种权＋集成电路布图设计法律制度（河北农业大学法律系 邵彩玲 撰写）

5. 商业秘密法律保护（北京交通大学法律系 毕颖 撰写）

6. 知识产权国际保护（北京交通大学法律系 张春雨 撰写）

目　录

第一章 知识产权概述
——知识产权与知识产权法

第一节 知识产权的概念和特征

一、知识产权的概念

任何制度的产生都是社会发展客观需要的结果。20 世纪 90 年代以来，特别是进入 21 世纪以来，随着我国市场经济体制的逐步建立和经济全球化浪潮的日益高涨，法律在为市场经济建设服务和积极应对经济全球化方面的功能，表现得越发明显。在这些法律及其相关制度中，知识产权法律制度在促进科技第一生产力与经济建设的全面结合上，在加强对外科技交流合作以及经济贸易交往中更是功勋卓著。国内外的实践证明，一个国家如果忽视其知识产权法律制度的建设，那么，它必将在本国的经济建设、科学研究、技术开发和国际经济贸易交往中处于十分不利的地位。

我们研究知识产权法，首先应当明确知识产权的基本概念。知识产权是一个外来词汇，即“Intellectual Property”。欧洲和东南亚的部分国家和地区将知识产权称为“无形财产权”（Intangible Property）、“无体财产权”、“智慧财产权”等，前苏联曾经称之为“智力成果权”。关于知识产权的概念和知识产权所包含的内容，国内外的专家学者存在着不同的看法，而且，随着科学技术的发展，人们对知识产权的理解还将发生变化。目前，学术界对知识产权的概念主要有三种表述方式。

其一，根据大陆法系一贯的表达方式，对知识产权做一个高度抽象的概括。比如，知识产权，就是人们基于知识或者智慧而产生的权利。或者知识产权是人们对其脑力劳动创造的精神财富所应享有的合法权利。[1] 还可以表述为：知识产权是一种无形产权，它是指在智力创造活动中，智力劳动者和智力成果所有者依法享有的权利。

其二，知识产权是人们对于自己的智力活动所获得的成果和经营管理活动

---

[1] 孙国瑞：《知识产权》，西苑出版社 1998 年版，第 2 页；张平：《知识产权法详论》，北京大学出版社 1994 年版，第 3 页。

中的标记、信誉依法享有的权利。[1] 这仍是以概括的方式给知识产权下定义，但是，看问题的角度已有明显的变化。在国际保护工业产权协会（AIPPI）1992 年东京大会上，与会的各国人士普遍认为，在知识产权名义下的权利并非都是智力创造成果。于是，专家们将知识产权划分为“创造性成果权利”和“识别性标记权利”两大类。

其三，知识产权是指人们对智力创造成果和工商业标记依法享有的权利，包括专利权、商标权、著作权和反不正当竞争权、商业秘密权、地理标记权、植物新品种权、集成电路布图设计权等。这一定义方式使用了概括式加列举式，避免了概括式定义的弊端，从知识产权的范围出发对其下定义，是一种比较稳妥的方法。

如上文所述，知识产权主要包括专利权、商标权和著作权三大板块，前二者可合称为“工业产权”，著作权也可称之为“版权”（有的国家将其称为“作者权”）。[2] 关于知识产权的范围，现存的三个知识产权保护的国际公约做了明确的圈定。首先是 1883 年签订的《保护工业产权巴黎公约》（以下简称《巴黎公约》，后来经过多次修订），该公约规定工业产权的保护对象主要是：

（1）发明专利；

（2）实用新型专利（实用新型在有的国家被称为“小发明”）；

（3）工业品外观设计专利；

（4）商标；

（5）服务标记；

（6）厂商名称；

（7）货源标记（产地标记和原产地名称）；

（8）制止不正当竞争。

从该公约的名称可以看出，虽然《巴黎公约》所关注的主要是对工业产权的保护，但对我们学习和理解知识产权的范围还是有一定的帮助的。

其次是 1967 年 7 月 14 日在瑞典首都斯德哥尔摩签订的《建立知识产权组织公约》。该公约对知识产权作了较为系统和广泛的解释，它把知识产权划分为“工业产权”和“版权”两大类。《建立知识产权组织公约》的第 2 条规定，“知识产权”包括下列有关的产权：

（1）文学、艺术和科学著作或作品；

（2）表演艺术家的演出、唱片或录音片和广播；

---

[1] 吴汉东主编：《知识产权法》，北京大学出版社 2003 年版，第 1 页。

[2] 根据我国著作权法的规定，本法所称的著作权即版权。但在著作权法律制度的历史上，二者之间确实存在着一定的区别，本书对于二者的区别不做进一步的展开分析。

（3）人类经过努力在各个领域的发明；

（4）科学发现；

（5）工业品外观设计；

（6）商标、服务标志和商号名称及标识；

以及所有其他在工业、科学、文学或艺术领域中的智能活动产生的产权。《建立知识产权组织公约》所划定的知识产权范围全面、精确，但也留下了让人们去讨论和争议的空间，比如，它将“科学发现”确定为知识产权的一个类别，世界各国的专家学者对此看法不一。

再次是1994年4月15日在摩洛哥首都马拉喀什签订的《与贸易有关的知识产权协议》（以下简称TRIPS协议），该协议对知识产权的范围的规定如下：

（1）版权与有关权；

（2）商标；

（3）地理标志；

（4）工业品外观设计；

（5）专利；

（6）集成电路布图设计（拓扑图）；

（7）未披露过的信息的保护。

TRIPS协议中提到的“未披露过的信息”实际上指的就是我们经常说的“商业秘密”，在《巴黎公约》的修订文本中也涉及商业秘密的保护。

通过以上三个国际公约的内容，我们对于知识产权的概念和范围有了更清楚的了解。在此，为了便于更直观地了解知识产权，特将知识产权的保护内容表述如下：

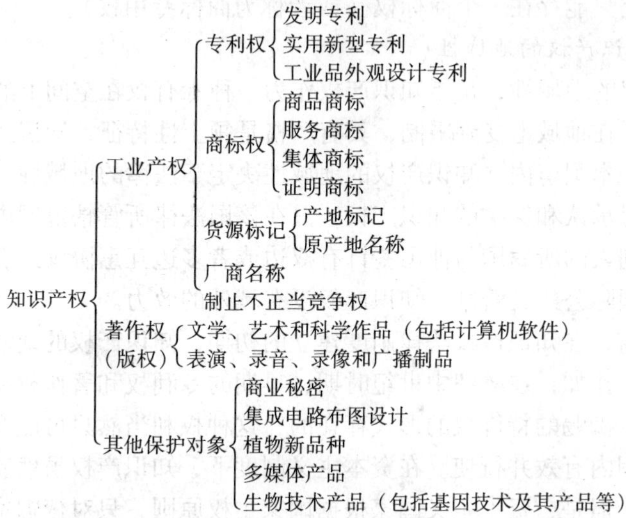

二、知识产权的特征

任何事物的特征都是通过与其他事物的比较而总结出来的，知识产权的特征也是这样。关注和研究知识产权的特征，其目的是为了清楚究竟什么是知识产权，它与我国民法中规定的其他民事权利有什么区别。知识产权是一种新型的民事权利，一种无形财产权。所谓无形财产权，是说知识产权的权利客体——知识产品（或者称为智力成果）——具有非物质性，是一种没有形体的、不能通过人的感觉器官去感知的精神财富。我国在1986年颁布的《中华人民共和国民法通则》（以下简称《民法通则》）第五章“民事权利”中，将知识产权与财产所有权、债权、继承权和人身权并列为五大民事权利之一。同我国民法规定的其他财产权（主要是有形财产的财产权）相比，知识产权的特征表现在以下几个方面。

（一）知识产权的专有性

知识产权的专有性，也称为垄断性，即知识产权具有排他性和绝对性的特点。与有形财产的所有权的排他性和绝对性相比较，知识产权的专有性有两个方面的含义。

其一，知识产权的权利人对他的智力成果享有独占、垄断和排他的权利，这种专有的权利受到法律的严格保护，没有法律的规定或者未经权利人的许可，任何人不得使用权利人的智力成果。

其二，对同一项智力成果不允许有两个或者两个以上的同一属性的知识产权并存，同一项财产不能有两个相互独立的权利人存在，等同于物权法上的“一物不能有二主”。例如，在一国的范围内（或者一定的地域范围内），同样内容的发明创造只能依法授予一项专利，只能有一个专利权。就相同的商标，在同类商品上只能存在一个商标权（或者称为商标专用权）。

（二）知识产权的地域性

知识产权的地域性，是指知识产权作为一种专有权在空间上的效力不是无限的，其效力在地域上受到限制，具有严格是领土性特征，知识产权在空间上的效力只限于本国境内。知识产权的地域性决定于法律的地域性，根据一个国家的法律获得承认和保护的知识产权，只在该国法律所管辖范围内有效，除非知识产权权利人的所属国与他国签订有双边或者多边互惠协议或者加入了保护知识产权的国际公约，否则，知识产权没有域外的效力。

数百年前，在知识产权法律制度建立的初期，知识产权的地域性与知识产权如影随形。比如，在欧洲中世纪时期，早期的专利权和著作权都是作为通过封建国家君主御赐的特许权的形式存在的，这种权利当然只可能在该国君主管辖的地域范围内有效并行使。在资本主义制度下，知识产权虽然脱离了封建特许权的形式，但是，资本主义国家根据国家主权原则，只对依据本国法律获得的知识产权给予保护，知识产权的地域性特征依然保留下来。

19 世纪末 20 世纪初，随着科技进步和国际经济贸易的发展，知识产权贸易也逐步发展起来，智力成果的国际需求膨胀与知识产权地域性的矛盾越来越明显地暴露出来，知识产权地域性严重阻碍了科学技术与文化的国际交流和知识资源的共享。为了解决这个问题，诞生了一系列保护知识产权的国际公约、条约和协定，与此同时，为了保障这些国际公约、条约和协定的实施，一些保护知识产权的区域性和全球性的国际组织相继建立起来，如世界知识产权组织（WIPO）、欧洲专利局（EPO）、非洲知识产权组织（AIPO）等。

历史发展到 20 世纪 80 年代后期，特别是 20 世纪和 21 世纪之交，虽然国际经济一体化和现代科学技术的发展导致知识产权立法出现了一体化的趋势，[❶] 但是，由于世界各国科学技术和文化发展的不平衡性，政治制度、经济制度、民族特点、历史传统以及宗教等各方面因素的影响，知识产权的地域性特征还将长期存在，由此引发的摩擦和纷争，尤其是发达国家与发展中国家之间的矛盾和斗争也将会持续下去。

（三）知识产权的时间性

知识产权的时间性，是指它在时间方面受到的限制。知识产权只在法律规定的有效期限内受法律保护，一旦超过了法律规定的有效期限，则该项权利就不复存在，相关的智力成果（知识产品）就演变为全人类的共同财富，人人可以无偿使用。比如，发明专利的保护期限是 20 年，注册商标的有效期限是 10 年等。法定有效期限届满，则特定的知识产权灭失，任何人都可以坦然地取而用之。

法律对知识产权在时间上加以限制的目的在于鼓励智力成果早日为社会公众所普遍掌握和利用，增强和提高征服自然和改造自然的能力，促进科技文化事业的发展和社会的文明与进步。知识产权制度既要保护智力成果创造者的权利和利益，也要促进科技文化的使用与传播，提高整个人类的科学文化水平。所以，对智力成果创造者的专有权利规定一个有效期限是十分必要的。

（四）知识产权的法定性

知识产权的法定性，是指知识产权是智力成果中经过法律确认的权利。知识产权是智力成果权，但是，并不是说一切智力成果都受法律的保护。在人类创造的智力成果中，只有那些经国家法律直接确认并予以保护的智力成果，才能成为知识产权的客体。某项智力成果如果没有得到国家法律的确认，那么，这项智力成果就不是知识产权。比如，1984 年制定和颁布的《中华人民共和

❶ 在世界知识产权组织的协调下，国际社会近年来正在致力于专利法条约（PLT）、商标法条约（TLT）等国际知识产权统一实体法规范的制定。

国专利法》（以下简称《专利法》）对于药品不给予专利保护，从1985年我国专利法实施至1992年我国专利法第一次修改的七年间，任何关于药品的发明创造在我国都得不到专利法的保护，这是从实体上说的。从程序上看，一项发明创造欲取得专利权，需要通过国务院专利行政部门的审查，符合我国专利法规定的，才能由国务院专利行政部门依法授予专利权。在我国，商标权的取得需要由商标使用人向国家商标局提出注册申请，国家商标局依法审查核准，仅仅通过使用并不能获得商标权。再比如，某个作者创作完成了一部小说，按照我国著作权法的规定，他应该享有著作权，但是，如果这部小说通篇充满了露骨的淫秽色情描写，或者宣传腐朽没落的封建迷信思想甚至散布推翻政府、煽动暴乱等反动言论，那么，这部小说的作者不但不能获得著作权，他的作品还将被严禁出版，因为他的作品违反了法律，属于我国著作权法规定的"依法禁止出版传播的作品"，如果作者违法情节严重的话，他还应承担相应的法律责任。

（五）知识产权的双重性

知识产权包括人身权和财产权两大部分，或者说知识产权具有双重性。这种权利的双重性的含义是说，知识产权是关于智力成果的一系列权利，它蕴含着人类的智慧和文明，是一种精神财富，能够给人们带来精神上的愉悦和享受，满足人们精神生活的需要，产生一定的积极的社会效益；又能够投入到生产领域，转化成为有形的物质财富，满足人们的物质生活的需要，产生一定的经济效益。因此，知识产权中必须包含财产权的内容，以实现对智力成果的保护和对智力成果完成者的激励。各项具体的知识产权都赋予权利人对其智力成果的专有和独占的权利，权利人可以通过使用或者授权他人使用其智力成果而获得物质报酬。比如，著作权人许可他人出版其作品而获得稿酬，专利权人通过专利权的许可使用合同而得到经济利益。

智力成果的完成人或所有人应当享有人身权，是说智力成果是人类脑力劳动的产物，一般都体现着脑力劳动者的个性特征，同特定的智力成果完成者的人身有着密不可分的联系。所以，知识产权大多包含有人身权的内容，以期实现对智力成果的保护。比如，专利权人有权在有关的专利文件上署名，表明自己是该项专利技术的发明人或者设计人，而且这种权利是永久性的，它不能转让，也不能继承。

在知识产权中，著作权的人身权色彩是最浓厚的。比如说，学术专著的作者，其著作权主要表现为（著作）人身权，学术性越强的著作，其读者群越小，此类作品的作者所享有的著作权中包含的财产权往往难以实现，著作人身权得以凸显。仔细分析起来，我们可以说，相对于普通作品来讲，一个严肃的、负责任的作者在学术专著中所付出的心血和花费的时间要大得多、长得多，创作过程要艰难得多。在社会科学领域是这样，在自然科学领域也不例外。一项发明创造，其发明人不仅在取得专利权以前对该发明创造具有人身权（署名权），而且在超过法律保护期限专利权消灭以后，发明人或者设计人仍然享有人身权，其他人不得对该项发明创造主张任何权利。再比如，一家商号（厂商名称）兼有财产权和人身权的性质，商号的财产权是基于人身权而产生的，商号中的人身权，严格地讲，是一个厂商的商业信誉权，即商誉（goodwill）。对于一个企业来说，商誉——商业信誉权是其立足之本，重于泰山。

第二节　知识产权法的概念和地位

一、知识产权法的概念

法律是社会关系的调整器。知识产权法就是调整智力成果的创造者因取得、使用、转让知识产权以及知识产权的管理和保护而产生的各种社会关系的法律规范的总和，它是确认、使用和保护知识产权的一整套法律制度，在知识产权法律制度方面，国际社会已经形成了许多共识。

知识产权法是人类社会历史发展的必然，是近代商品经济、市场经济和科学技术发展的产物。欧洲“文艺复兴”以后，特别是17、18世纪以来，欧美各国在工业生产领域开始广泛采用先进的科学技术成果，在资本主义市场上产生了保护智力创造成果的法律需要，人们要求法律对于智力成果的私人占有权或者所有权给予确认和保护，使智力成果与一般财产所有权的客体一样成为可以在市场上自由交换的标的，并且寻求一套不同于既往的财产法的新的法律制度来保护新类型的财产，通过新的法律制度确认获得财产权的新方式。于是，在文学艺术作品以“商品”的身份进入市场的过程中，出现了著作权；在科学技术的发明与社会生产相结合的过程中出现了专利权；因为在商品交换活动中被广泛应用的商品标记而产生了商标权。这三种权利后来被统称为知识产权，专利权和商标权合在一起又被称为工业产权。

知识产权法有狭义和广义之分。狭义的知识产权法指的是调整与知识产权有关的社会关系的法律法规。在我国，狭义的知识产权法包括《民法通则》中的有关条款、《专利法》、《商标法》、《著作权法》以及有关其他科学技术成果的法律法规。广义的知识产权法是调整因智力成果而产生的财产关系和人身关系的法律规范的总和。在我国，广义的知识产权法既包括上文所提到的《专利法》、《商标法》、《著作权法》、《计算机软件保护条例》、《反不正当竞争法》以及其他科技成果方面的单行法律法规，也包括《宪法》和《民法通则》等法律法规中涉及知识产权的规定，还包括国家行政机关颁布的与知识产权有关的法规、规定、决议、决定等，比如《著作权法实施条例》、《商标法实施条例》、《专利法实施细则》、《关于计算机软件著作权管理的通知》、《关于禁止侵犯商业秘密行为的若干规定》、《书籍稿酬试行规定》等，还包括我国最高人民法院发布的有关知识产权的司法解释、批复等，比如《最高人民法院关于审理涉及计算机网络著作权纠纷案件适用法律若干问题的解释》、《最高人民法院关于审理著作权民事纠纷案件适用法律若干问题的解释》、《最高人民法院关于审理商标民事纠纷案件适用法律若干问题的解释》、《最高人民法院关于审理专利纠纷案件适用法律问题的若干规定》等。至于最高人民法院公布的关于知识产权案件的判例的作用，法学理论界和实务界存在不同的看法，在此不赘述。

二、知识产权法的地位

知识产权法的地位，是指它在我国的法律体系中所处的地位。关于知识产权法的地位问题，众说纷纭，仁者见仁，智者见智。在现有法学著作或者高校法学专业的教材中，可以看到知识产权法被分割或者争夺的情形。比如，有的著作将知识产权法划进经济法的队列，认为知识产权法是经济法的组成部分。推测其根据无非是知识产权具有财产权的内容，而财产权利就是经济权利，在一些经济法学者的眼里，凡涉及经济内容的法律都是经济法。殊不知这种望文生义的做法不仅不科学，而且也没有法律根据。[1] 迄今为止，我国任何一项知识产权立法以及全国人大常委会的立法说明，均没有将知识产权法置于经济法的范围之内。作为调整民事经济法律关系的基本法——《民法通则》在第五章“民事权利”中作了明文规定，将知识产权单列一节，排在债权之后、人身权之前，成为民法中的五大民事权利之一。知识产权法主要是调整智力成果的创造者及其权利承受者（知识产权的享有者），因使用或者许可他人使用或者转让其智力成果而产生的财产关系和人身关系。在这些法律关系中，权利主体和义务主体的地位是平等的，知识产权法调整社会关系的手段和适用原则也大都是民法的手段和原则，比如平等、公平、诚实信用、等价有偿等。

诚然，知识产权法中有少部分内容涉及行政管理甚至刑法方面的法律规范，比如专利法中关于专利申请与审批过程中国家与专利申请人之间的关系；又如商标法中关于商标的申请注册过程中国家与商标注册申请人之间的关系；再如我国著作权法等法律法规中对侵权人行政处罚的规定。另外，我国在专利法、商标法、反不正当竞争法等法律法规中还有刑事处罚的规定。我国刑法中还设有专章规定了关于知识产权的犯罪与刑罚。知识产权法中具有行政管理性质的规范和刑事规范所占比例很小。在市场经济越来越发达的今天，知识产权

---

[1] 刘春茂主编：《知识产权原理》，知识产权出版社 2002 年版，第 20 页。

已经极为广泛地深入到了商品生产和商品流通领域，自愿协商、公平、平等、诚实信用、等价有偿等民法的基本原则居于主导地位。因此，我们认为，根据我国现行立法和司法实践足以说明，知识产权法归属于民法，知识产权法是民法的重要组成部分，任何将知识产权法从我国民法中剔除或者独立出去的观点都是不切实际的。

我国有些学者认为，知识产权法既包括民法性质的规范，又包含有行政性质和刑法性质的规范，应当将其定位为一种综合性的法律规范。该说法有一定道理，但是，如前文所述，行政法和刑法性质的规范在知识产权法中所占的比例甚小，应当按照知识产权法的主要部分来确定其归属于哪个法律部门。此外，从世界各国的立法趋势看，除了刑法典和民法典等基本法之外，在单行法律中采用单一性的法律制裁手段的并不多，更多的是采用多种法律制裁措施，我国的立法也不例外。确定一个法律部门的性质，应当取决于占主要地位的法律规范的性质，而不应该只从法律制裁手段去确定其归属，否则，将会导致许多的法律法规的归属陷于混乱不堪的状态。

思考题

1. 简述知识产权与知识产权法的概念。
2. 如何理解知识产权的法定性和双重性特征？
3. 知识产权法与民法有什么样的关系？

第二章 著作权法

第一节 著 作 权

一、著作权概述

著作权（Copyright），是指文学、艺术和科学作品的创作者依照法律的规定对其作品所享有的一种专有权。著作权具有排他性，除法律另有规定外，非经著作权人的授权或者许可，他人均无权行使，否则即构成侵犯著作权的违法行为。

著作权与版权是否为同一概念，立法文件的用语到底是用“著作权法”还是“版权法”，在我国著作权法的立法过程中颇有争议。有的学者认为，著作权即版权，我国旧时的书刊上多印有“版权所有，违者必究”字样，因此，著作权与版权是通用的。我国1986年颁布的《民法通则》采纳了此种观点，在法律条款的行文中，在“著作权”后面用括号注明“版权”二字，表明二者通用。还有的人认为，使用“版权”一词已经过时，不如采用著作权更为确切、科学。我国1985年颁布的《继承法》仅使用了著作权一词。也有的学者坚持主张使用传统的版权概念，不同意使用著作权，因为许多国家的相关法律以及保护著作权的国际公约使用的都是“版权”一词。[1]

我国近代民间的版权称谓是从日本传入的。日本采用著作权一词又得益于法国和德国的法律理论与司法实践。日本于1887年和1893年分别制定出版权条例和版权法，因为当时所保护的作者的权利主要在出版方面，因而将著作权称为版权。但日本在1899年（明治三十三年）加入了《保护文学和艺术作品伯尔尼公约》（以下称《伯尔尼公约》），制定了1899年著作权法，将保护作品的范围由图书出版扩大到了艺术、音乐等方面，使原来的版权概念不能适应新的需要。从此，以保护出版商为核心的权利转化为以保护作者为核心的权利，这种权利再称为“版权”似乎不合时宜，因而改称为“著作权”。从那时起，“版权”一词在日本著作权法上销声匿迹了。我国近代史上的相关立法一直采用著作权一词，因为它基本无需解释，通俗易懂，含义确切。我国从清朝末期的《大清著作权律》，到1928年5月18日中华民

---

[1] 对“Copyright”一词的翻译恐怕也对我国相关法律用语的确定有一定影响。

国正式施行的著作权法，即我国台湾地区的现行的著作权法，均未采用“版权”的称谓。

过去那种侧重于保护出版权或者出版方利益的版权概念，已经不能确切地给变化日新月异、内容日益丰富的著作权定位，使用著作权一词更能比较准确地概括这一事物所包含的内容，而且容易与出版权和发行权相区别。但基于历史的原因，著作权与版权两个概念都被使用过相当长的时间，我国在《民法通则》中又将二者并列，使用了很有特色的“著作权（版权)”的表述方法，1990 年颁布的《中华人民共和国著作权法》（以下简称《著作权法》）第 51 条称：本法所称的著作权与版权系同义语。2001 年修订的《著作权法》第 56 条规定：本法所称的著作权即版权。我们认为，这场关于著作权与版权的名称之争没有实际意义，从立法语言应当通俗易懂的角度考虑问题，使用“著作权”一词为较好。

著作权可以分为著作人身权和著作财产权两大部分。由于世界各国著作权立法上的差异和所采取的学说不同，对著作权概念的理解有广义和狭义之分。狭义的著作权指著作财产权。著作财产权是指著作权人对作品在经济上享有的使用、收益和处分的绝对的排他的权利。英美法系的国家多持此观点，其出发点侧重于保护著作权人在财产上的权益，即保护作者享有作品的排他性的使用权的权能和利益，在一定程度上忽视了作者的著作人身权，将作者的著作人身权等同于由民法保护的一般的人身权。

值得注意的一个动向是，国际社会保护著作权的公约、条约等正朝着承认著作财产权和著作人身权相统一的方向发展，更关注财产权的英美法系国家也正在考虑将著作人身权包含在著作权之中，欧洲大陆法系国家早在 20 世纪 20 年代就已经将精神权利列为著作权法保护的重要内容。例如，1886 年缔结的《伯尔尼公约》至今已修订过多次，该公约在最初缔结时，并没有保护精神权利的内容，1928 年第二次修订时的罗马文本第一次将作者的精神权利——著作人身权列入公约的保护范围。英国是《伯尔尼公约》的发起国之一，当时曾有人指责英国的著作权法不承认作者的精神权利，英国的解释是，该国的衡平法原则早就为人身权提供了保护。此后，《伯尔尼公约》的其他参加国，即使其本国的著作权法没有明文规定保护作者的著作人身权，也以类似的观点表明自己的国家保护作者的著作人身权的态度。

广义的著作权概念认为，著作权包括著作财产权和著作人身权两部分内容，法国、德国和日本等大陆法系国家持此观点。但法国和德国在著作权立法上又有一元说和二元说之别。德国学者认为，著作权是著作财产权能和著作人身权能的有机复合体，强调著作权的不可分性。用形象的比喻来表达，即著作权中的两个权能是一棵树上分开的两个树根，著作权是树干。德国 1965 年颁布的著作权法采用了一元说。法国 1936 年颁布的著作权法则采用了二元说，认为著作权中存在着两个并列的权利，即著作财产权和著作人身权，其中，著作财产权是可以让与的，著作人身权是不可让与的，而单一的著作权不能同时是可以让与的，又是不可让与的。

最广义的关于著作权的观点认为，著作权包括著作邻接权在内。所谓著作邻接权，是指对作品进行表演、录音、录像、播送等使用行为所产生的权利。当今世界各国的著作权法几乎都有邻接权保护制度。我国著作权法将邻接权称为“与著作权有关的权利”。

二、著作权制度的产生与发展

在人类社会漫长的发展过程中，社会生产包括两个方面的内容：一个方面是物质资料的生产活动，其成果是社会的物质文明，具体表现为工业、农业两大部类的生产和第三、第四产业的发展水平；另一个方面是精神资料的生产活动，其成果是社会的精神文明，具体表现为社会的文学艺术和科学作品的创作水平。为了保护作者因创作文学、艺术和科学作品而产生的正当权益，鼓励人们创作出更多更好的文学、艺术和科学作品，世界各国均建立了著作权法律制度，以保护作者的合法权益。在西方，著作权制度发展的初期主要是保护出版商的利益。由于造纸术和印刷术的发明，印刷业迅速发展并成为有利可图的行业，盗印图书猖獗，侵害了印刷商的利益，印刷商们强烈要求法律保护，请求国家授予印刷出版的垄断权。15 世纪中后期，威尼斯当局开始授予当地印刷商冯・施贝卡在威尼斯享有某些图书的印刷出版垄断权，有效期五年。此举被认为是西方第一个由政府颁发的保护印刷权的特许令。罗马教皇、法国国王、英国国王分别于 1501 年、1507 年和 1534 年为印刷出版商颁发过禁止他人擅自翻印书籍的特许令。

1709 年，英国议会通过了《安娜法》——世界上第一部现代意义上的版权法，该法首次确认了作者对作品享有首先印刷的权利，结束了出版商对出版的垄断。

法国 1791 年颁布了《表演权法》，1793 年颁布了《作者权法》，开始重视保护作者的精神权利，成为保护作者利益、保护创作的法律，这是版权法历史上的一个飞跃。

美国于 1790 年颁布版权法；丹麦和挪威于 1741 年颁布保护版权的法令；西班牙、俄罗斯分别于 1762 年和 1830 年颁布版权保护的法律。

随着各国版权保护法律的颁布，作品的跨国界传播，使版权的国际保护日益重要，国家之间通过双边或者多边条约来扩大版权的保护地域。1886 年，在瑞士伯尔尼签订了第一个保护版权的国际公约——《伯尔尼公约》。

三、我国著作权制度的产生与发展

(一) 1949 年以前我国著作权制度的产生与发展

从世界各国的文明发展历史来看，著作权制度是科学技术、商品经济和文化理念相结合的产物。早期著作权（版权）的主要内容是“翻印权”或者“复制权”（Copyright），也称为出版、印刷权。在印刷术发明以前，人们就创作出了丰富的作品。但当时的作品只能依靠口头传播或者手抄传播，不可能大规模复制和销售。因此，传播范围狭小，受侵犯的可能性极小。到了我国宋代，随着印刷技术和造纸技术的发明与普及，各类作品得以广泛流传，价格也相对便宜，于是便出现了为追求经济利益而盗印他人作品的现象。因此，随着作品的商品化而形成的著作财产权观念和保护著作物的令状制度在我国宋朝产生了。但那时还远没有形成现代意义上的著作权法律保护制度，当时仅有的官方禁令只是针对著作物的翻版盗印行为，令状制度只保护了印刷商和出版商的利益，对作品创作者的权利和利益的尊重和保护还无从谈起。1840 年鸦片战争以后，伴随着西方帝国主义列强肮脏的战争行为而衍生的经济掠夺和文化侵略，他们的著作权观念和制度也相继传入我国。比如，在 1903 年签订的《中美续议通商行船条约》、《中日续议通商行船条约》中，已经写进了相互保护著作权的条款。此后的《大清印刷物专律》、《大清报律》中都有关于著作权法律地位及其保护的规定。1910 年，清政府颁布的《大清著作权律》是我国历史上第一部著作权法。虽然这部著作权法因为清朝政府被推翻而没能实施，但它对后来的北洋政府和国民党政府的历次著作权立法产生了重大影响。北洋政府 1915 年制定的《著作权法》和国民党政府 1928 年制定的《著作权法》，都未超出《大清著作权律》的范围，甚至可以说就是 1910 年《大清著作权律》的翻版。

(二) 1949 年后我国著作权制度的发展与《著作权法》的出台

中华人民共和国建立后，我国长期没有制定一部系统的著作权法。1986 年 4 月 12 日，第六届全国人民代表大会第四次会议通过的《民法通则》第 94 条规定：“公民、法人享有著作权（版权），依法有署名、发表、出版、获得报酬等权利。”具有我国民事基本法作用的《民法通则》标志着我国著作权法制建设进入了一个崭新的历史时期。

经过多年的酝酿，第七届全国人民代表大会常务委员会第十五次会议于 1990 年 9 月 7 日通过了《著作权法》，并于 1991 年 6 月 1 日开始实施。这是新中国建立以后颁布实施的第一部全面、系统地保护作者权利的法律，在我国著作权保护历史上具有划时代的意义。

(三) 我国著作权法的两次修改及修改的主要内容

1991 年我国《著作权法》实施后陆续出现了一些通过该法难以圆满解决

的问题，新技术的发展也给《著作权法》的执行提出了挑战。1998 年 11 月 28 日，国务院将《中华人民共和国著作权法修正案（草案）》提请全国人大常委会审议。同年 12 月下旬，九届全国人大常委会第六次会议审议后提出了许多好的建议，同时对一些重要的问题还存在不同意见。于是，经全国人大常委会委员长会议同意，国务院于 1999 年 6 月撤回了上述草案。其后，国务院法制办会同有关部门和专家学者进一步研究论证，广泛征求意见，重新拟订了《中华人民共和国著作权法修正案（草案）》，并经国务院第 33 次常务会议通过。2000 年 11 月 29 日，国务院再次向全国人大常委会提请审议《中华人民共和国著作权法修正案（草案）》，2000 年 12 月 22 日，第九届全国人大常委会第十九次会议初步审议了该草案，2001 年 4 月 24 日至 28 日，第九届全国人大常委会第二十一次会议和 2001 年 10 月 22 日第九届全国人大常委会第二十四次会议又对草案分别进行了第二次和第三次审议。第九届全国人大常委会第二十四次会议于 2001 年 10 月 27 日表决通过了《全国人民代表大会常务委员会关于修改〈中华人民共和国著作权法〉的决定》，当日通过主席令的形式公布了该决定并重新公布了修订的《中华人民共和国著作权法》。

为了适应我国国情和加入世界贸易组织的需要进行的《著作权法》的这一次修改，使该法的内容发生了重大变化。修改后的《著作权法》较原法删除了 6 条，增加了 10 条，由原来的 56 条变更为现在的 60 条。同时，对部分章的名称也做了修改，原第三章“著作权使用许可合同”改为“著作权使用许可和转让合同”；第五章“法律责任”改为“法律责任和执法措施”。《著作权法》的修改涉及了九个方面的内容，即：

（1）国际公约规定的国民待遇原则的适用；

（2）细化了著作权人的财产权；

（3）保护客体的增加和表述方式的改变；

（4）强调了著作权集体管理制度；

（5）修改了有关著作权的权利限制的条款；

（6）调整了邻接权相关规定；

（7）确立了网络环境下著作权保护的基本思路；

（8）规定了著作权的转让方式；

（9）增加法律责任和执法措施，加大保护力度。

为了适应我国社会经济发展和国际交流的需要，我国著作权法于 2010 年进行了第二次修改，但该次修改仅涉及两个条文。这两次修改的内容，在后文中将陆续述及。

第二节　著作权的主体

一、著作权主体的概念和著作权的归属

（一）著作权主体的概念和种类

著作权主体指依法享有文学、艺术和科学作品的著作权的人，即著作权人。著作权主体的种类有自然人（包括本国人和外国人）、法人和其他组织。在一定的条件下，国家也可以成为著作权主体。

在著作权法中明确著作权的主体，是为了界定权利的归属，便于著作权的许可使用或者转让，保证交易安全，增强人们的著作权保护意识。分类标准的不同导致著作权主体类别的差异较大。本书只根据我国民法关于民事权利主体的规定来划分著作权主体的类别。

1. 自然人主体

自然人主体，即指依法享有著作权的自然人（有的法律文件中称之为“公民”）。

我国《著作权法》第9条规定：“著作权人包括：（一）作者；（二）其他依照本法享有著作权的公民、法人或者其他组织。”由此可见，著作权人不仅仅指创作作品的作者，作者以外的公民、法人或者其他组织也可以依照《著作权法》的规定成为著作权人。

根据我国《著作权法》的规定，创作作品的公民是作者。创作文学、艺术和科学作品的自然人是作者，作者是当然的著作权人，也称为原始主体。

外国人、无国籍人的作品根据其作者所属国或者经常居住地国同我国签订的协议或者共同参加的国际条约享有的著作权，受我国《著作权法》保护。

外国人、无国籍人的作品如果首先在我国境内出版的，则依我国《著作权法》享有著作权。该类作品的著作权自首次出版之日起受我国《著作权法》保护。外国人、无国籍人的作品在我国境外首先出版后，30日内在我国境内出版的，视为该作品同时在我国境内出版。未与我国签订协议或者共同参加国际条约的国家的作者以及无国籍人的作品，首次在我国参加的国际条约的成员国出版的，或者在成员国和非成员国同时出版的，受我国《著作权法》保护。

2. 单位主体

单位主体，是指依法享有著作权的单位，包括法人和其他组织。

我国《著作权法》规定，由法人或者其他组织主持，代表法人或者其他组织的意志创作，并由法人或者其他组织承担责任的作品，法人或者其他组织视为作者。

（二）著作权的归属

著作权属于作者，这是著作权归属的一般原则。但是，由于创作作品情况的不同，以及影响著作权的其他因素的存在，著作权的归属也呈现出多种复杂的情形。

1. 委托作品的著作权人

委托作品，是指受委托创作的作品。在委托作品的创作过程中，委托人与受托人之间一般不存在劳动关系或者行政隶属关系，两者之间是平等的民事法律关系，委托人与受托人根据双方签订的有关创作作品的合同行使权利、履行义务。委托作品不完全按照作者的个人意志创作，而是受委托人要求的约束，就像根据他人的具体要求定做或者加工产品一样，委托人对作品的内容和形式会有明确具体的要求，受托人独立完成作品的创作行为，委托人不参与创作。受托人根据委托人的要求进行创作，委托作品的创作应当符合委托人的要求。

我国《著作权法》第 17 条规定，受委托创作的作品，著作权的归属应当由委托人和受托人通过合同来约定。如果合同约定由委托人而不是受托人（实际从事创作的人）享有著作权，则委托人就可以成为该委托作品的著作权人。合同约定不明或者没有约定的，委托作品的著作权由受托人（实际从事创作的人）享有。

2. 电影作品的著作权人

我国《著作权法》第 15 条规定，电影作品和以类似摄制电影的方法创作的作品的著作权由制片者享有，但导演、编剧、作词、作曲、摄影等作者享有署名权，著作权的其他权利都由电影作品和以类似摄制电影的方法创作的作品制片者享有。电影作品和以类似摄制电影的方法创作的作品的剧本、音乐等可以单独使用的作品的作者有权单独行使其著作权。

（三）职务作品的著作权人

职务作品，是指公民为完成法人或者其他组织的工作任务而创作的作品。职务作品的著作权归职务作品的作者所属的法人或者其他组织享有。

根据我国《著作权法》的规定，公民为完成法人或者其他组织的工作任务而创作的作品，著作权一般情况下由作者享有，但法人或者其他组织有权在其业务范围内优先使用。作品完成两年内，未经法人或者其他组织同意，作者不得许可第三者以与法人或者其他组织使用的相同方式使用该作品。

在以下两种情况下，职务作品的作者只享有署名权，著作权的其他权利由法人或者其他组织享有，法人或者其他组织可以给予作者奖励。

（1）主要是利用法人或者其他组织的物质技术条件创作，并由法人或者其他组织承担责任的工程设计图、产品设计图、地图、计算机软件等职务作品。

(2) 法律、行政法规规定或者合同约定著作权由法人或者其他组织享有的职务作品。

《著作权法实施条例》又进一步规定：前文所说的“工作任务”，是指公民在该法人或者其他组织中应当履行的职责。所谓的“物质技术条件”，是指该法人或者其他组织为公民完成创作专门提供的资金、设备或者资料。

作品完成两年内，如果经法人或者其他组织同意，作者许可第三人以与法人或者其他组织使用的相同方式使用其作品所获得的报酬，由作者与法人或者其他组织按照约定的比例分配。

作品完成两年的期限，自作者向法人或者其他组织交付作品之日起算。

(四) 基于继承或者遗赠而享有著作权的人

著作权人的继承人、受遗赠人通过继承行为或者接受遗赠而成为著作权人。根据我国《继承法》和《著作权法实施条例》的规定，公民的著作权中的财产权利在该公民死亡后可以由其继承人继承。继承了被继承人著作权中财产权利的人成为新的著作权人。但继承人可以继承的只能是著作权中的财产权利，著作权中的人身权利（署名权、修改权、保护作品完整权）不得继承，但可以由其继承人保护。

我国《继承法》第16条规定，公民可以通过遗嘱将个人财产遗赠给国家、集体或者法定继承人以外的公民。当公民将自己的著作权用遗赠的方式进行处分时，接受遗赠的国家、集体或者法定继承人以外的公民就取得其著作权中的财产权利，成为著作权人，并对遗赠人的著作人身权进行保护。另外根据我国《继承法》第31条的规定，公民可以与抚养人或者集体所有制组织签订遗赠抚养协议，抚养人或者集体所有制组织依照协议承担该公民生养死葬的义务，待该公民死亡后依照协议取得遗赠的财产及财产权利。如果遗赠的有著作权中的财产权利，则受遗赠的抚养人或者集体所有制组织成为著作权人。

(五) 国家或者其他组织作为著作权人

国家或者著作权人生前所在的集体所有制组织根据一定的法律事实而成为著作权人。依照我国《继承法》第31条的规定，当著作权人死亡之后没有继承人或者受遗赠人，或者继承人放弃继承、受遗赠人拒绝受遗赠的，由国家取得其著作权中的财产权利，如著作权人生前为集体所有制组织的成员，则其著作权中的财产权利由该集体所有制组织取得。著作权中的人身权利由著作权行政管理部门保护。

(六) 演绎作品的著作权

演绎作品，是指在已经存在的作品的基础上，通过改编、翻译、注释、整理等创作活动而产生的新作品。因此，演绎作品也属于创作作品。

我国《著作权法》第12条规定："改编、翻译、注释、整理已有作品而产生的作品，其著作权由改编、翻译、注释、整理人享有，但行使著作权时不得侵犯原作品的著作权。"

演绎作品的著作权虽然属于演绎者所有，但由于演绎作品是以原作品为基础的，所以法律特别规定了演绎人在"行使著作权时，不得侵犯原作品的著作权"。这是指对他人已有的作品进行演绎创作时，必须首先征得原作品作者的同意。进行演绎创作还应当注意保护原作品的完整性，忠于原作品的主题及内容，未经作者同意，不得随意修改。另外，在演绎作品中还必须注明原作品作者的姓名，并向原作品著作权人支付报酬。当然，对于过了保护期，著作权已不受保护的作品，如对古代文学作品进行注释，对古典文献进行整理等再创作活动，无须征得原作品的作者同意，也不用支付报酬。

（七）合作作品的著作权人

合作作品，是指两个或两个以上的人共同创作的作品，其著作权依法应当由合作作者共同享有。合作作者必须是实际参加了作品创作的人。如果没有实际参加创作，只是为创作提供条件、进行服务，或者仅仅提出过对作品的创作、修改意见，则不能算是合作作品的作者。我国《著作权法》第13条对合作作品的著作权归属作了如下规定："两人以上合作创作的作品，著作权由合作作者共同享有。没有参加创作的人，不能成为合作作者。合作作品可以分割使用的，作者对各自创作的部分可以单独享有著作权，但行使著作权时不得侵犯合作作品整体的著作权。"

第三节　著作权的客体

一、著作权法保护的作品

（一）作品的概念

根据《著作权法实施条例》第2条的规定，著作权法中所称的作品，是指文学、艺术和科学领域内，具有独创性并能以某种有形形式复制的智力创作成果。

对作品的概念应当从以下几个方面把握，才能全面深刻地理解什么是作品。

第一，作品应当限于文学、艺术和科学领域内的智力创作成果。技术成果不属于作品，不由著作权法保护，而由《专利法》、《反不正当竞争法》等法律保护。

第二，作品应当有一定的内容。作者在其创作的作品中要表达一定的思想和情感，如果不是表达一定的思想和情感，而仅仅是无规则、无意识地信手涂鸦、勾勾抹抹的东西，就不能称其为作品。

第三，作品应当有一定的客观表现形式。文学、艺术和科学创作的结果必须以语言文字、绘画、摄影、音乐、舞蹈等客观形式表现出来才可以被称为作品。不同的表现形式产生不同的作品，比如文字作品、音乐作品、摄影作品、杂技艺术作品等都是根据不同的表现形式对作品所做的分类。

第四，作品必须要具有独创性（或者称为创造性）。作品必须是作者通过自己独立的智力创造劳动所获得的成果，而不是抄袭、剽窃、篡改他人的作品得来的。但对作品独创性的要求并不是针对作品的内容，而主要是针对作品的表现形式，要求作品是作者独立构思创作完成的。例如某人将他人的小说改编成电影文学剧本，即使剧本和小说的内容完全相同，但是，由于剧本与小说的表现形式不同，剧本的作者仍然对剧本享有著作权。

虽然作品必须以一定的客观形式表现出来，即需要一定的载体，比如绘画作品需要画布、纸张，摄影作品需要胶片，但是，“作品的载体”与“作品”是不同的，必须将二者区别开来。理解这个问题的很好的例子是，美术作品的创作者将美术作品的原件出售给他人后，仍然享有对该美术作品的著作权，而购买者仅享有对美术作品原件这一“物”的所有权。购买者不能因为购买行为而成为美术作品的著作权人，更不能因为购买了某幅画作而自称是该画作的作者，也不能以营利目的将该画复制、发行。

第五，作品应当具有相对的完整性。作者只有通过相对完整的作品，才能表达一定的思想、观点，抒发某种情感。如果只是写上一个孤零零的词语、字母、数字，或者是画出一个简单的线条、三角、圆圈等符号，则很难被认为是一个完整的作品。

第六，作品必须可以被复制。著作权法实施条例规定：著作权法所称的作品，指文学、艺术和科学领域内，具有独创性并能以某种有形形式复制的智力创作成果。

著作权作为知识产权的基本类型之一，其权利的客体是精神产品，即作品。作品必须以特定的形式表现出来，这种形式应当能够复制，如果作品不能被复制，只是作者的思想而没有一定的表现形式，人们看不见，摸不着，更不能复制，也无法将作品向社会公众传播，作者就不能通过使用或者许可他人使用作品实现经济价值和社会价值，因而也就不属于受《著作权法》保护范围之内的“作品”。

（二）作品的种类

我国著作权法所确定的作品一共有九类。《著作权法》第 3 条规定，本法所称的作品，包括以下列形式创作的文学、艺术和自然科学、社会科学、工程技术等作品：

（1）文字作品；

（2）口述作品；

（3）音乐、戏剧、曲艺、舞蹈、杂技艺术作品；

（4）美术、建筑作品；

（5）摄影作品；

（6）电影作品和以类似摄制电影的方法创作的作品；

（7）工程设计图、产品设计图、地图、示意图等图形作品和模型作品；

（8）计算机软件；

（9）法律、行政法规规定的其他作品。

下面我们分别加以介绍。

1. 文字作品

文字作品，是指小说、诗词、论文等以文字形式表现的作品。文字作品的范围比较广，比如小说、散文、杂文、诗歌、剧本、学术论文、著作、期刊、教材、书信、日记等。是否构成文字作品，与该作品的质量、价值、成就的高低无关，著名的文学家创作的文字作品与初出茅庐的文学青年，甚至少年儿童创作的文字作品，在法律上都被作为文字作品平等对待。文字作品的特点是利用文字本身或者文字内部的特定含义来表达作品的内容。文字作品的创作行为最普遍、作品数量最多、运用的领域最广，所以，世界各国的著作权法无不将文字作品的保护放在重要地位。

2. 口述作品

口述作品，是指即兴的演说、授课、法庭辩论等以口头语言形式表现的作品，是作者将自己的思想、情感直接或者通过一定的仪器设备向特定的或者不特定的公众进行口头语言表达所产生的作品。此类作品以口头语言创作，不具备有形的载体。

口述作品主要有以下几种形式：演说家的演讲、学校教师的授课、律师等法律工作者的法庭辩论以及即兴的口头创作等。此外，还有许多的民间传说，如谚语、民谣、歌谣等，也是口述作品的形式之一，它们并没有形成书面文字，只是通过人们一代代的口口相传。

3. 音乐、戏剧、曲艺、舞蹈、杂技艺术作品

音乐作品，是指歌曲、交响乐等能够演唱或者演奏的带词或者不带词的作品。音乐作品是以旋律、节奏及和声等进行组合，用乐谱或者乐谱与歌词相结合的方式表达作者思想感情的作品，如交响乐、爵士乐、钢琴曲、小提琴曲、小夜曲、歌曲等。该类作品是人们日常生活中接触最为频繁、最受人们欢迎的作品之一，它使人们的生活富有韵律、动感和美感。

戏剧作品，是指话剧、歌剧、地方戏等专供舞台演出的作品，如戏剧的剧

本等。我国著作权法中的戏剧作品不是指一台演出的完整的戏，而是指演出这台戏的剧本。戏剧是由文学、音乐、美术、表演等多种艺术形式组合而成的综合艺术，剧本就是将这些形式融合在一起，指导整台戏的演出。由于我国是一个多民族国家，所以，全国各地的地方戏种很多，戏剧的形式也多姿多彩，有戏曲、话剧、歌剧、舞剧等形式，戏剧作品也就相应地有戏曲剧本、话剧剧本、歌剧剧本、舞剧剧本等。

曲艺作品，是指相声、快书、大鼓、评书等以说唱为主要形式表演的作品。曲艺作品是我国的一种独特的艺术形式，它包括的种类很多，比如相声、单弦、评书、笑话、快板书、山东快书、京韵大鼓、京东大鼓、西河大鼓、河南坠子等。曲艺作品同戏剧作品一样，受著作权法保护的是曲目的说唱脚本而不是曲艺的表演、说唱。

舞蹈作品，是指通过连续的动作、姿势、表情等表现思想和情感的作品。该类作品中的舞蹈动作设计和程序的编排，可以用文字或者其他特定的方式记录下来。比如，可以用舞谱的形式来表现舞蹈作品，其中采用球面坐标系的原理，描述舞蹈形体运动过程的“定位法舞谱”，在舞蹈艺术领域颇有影响。全世界各民族所创造和传承舞蹈种类繁多，各种舞蹈的表现手法不同，舞蹈作品的形式也是千姿百态，正因如此，舞台上的舞蹈节目才丰富多彩，令人目不暇给，美不胜收。

杂技艺术作品，是指杂技、魔术、马戏等通过形体动作和技巧表现的作品。杂技是各种技艺（如车技、口技、顶碗、走钢丝、耍狮子、魔术等）表演的总称。随着科学技术的发展，传统的杂技艺术与现代科技相结合，使得杂技艺术的内容和形式不断推陈出新。杂技作品，是指为上述表演所创作的脚本。

4. 美术、建筑作品

美术作品，是指绘画、书法、雕塑等以线条、色彩或者其他方式构成的，具有审美意义的平面或者立体的造型艺术作品。美术作品包括纯美术作品和实用美术作品。其中纯美术作品，是指仅能够供人们观赏的独立的艺术作品，比如油画、国画、版画、水彩画等。实用美术作品，是指将美术作品的内容与具有使用价值的物体相结合，物体借助于美术作品的艺术品位而兼具观赏价值和实用价值，比如陶瓷艺术等。

建筑作品，是指以建筑物或者构筑物形式表现的具有审美意义的作品。建筑不仅是凝固的音乐，而且是文化的凝聚，是艺术世界最庞大、最引人注目的一员，反映着人类对艺术以及美好生活的不懈追求。建筑作品属于以立体形式表现的作品。以前的与建筑有关的作品主要是指建筑物的设计图纸或者是以建筑物为核心的绘画、摄影等，随着建筑艺术的发展，各国的著作权法对于建筑物本身也作为作品的形式之一给予法律保护。

5. 摄影作品

摄影作品是指借助一定的器械，通过利用光学和化学原理，在一定的感光材料或者其他介质上记录客观物体形象的艺术作品。这种作品是随着科学技术的进步而涌现的作品形式，在摄影技术和摄影器材出现以前是不可想象的。

在日常生活中，无论我们使用普通照相机，还是高档照相机拍摄照片，不管我们的拍摄水平如何，只要不是因为拍摄彻底失败造成底片上白茫茫一片或者黑糊糊一团，就都可以说是摄影作品。

6. 电影作品和以类似摄制电影的方法创作的作品

电影作品和以类似摄制电影的方法创作的作品，是指摄制在一定的介质上，由一系列的伴音或者无伴音的画面组成，并借助于适当的装置放映或者以其他方式传播的作品。这一类作品包括电影作品和电视作品以及录像作品等，也是科学技术发展的产物之一，属于综合性的艺术作品。

7. 工程设计图、产品设计图、地图、示意图等图形作品和模型作品

图形作品，是指为施工和生产而绘制的工程设计图、产品设计图，以及反映地理现象、说明事物原理或者结构的地图、示意图等作品。

工程设计图、产品设计图，是指为建设工程施工和产品生产所设计的图样。工程设计图纸和产品设计图纸与一般的绘画作品在本质上的区别，就在于它设计的目的是用来指导施工或者生产，具有实用性；而一般的绘画作品是为了欣赏、装饰或者表达某种思想或者情感的。

地图、示意图等图形作品，是指地图、线路图、解剖图等反映地理现象、说明事物原理或者结构的图形。

模型作品，是指为展示、试验或者观测等用途，根据物体的形状和结构，按照一定比例制成的立体作品。比如，将建筑物及其周围一定范围的自然环境制成的微缩景观，就属于模型作品。

8. 计算机软件

计算机软件，是指计算机程序和有关文档。其中计算机程序是指为了得到某种结果而由计算机等具有信息处理能力的装置执行的代码化指令序列，或者可以被自动转化为代码化指令序列的符号化指令序列或者符号化语句序列。计算机软件是我国著作权法保护的作品类型之一。计算机程序包括源程序和目标程序，但同一程序的源文本和目标文本应视为同一作品。

计算机程序的文档，是指软件开发过程中用自然语言或者形式化语言所编写的，用来描述程序的内容、组成、设计、功能规格、开发情况、测试方法、测试结果以及使用方法的文字资料和图表，比如程序设计说明书、流程图、用户手册等。

计算机程序不同于一般的著作权保护对象，具有一定的特殊性。所以，在1991年6月4日，我国颁布了专门保护计算机软件著作权的行政法规，即《计算机软件保护条例》，该条例于2001年12月20日伴随着《著作权法》的修改进行了第一次修订。

对于计算机软件的保护，国际上除了将软件作为一种作品利用著作权法保护以外，还出现了其他的保护形式，比如利用专利法保护。率先对计算机软件给予专利保护的国家是美国。从20世纪80年代后期开始，计算机软件的开发者在我国也可以申请专利。

9. 法律、行政法规规定的其他作品

这是我国《著作权法》设立的一个弹性条款，是立法技术的表现形式之一。因为随着科学技术和文化事业的不断发展，新的作品形式还会出现，比如前文所述的摄影作品、电影作品、计算机软件等，就是因为科学技术的发展而产生的新的作品形式。这一弹性条款的存在，可以保证我国《著作权法》在相当长的时间内保持一定的稳定性、包容性和灵活性。

除了上述作品类型外，还有一种作品，即民间文学艺术作品。民间文学艺术作品的范围十分广泛，包括神话故事、民间传说、寓言、叙事诗、编年史、断代史、音乐、舞蹈、造型艺术、建筑艺术，等等。其特点是世代相传，长期演变，没有固定的物质载体，没有确定的作者（所谓的“佚名”），能够反映某一社会群体文学艺术特性。我国《著作权法》规定，民间文学艺术作品的保护方法，由国务院另行规定。但由于涉及的问题多、难度大，时至今日，酝酿了多年的保护民间文学艺术作品的法律法规尚未正式出炉。

我国在1982年11月19日颁布实施、2002年修改的《中华人民共和国文物保护法》（1992年4月30日国务院批准，国家文物局发布了《中华人民共和国文物保护法实施细则》）和1997年5月20日国务院颁布实施的《传统工艺美术保护条例》，都已涉及民间文学艺术作品的保护，但它们的涉及面比较窄。目前，我国部分省市已经先后制定了保护民间文学艺术作品的地方性法规，比如，福建省福州市在1997年2月4日颁布实施《福州市历史文化名城保护条例》；1998年11月30日山西省人大常委会通过，1999年4月1日施行的《山西省平遥古城保护条例》；2000年5月26日云南省人大常委会通过，2000年9月1日开始施行的《云南省民族民间传统文化保护条例》等。

二、著作权客体的排除

著作权客体的排除，是指被我国著作权法排除在外不予保护的作品。我国《著作权法》第5条规定了不适用《著作权法》保护的情形，是指某些作品表面上符合著作权法的规定，但是它们或者缺乏独创性，或者进入了公有领域而不再享有著作权。不适用《著作权法》的作品包括以下几类。

（1）法律、法规，国家机关的决议、决定、命令和其他具有立法、行政、司法性质的文件及其官方正式译文。

从广义上说，法律、法规，国家机关的决议、决定、命令及其他具有立法、司法和行政性质的文件及其官方正式译文，都属于作品，但它们都是不能享有著作权的作品。因为它们与其他文学、艺术和科学作品相比，是一种特殊的作品，不属于任何个人智力创作成果，它们体现着国家和政府的意志，国家出于政治统治和社会管理的需要，希望它们能尽快被复制和传播，希望这些作品传播的范围越广越好，越快越好，以便国家的法律法规、政策等为广大社会公众所周知并遵照执行，如果赋予它们著作权，则不利于它们的广泛、迅速传播，故此，这些作品不适用《著作权法》保护。对这类作品的复制和以其他方式的使用，法律不加限制，使用者也不用支付报酬。

（2）时事新闻。

时事新闻，是指通过报纸、期刊、广播电台、电视台等媒体报道的单纯的事实消息。新闻报道的作用，是为了将正确真实的信息迅速地让社会公众知道和了解，而不是为了表达作者的思想和感情。由于时事新闻需要迅速、广泛地传播，同时由于时事新闻仅仅是对事实的单纯反映，并不需要付出多少创造性的劳动，因而法律不赋予其著作权。但必须注意的是，不适用《著作权法》的是“单纯”的时事新闻，传播媒介如果刊载或者使用新闻评论、新闻综述等材料，传播媒介应当尊重新闻评论、新闻综述等材料的作者的著作权，因为作者在新闻评论、新闻综述等材料中对新闻报道进行了创造性的整理、加工，加入了对事实的评论，在评论中融入了作者自己的思想观点，因此，新闻评论或者新闻综述的作者应当享有著作权。

2002 年 10 月 15 日施行的《最高人民法院关于审理著作权民事纠纷案件适用法律若干问题的解释》规定，通过大众传播媒介传播的单纯事实消息属于《著作权法》第 5 条第（2）项规定的时事新闻。传播报道他人（其他报刊、通讯社）采编的时事新闻，应当注明出处。

新闻的采编和报纸的编辑工作需要付出劳动，所以，上述司法解释的规定是比较合理的，也是符合我国著作权法的立法精神的。

（3）历法、通用数表、通用表格和公式。

历法是指计算时间的方法；通用数表是指用一定数字，反映一定数量关系的表，如三角函数表、对数表等；通用表格是指一定领域内，为完成特定的工作而制作的普遍、反复使用的表格，如银行支票、商业发票、统计表格等；公式是指用符号表示几个量之间关系的式子，如物理公式、化学公式、数学公式等。历法、通用数表、通用表格和公式都是人们在生产和生活中普遍使用的工具，《著作权法》不保护历法、通用数表、通用表格和公式，是因为这些作品没有创造性。它们或者只属于一般常识，或者作品本身只是记录知识，并不是对知识的一种表达，而且，这些作品所包含的都是人们在生产和生活中普遍使用的工具，需要尽快为社会公众所掌握的知识，应当鼓励其传播和推广应用。历法、通用数表、通用表格和公式的这一特点决定了它们不宜适用《著作权法》保护。

（4）超过法定保护期限的作品。

超过《著作权法》规定的保护期限的作品丧失了著作权中的部分权能。著作权中除了作者的署名权、修改权、保护作品完整权等人身权的保护期不受限制外，其他的权利都是有保护期限的，如自然人作者对其作品所享有的复制权、发行权、表演权、出租权、信息网络传播权等项财产权利的保护期为其终生及其死亡后50年。过了保护期限的作品的财产权利进入公有领域，该类作品的财产权不受《著作权法》的保护，社会公众可以自由和无偿地使用。

根据2010年修改的《著作权法》第4条的规定，著作权人行使著作权，不得违反宪法和法律，不得损害公共利益。国家对作品的出版、传播依法进行监督管理。享有著作权和行使著作权是两个不同层次的问题，虽然作品创作完成后即可产生著作权，但是，因内容违法而被禁止出版传播的作品，其著作权的行使则会受到法律的限制。

至于哪些作品属于依法禁止出版、传播的作品，可以依照国家的相关法律法规来具体确定。

第四节　著作权的内容与保护期限

一、著作权的内容

著作权是著作权人依法享有的权利的总称，它是由多项权利构成的一个权利综合体。根据我国《著作权法》的规定，著作权包括以下人身权和财产权：发表权、署名权、修改权、保护作品完整权、复制权、发行权、出租权、展览权、表演权、放映权、广播权、信息网络传播权、摄制权、改编权、翻译权、汇编权以及著作权人应当享有的其他权利，比如，转让权、许可使用权、获得报酬权等。其中出租权、放映权、广播权、信息网络传播权为2001年修改的《著作权法》新增加的权利，《著作权法》对表演权做了扩大性解释，使之包括了人们通常所说的“机械表演权”。

二、著作权的取得

著作权的取得，也称为著作权的产生，是指作者因创作作品而获得著作权法的保护，享有著作人身权和著作财产权。对于著作权的取得方式，世界各国著作权立法有不同的规定，主要有依据创作行为而自动取得和依据注册取得两类。

（一）自动取得

著作权的自动取得，是指著作权因作品的创作完成这一法律事实的存在而自然取得，不需要履行任何手续。这种著作权的获得方式称为自动保护主义。

著作权的自动取得，在理论上也称为创作主义。目前，世界上大多数国家采取著作权自动取得制度，《伯尔尼公约》第3条规定，具有本联盟成员国国民身份的作者，无论其作品是否出版，都应当得到本公约的保护。这说明《伯尔尼公约》确认了著作权自动取得原则。

根据大多数国家的著作权法的规定，自动取得原则有一个先决条件，即对作者身份的要求：本国国民，或者是在本国长期居留的外国人；其作品第一次在本国出版的外国人；作品第一次在与本国签订有著作权保护双边协定或者与本国参加了同一个保护著作权国际公约的国家出版的外国人。

（二）注册取得

所谓注册取得，是指以在国家著作权管理机关登记注册作为取得著作权的条件，作品登记注册以后才能产生著作权。著作权注册取得原则又称为注册主义。

从世界各国著作权法的规定来看，大多数国家采用自动取得原则，《伯尔尼公约》和《世界版权公约》也不以登记注册作为取得著作权的必要条件，但1987年以前的西班牙和受其影响比较大的拉丁美洲国家和部分非洲国家仍然要求作者将作品提交著作权管理机关登记，否则著作权法不予保护。《世界版权公约》虽然不以登记注册作为取得著作权的条件，但也不禁止其成员国的立法要求作者履行登记手续作为著作权取得的前提，这种登记注册要求只适用于在某一缔约国本国出版的作品，或者其国民在任何地方出版的作品。

（三）我国的著作权取得制度

我国著作权法采用了自动取得原则，同时，根据我国的实际情况，对于在我国取得著作权的作者的身份做了相应的规定。我国《著作权法》第2条规定："中国公民、法人或者其他组织的作品，不论是否发表，依照本法享有著作权。外国人、无国籍人的作品根据其作者所属国或者经常居住地国同中国签订的协议或者共同参加的国际条约享有的著作权，受本法保护。外国人、无国籍人的作品首先在中国境内出版的，依照本法享有著作权。未与中国签订协议或者共同参加国际条约的国家的作者以及无国籍人的作品首次在中国参加的国际条约的成员国出版的，或者在成员国和非成员国同时出版的，受本法保护。"《著作权法实施条例》第8条规定："外国人、无国籍人的作品在中国境外首先出版后，30天内在中国境内出版的，视为该作品同时在中国境内出版。"

三、著作人身权

著作人身权，又称著作精神权利，是指作者对其创作的作品依法享有的与其人身密不可分而又无直接财产内容的权利。著作人身权的实质是人身关系在著作权上的具体反映，是独立于著作财产权而存在的，作者行使人身权利不会给自己直接带来经济利益，但人身权并不排斥作者因其作品被使用而享有的财产权利。著作人身权由作者终身享有，且没有时间上的限制。作者死后，其著作人身权可依法由其继承人、受遗赠人或者国家的著作权管理部门予以保护。学术界普遍认为著作人身权不能转让、剥夺或者继承。

著作人身权包括署名权、修改权、保护作品完整权等。

所谓署名权，即表明作者身份，在作品上署名的权利。有的国家的著作权法也称其为“姓名表示权”。署名权是著作权的核心，作者只有通过行使署名权，才能确定著作权的主体资格。我国《著作权法》规定，如无相反证明，在作品上署名的公民、法人或者其他组织为作者。署名权的行使可以采用多种方式，作者可以在自己的作品上署上自己的真名实姓，也可以署其别名、笔名、假名、艺名或者不署名。

署名权是著作人身权的一种，不能转移和继承，对作者署名权的保护没有时间上的限制。

所谓修改权，是指作者有自己修改或者授权他人修改作品的权利。保护作品完整权，是作者所享有的保护作品不受歪曲、篡改的权利。

修改权和保护作品完整权可以说是一个事物的两个方面。一方面，作者有权修改自己的作品或者授权他人修改自己的作品；另一方面，作者有权禁止他人随意歪曲、篡改自己的作品。

根据《著作权法》的规定，图书出版者对作品的修改、删节，必须经过作者的许可。报社、期刊社对作品内容的修改应当经作者许可，但图书出版者、报社、期刊社对于作品做文字性修改，对作品中的明显错误，比如错别字、标点符号、历史年代、人名、地名等的修改，不属于侵犯作者的修改权和保护作品完整权。

四、著作财产权

著作财产权，又称著作经济权利，是指作者通过使用作品或者许可他人使用其作品，从而获得经济利益的权利。著作财产权具有一定的时间性，在著作权的有效期限内，作者享有的著作财产权可以依法许可他人使用、继承和转让。许可他人使用的内容，就是其所包含的具体权能。我国 1990 年颁布的《著作权法》将著作财产权概括地规定为使用权和获得报酬权，这一概括性规定所产生的弊端是使著作权人无法确定和行使著作财产权，也给行政机关和司法机关对侵犯著作权行为的认定和对著作权的合法行使的确定以及对著作权的保护带来了麻烦。2001 年修改的《著作权法》对此作了比较大的改动，在《著作权法》第 10 条中将著作财产权中的每一项都单列一款，分别列出 12 项财产权，对每一项财产权利的内容作了较为准确的定义。为了避免法律列举的遗漏，《著作权法》又在第 10 条第 17 款中列出“应当由著作权人享有的其他权利”作为兜底条款。

著作财产权包括发表权❶、复制权、发行权、出租权、展览权、表演权、放映权、广播权、信息网络传播权、摄制权、改编权、翻译权、汇编权以及著作权人应当享有的其他权利，比如，转让权、许可使用权、获得报酬权等。

1. 发表权

发表权，是指著作权人依法享有的决定是否将作品公之于众的权利。发表权包括两个方面的内容：① 决定将作品予以发表；② 决定将作品不予发表。

作者有权决定在何时、何地和以何种方式发表作品，也可以授权他人发表作品。发表作品应当面向不特定的社会公众，如果只针对特定的少数人，比如将作品赠送给亲戚朋友传阅、欣赏，不能视为现代意义上的发表。有关著作权法的司法解释规定，《著作权法》第 10 条第（1）项规定的“公之于众”，是指著作权人自行或者经著作权人许可将作品向不特定的人公开，但不以公众知晓为构成条件。

发表权只能行使一次，作品的发表，应当是首次向社会公开，如果作品已经出版或者将作品展览过，说明作者已经行使过发表权。

发表权应当由作者或者其授权的人享有，但在某些情况下，可以推定作者将其发表权转移给作品的合法使用者。例如，美术作品原件的合法所有人有权展览该美术作品，如果该美术作品尚未发表，原件所有人的展览行为并没有侵犯作者的发表权。对于作者死亡以后尚未发表的作品，我国《著作权法》规定，如果作者未明确表示不发表，其发表权在法律规定的保护期内，由作者的继承人或者受遗赠人或者作品原件的合法所有人行使。

2. 复制权

所谓复制权，是指著作权人决定实施或者不实施复制行为，或者禁止他人复制其作品的权利。

著作权法中所说的复制，是指以印刷、临摹、拓印、录音、录像、翻录等方式将作品制作成一份或者多份的行为。复制的方法很多，有简单的手工复制，比如手抄、临摹；有比较复杂的机械复制，比如印刷、翻录、翻拍等。随着科学技术的进步，还会出现新的复制方法，比如已经出现的网络上的复

---

❶ 关于发表权属于著作人身权还是著作财产权，学术界有不同看法，吴汉东教授主编的教材把它归入著作人身权的范畴。笔者认为，发表是使用行为之一，故把发表权归入著作财产权。

制等。

3. 发行权

发行是指发出新出版的图书、期刊。发行权，是指著作权人享有的以出售或者赠与方式向公众提供作品的原件或者复制件的权利。

发行是传播作品和实现著作权人经济权利的重要形式，只有通过发行，才能使社会公众接触、接受和了解作品。复制与发行相结合，即为出版行为。出版权由著作权人享有，但在通常情况下，著作权人没有能力自办出版发行，著作权人可以授权出版商行使出版权。发行权是著作权人的一项重要的经济权利。

发行应当是向不特定的社会公众提供作品，如果只是在小范围内向特定的人提供作品，则不视为发行作品。发行权的行使可以是有偿的，比如，通过出售方式来行使；也可以是无偿的，比如，通过赠与方式来行使。

4. 出租权

出租，是指收取一定的租金，提供某物品给别人定时地使用的一种民事法律行为。《著作权法》规定的出租权，即有偿许可他人临时使用电影作品和以类似摄制电影的方式创作的作品、计算机软件的权利，但计算机软件不是出租的主要标的的除外。这是修订的《著作权法》增加的内容之一。按照《著作权法》的规定，出租权的行使只涉及电影作品、电视作品、录像制品和计算机软件等。

5. 展览权

展览，是将物品陈列出来供人们观看、欣赏。展览权，是指公开陈列美术作品、摄影作品等作品的原件或者复制件的权利。展览应当体现公开性，面向社会公众。在特定的情况下，展览权的主体可以发生转移。法律规定，已经出售或者转让的美术作品原件的展览权，由作品原件的所有人享有。

6. 表演权

表演，是指直接或者借助于技术设备，以表情、声音、形体动作等方式公开再现作品的行为。表演是一种创造性活动。表演权，又称上演权、公演权，是著作权人享有的表演或者许可他人表演其作品的权利。表演的方式有演奏乐曲、演唱歌曲、上演剧本、朗诵诗词、散文等。为了真实、形象地再现原作品，需要具备一定的表演技能，而表演技能是需要经过专业训练才能掌握的。所以，一般情况下，著作权人会授权专业的表演团体来表演其作品。当然，如果作品的作者本人具有表演才能，比如，将自己创作的歌曲向公众演唱，将自己创作的作品改编成电影文学剧本，自编自导自演，则是作者直接行使表演权。

7. 放映权

所谓放映权，是指通过放映机、幻灯机等技术设备公开再现美术、摄影、电影和以类似摄制电影的方法创作的作品等的权利。放映权是 2001 年第一次修改后的《著作权法》为著作权人设定的一项权利。

8. 广播权

所谓广播权，是指以无线方式公开广播或者传播作品，以有线传播或者转播的方式向公众传播广播的作品，以及通过扩音器或者其他传送符号、声音、图像的类似工具向公众传播广播的作品的权利。

9. 信息网络传播权

信息网络传播权，是指以有线方式或者无线方式向公众提供作品，使公众可以在其个人选定的时间和地点获得作品的权利。

传播即广泛散布。作者享有的传播权，是指著作权人有权向社会公众传播其作品。由于传播作品的方式多种多样，比如发行、表演、放映、广播、出租、展览等，传播权的内容也就异常丰富，比如发行权、表演权、放映权、广播权、出租权、展览权等。传播权是著作权中的一组权利的集合。

科学技术发展到今天，出现了信息网络这种传播方式，实践中又接连发生与信息网络有关的著作权纠纷，根据国家法制建设的需要和国际公约的要求，我国《著作权法》为著作权人增加了一项信息网络传播权。如果科学技术促成新的作品传播方式出现，一定会有新的权利反映在著作权法中。

10. 摄制权

所谓摄制权，是指以摄制电影或者以类似摄制电影的方法将作品固定在载体上的权利。摄制权是 2001 年第一次修改后的《著作权法》为著作权人设定的一项权利。

11. 改编权

所谓改编权，是指著作权人享有的改变作品，创作出具有独创性的新作品的权利。改编权可以由作者行使，也可以授权他人行使。改编的方式既包括将作品由一种表现形式改编为另一种表现形式，比如将小说改编成电影文学剧本、将歌剧剧本改编成舞剧剧本；也包括相同类型作品的改编，比如将长篇小说改编成缩编本的短篇小说等。改编，是指以不同的表现形式再现作品的创作活动。改编应当是改编者的创造性劳动，不是简单地重复原作品的内容，而是在表现形式上有所创新，达到新的效果或者新的创作目的。

改编者对改编作品享有著作权，但是其行使著作权时不得损害原作品作者的著作权。

12. 翻译权

所谓翻译权，即著作权人享有的将作品从一种语言文字转换成另一种语言文字的权利。翻译，是指以与原作品所使用的语言文字不同的另一种语言文字再现作品内容的一种创作活动。作者可以行使翻译权，作者也可以授权他人翻译其作品。

作者有权翻译或者禁止他人翻译自己的作品。作者授权他人翻译其作品，一般会限定翻译的语言种类。未经作者授权，他人不得随意将作品翻译成其他语种。翻译者对其翻译作品享有著作权，但其行使著作权时不得损害原作品作者的著作权。

我国《著作权法》规定，将中国公民、法人或者其他组织已经发表的以汉语言文字创作的作品翻译成少数民族语言文字作品在国内出版发行，不侵犯著作权人的著作权，主要是指不侵犯著作权人的翻译权。

13. 汇编权

汇编权，是指将作品或者作品的片段通过选择或者编排，汇集成新作品的权利；汇编，是指对资料或者现成的作品进行整理、加工，使之汇集起来。

汇编作品有两种形式。其一是报纸、杂志，将众多的不同形式的作品编在一个版面上、一本杂志里，形成一个完整的报刊作品；其二是将符合特定要求的多种作品或者众多作品的片段汇编成册。比如，将2002年度的优秀短片小说汇编成小说集，或者将一些著名作家描写秋天景物的段落汇集成册等。

行使汇编权时，著作权人可以汇编自己的作品，也可以按照一定的目的和要求将他人的作品选编成集。《著作权法》还规定，汇编若干作品、作品的片段或者不构成作品的数据或者其他材料，对其内容的选择或者编排体现独创性的作品，为汇编作品，其著作权由汇编人享有，但行使著作权时，不得侵犯原作品作者的著作权。

14. 注释权和整理权

注释权，即为著作权人享有的注释或者禁止他人注释其作品的权利。注释，是指对文字作品中的内容、用语、含义、风格等进行的说明或者解释。注释权可以由作者——著作权人行使，也可以授权他人行使。

注释一般是针对历史年代久远、内容难以理解的作品进行注释。我国是拥有绵绵数千年灿烂文化的文明古国，自古以来就盛行对先辈作品的注释活动，许多流传下来的古代典籍、文献等都有注释本。同一作品可以有多人进行注释，于是就产生了多种不同的注释本。

对原有作品的注释是一种智力创作活动，注释者对于注释作品享有著作权，但其行使著作权时不得损害原作品作者的著作权。

整理权，是著作权人自己或者授权他人对作品进行整理的权利。整理是指对内容零乱、层次不清、字迹模糊的已有文字作品或者材料进行系统化和条理化的加工。

整理与注释一样，一般是针对年代久远的古代历史典籍、文献进行整理。整理的方法主要有校点、补遗等。整理是一种智力创作活动，可以产生新作品。整理人对其整理产生的作品享有著作权，但其行使著作权时不得损害原作品作者的著作权。

我国《著作权法》虽然没有具体规定注释权和整理权，但规定：改编、翻译、注释、整理已有作品而产生的作品，其著作权由改编、翻译、注释、整理人享有，但行使著作权时不得侵犯原作品的著作权。

著作权法规定著作权人应当享有的其他权利包括下列权利。

（1）著作权人可以许可他人行使《著作权法》规定的复制权、展览权、表演权、广播权、摄制权、信息网络传播权等使用权，并依照约定或者《著作权法》的规定获得报酬的权利。

（2）著作权人可以全部或者部分转让复制权、展览权、表演权、广播权、摄制权、信息网络传播权等使用权，并依照约定或者《著作权法》的规定获得报酬的权利。

五、著作权的保护期限

著作权的保护期限，是指著作权受法律保护的时间界限，亦即国家确认作品的著作权并依法予以保护的法定期限。

法律只在一定的期限内对著作权给予保护，超过一定的期限，有关作品就成为社会公共财富，任何人都可以自由、无偿地使用，无须经过著作权人的同意，也不必向著作权人支付报酬。法律作出这样的规定，既可以在保护期内充分保护著作权人的人身权和财产权，从而鼓励人们从事文学、艺术和科学作品的创作；又通过许可人们对保护期过后的作品的自由无偿使用促进作品更加广泛地传播和利用，更好地满足人们的精神文化生活需要。根据著作权的性质、著作权主体和作品的性质的不同，我国《著作权法》对著作权的保护期限作了如下规定。

（1）著作权中的署名权、修改权、保护作品完整权的保护期不受限制。在作为作者的公民死亡后或者法人、其他组织变更、终止后，其享有的署名权、修改权、保护作品完整权由作者的继承人、受遗赠人、承受权利义务的法人或者其他组织负责保护。如果无人继承和受遗赠，或者无承受权利的法人或者其他组织的，则由国家负责保护。

（2）作者为公民的作品，其发表权、复制权、发行权、出租权、汇编权、摄制权、信息网络传播权等使用权和获得报酬权的保护期为作者终生加上其死亡后50年，截止于作者死亡后第50年的12月31日。著作权属于公民的合作作品的，其发表权和《著作权法》第10条第1款第5项至第17项规定的财产权的保护期应当截止于最后死亡的作者死亡后第50年的12月31日。

（3）作者身份不明的作品，《著作权法》第10条第1款第5项至第17项规定的财产权的保护期为50年，截止于作品首次发表后第50年的12月31

日。但在此保护期内，作者的身份一经确定，则著作权的保护期限适用《著作权法》第 21 条的规定。

(4) 法人或者其他组织的作品，著作权（署名权除外）由法人或者其他组织享有的职务作品，其发表权和《著作权法》第 10 条第 1 款第 5 项至第 17 项规定的财产权保护期为 50 年，一般自作品首次发表时起算，截止于作品首次发表后第 50 年的 12 月 31 日，但作品自创作完成后 50 年内未发表的，其著作权不再受保护。

(5) 电影作品和以类似摄制电影的方法创作的作品、摄影作品，其发表权和《著作权法》第 10 条第 1 款第 5 项至第 17 项规定的财产权的保护期为 50 年，截止于作品首次发表后第 50 年的 12 月 31 日，但作品自创作完成后 50 年内未发表的，著作权法不再保护其著作权。

(6) 根据《著作权法》的规定，合作作品的保护期限分为两种情况，即根据合作作者的身份，合作作品可以分为公民之间的合作作品、公民与法人或者其他组织之间的合作作品。

公民之间的合作作品，其著作权中的财产权的保护期限为作者有生之年加上其死亡后 50 年，截止于最后死亡的作者死亡后第 50 年的 12 月 31 日。

公民与法人或者其他组织之间的合作作品，其著作权中的财产权的保护期限为公民有生之年加上其死亡后 50 年。如果该合作作品在公民死亡后发表，其著作权中的财产权的保护期限从作品发表时起算为 50 年，如果该合作作品在公民死亡后 50 年内仍未发表，则其著作权中的财产权不再受法律保护。

此外，2001 年修改的《著作权法》增加了一种权利，即由出版者享有的“版式设计权”。出版者的版式设计权的保护期为 10 年，截止于使用该版式设计的图书期刊首次出版后第 10 年的 12 月 31 日。

第五节 著作权的限制

著作权法律制度在鼓励和保护作品的创作与传播的同时，必须兼顾社会公共利益，防止著作权的滥用而阻碍科学技术的进步和文化的繁荣。因此，各国的著作权法无一例外地对著作权作出了一定的限制性规定。这种限制主要是针对著作财产权的限制，对于著作人身权无法限制。

与一般财产权的法律保护相比，著作权本身已经受到了时间上（著作权保护期限上的限制）和地域上（著作权保护在地域范围上的限制）的限制，作为知识产权组成部分的著作权当然具有时间性和地域性特征。除此以外，著作权还受到“合理使用”、“法定许可”以及“强制许可”等制度的限制。

一、合理使用

合理使用是我国《著作权法》规定的对著作权人的权利进行限制的制度之一。

所谓著作权的合理使用，即在法律规定的情况下，对于已经发表的作品不必经过著作权人许可，也不必向著作权人支付报酬就可以使用。合理使用必须符合法定的条件，且不以营利为目的。合理使用的对象必须是已经发表的作品。合理使用作品时必须注明作品名称、作者姓名和作品的出处，并不得侵犯著作权人的其他著作权。

《著作权法》第22条规定了合理使用的12种情形。

（1）为个人学习、研究或者欣赏，使用他人已经发表的作品。

（2）为介绍、评论某一作品或者说明某一问题，在作品中适当引用他人已经发表的作品。

这种合理使用最关键的是要“适当”，引用他人作品的部分不应当构成自己作品的主要部分。如果是要介绍评论某一作品，只要将介绍评论的主要思想引述出来即可。如果要说明某一问题，只引用他人作品的有关观点即可。

（3）为报道时事新闻，在报纸、期刊、广播电台、电视台等媒体中不可避免地再现或者引用发表的作品。

（4）报纸、期刊、广播电台、电视台等媒体刊登或者播放其他报纸、期刊、广播电台、电视台等媒体已经发表的关于政治、经济、宗教问题的时事性文章，但作者声明不许刊登、播放的除外。

（5）报纸、期刊、广播电台、电视台等媒体刊登或者播放在公众集会上发表的讲话，但作者声明不准刊登、播放的除外。

（6）为学校课堂教学或者科学研究，翻译或者少量复制已经发表的作品，供教学或者科研人员使用，但不得出版发行。

（7）国家机关为执行公务在合理范围内使用已经发表的作品。

（8）图书馆、档案馆、纪念馆、博物馆、美术馆等为陈列或者保存版本的需要，复制本馆收藏的作品。

（9）免费表演已发表的作品，该表演未向公众收取费用，也未向表演者支付报酬。

（10）对设置或陈列在室外公共场所的艺术作品进行临摹、绘画、摄影、录像。

（11）将中国公民、法人或者其他组织已经发表的以汉语言文字创作的作品翻译成少数民族语言文字作品在国内出版发行。

（12）将已经发表的作品改成盲文出版。

合理使用的规定对于出版者、表演者、录音录像制作者、广播电台、电视台的权利同样适用。

根据最高人民法院的有关司法解释的规定，第（10）项中所说的室外公共场所的艺术作品，是指设置或者陈列在室外社会公众活动场所的雕塑、绘画、书法等艺术作品。对这些艺术作品的临摹者、绘画者、摄影者或者录像者，可以对其成果以合理的方式和范围再行使用，不构成侵权。

二、法定许可

法定许可，是指在法定的某些情形下使用他人已经发表的作品时，可以不经著作权人的同意，但必须向其支付报酬，而且不得侵犯著作权人的其他权利的制度。

我国《著作权法》分别在第32条、第39条、第42条和第43条对法定许可的情形作了规定。

（1）作品刊登后，除著作权人声明不得转载、摘编的以外，其他报刊可以转载或者作为文摘、资料刊登，但应当按照规定向著作权人支付报酬。

在实际生活中，有些期刊、报纸为了维护自身的经济利益而发布的“其他报刊转载本报刊发表的作品须经本报刊同意”的声明是与法律的规定相违背的，因而不具有法律效力。

2002年10月15日施行的关于审理著作权纠纷案件的司法解释规定，著作权法第32条第2款规定的转载，是指报纸、期刊登载其他报刊已发表作品的行为。转载未注明被转载作品的作者和最初登载的报刊出处的，应当承担消除影响、赔礼道歉等民事责任。

（2）录音制作者使用他人已经合法录制为录音制品的音乐作品制作录音制品，可以不经著作权人许可，但应当按照规定支付报酬；著作权人声明不许使用的不得使用。

（3）广播电台、电视台播放他人已发表的作品，可以不经著作权人许可，但应当支付报酬。

（4）广播电台、电视台播放已经出版的录音制品，可以不经著作权人许可，但应当支付报酬；当事人另有约定的除外。具体办法由国务院规定。

依照法定许可向著作权人支付报酬时，如果著作权人的地址不明，应当在一个月内将报酬寄送国家版权局指定的机构“中国著作权使用报酬收转中心”再由这类机构转交著作权人。

三、强制许可

强制许可，又称强制许可使用，是指在一定条件下，作品的使用者基于某种正当的理由，需要使用他人已发表的作品而没有得到著作权人的许可时，经申请并由著作权行政管理部门授权即可使用该作品，无须征得著作权人同意，但应当向著作权人支付报酬的制度。该制度的设立是为了防止著作权人滥用其权利拒绝他人基于正当理由使用其作品的现象发生。

我国《著作权法》没有规定强制许可制度，但是《伯尔尼公约》和《世界版权公约》中规定了强制许可，我国已经加入了上述两个公约，所以，我国的著作权行政管理机关和司法机关在处理著作权案件中可以适当引用《伯尔尼公约》和《世界版权公约》中有关强制许可的规定。

第六节　著作权的使用

著作权中所包含的财产权，只有通过使用行为才能体现出来。著作权的使用或者利用，使得优秀作品得以传播，先进文化得以发扬光大，人们可以品尝和欣赏到丰富的精神食粮，作者由此而感到精神愉悦，并可以获得一定的经济回报，以更加饱满的热情投入新的创作，为社会提供更多更精美的文化产品。我国《著作权法》规定了著作权的许可使用、转让、质押等使用方式。现实生活中还可以将著作权作为无形资产作价投资，用于生产经营活动等。

一、著作权的许可使用

著作权许可使用是指著作权人将其作品许可他人使用，由使用人向著作权人支付报酬的民事法律行为。在著作权许可使用条件下，著作权并没有发生变化，著作权主体没有变更。

著作权人许可他人使用自己的作品，是行使著作财产权的重要方式。著作权人享有以复制、表演、播放、出租、放映、广播、展览、发行、信息网络传播等方式使用作品的权利，但一般情况下，著作权人不具备以上述各种方式使用作品的物质技术条件。为了使作品能够更广泛和迅速地传播，著作权人需要许可使用的方式许可具备物质技术条件的人使用其作品。许可他人使用作品，使用人应当向著作权人支付报酬。

著作权人许可他人使用作品时，主要是通过签订著作权许可使用合同的形式来实施。著作权许可使用合同，是指著作权人（许可方）与他人（被许可方）签订的许可他人使用其作品，并按照约定支付报酬的协议。我国《著作权法》第 24 条规定，使用他人作品应当同著作权人订立许可使用合同，本法规定可以不经许可的除外。许可使用合同包括下列主要内容。

（1）许可使用的权利种类。

许可使用的权利种类，是指合同双方当事人应当在合同中明确约定著作权人许可他人以什么方式使用作品。比如复制、表演、播放、展览、发行、摄制电影、电视、录像、改编、翻译、注释、汇编等使用方式中的一种或几种。关于许可使用作品的方式的条款是著作权许可使用合同中最重要的条款。

（2）许可使用的权利是专有使用权或者非专有使用权。

（3）许可使用的地域范围和期间。

（4）付酬标准和办法。

（5）违约责任。

（6）双方认为需要约定的其他内容，比如争议的解决方式等。

《著作权法实施条例》还规定，与著作权人订立专有许可使用合同的，可以向著作权行政管理部门备案。《著作权法》第 24 条规定的专有使用权的内容由合同约定，合同没有约定或者约定不明的，视为被许可人有权排除包括著作权人在内的任何人以同样的方式使用作品；除合同另有约定外，被许可人许可第三人行使同一权利，必须取得著作权人的许可。

二、著作权转让

（一）著作权转让的特点

著作权是我国《民法通则》规定的民事权利之一，著作财产权可以依法转让。

著作权的转让是指著作权人依法将其著作权中的财产权的一部分或者全部移转给他人的民事法律行为。我国 1990 年颁布、1991 年开始实施的《著作权法》没有规定著作权转让的内容。

2001 年 10 月修订的《著作权法》增加了规定著作权人可以转让其著作权中的财产权的内容。我国著作权法规定的著作财产权包括多项权能，著作权人可以转让全部财产权，也可以转让部分财产权，比如，著作权人可以转让包括汇编权、放映权、摄制权、展览权、出租权等在内的 13 项财产权或者其中的一部分财产权，并由此获得一定的经济利益。

著作权的转让有下列几个特点。

1. 转让的对象仅限于著作财产权

著作权的转让与一般商品买卖中有形物的转让不同，有形物的转让结果是使商品所有权的权能全部、永久性地移转给他人享有。著作权的转让可以理解为使用权的部分或者全部在著作权有效期间内转归他人所有。而著作人身权与作者的人格利益密切相关，不能转让，能够转让的只是著作权中的财产权。

2. 著作权转让导致著作权主体的变更

在著作权的转让中，无论著作财产权是部分还是全部移转到受让人手中，受让人都成为该作品的著作权人。在不承认著作人身权的国家，卖绝行为可能使得转让方的著作权主体资格消灭，全部著作权由受让人承受。大多数国家的著作权法规定，著作权的转让仅限于著作财产权。因此，转让行为的后果可能是每转让一次著作权就增加一个著作权主体，在同一件作品上可以同时存在多个著作权主体（包括作者在内）。多个主体同时享有一项完整的著作权的现象，与物权法中的共同共有和按份共有不同，而是他们各自依据著作权转让合同享有著作财产权中的一项或者多项具体权利。

3. 著作权的转让与作品载体的所有权无关

作品载体实际上同时处于两个法律领域的调整之中，既是所有权领域的物，又包含着著作权领域的作品。[1] 著作权的转让与作品载体的所有权无关，只涉及作品的著作权。比如，画家将其绘画作品卖给他人（买受人），他人只能取得该画的载体的所有权，不得将该画复制、出版，否则就是构成对画家著作权的侵犯。

4. 著作权转让标的具有可选择性

在著作权转让中，作者可以将使用权中的不同权项，比如复制权、出版权、改编权等，分别转让给不同的受让人，还可以将转让的权利按照地区进行分配或者按照时间来划分，只要不发生在同一时间和同一地域范围内将完全相同的使用权转让给不同受让人的情形，就是符合著作权法规定的转让行为。

（二）著作权转让的方式

著作权转让通过签订著作权转让合同的方式进行。

著作权转让合同，是指著作权人（转让方）以合同方式将著作权中的财产权转让给他人（受让方）所有。著作权转让合同是2001年10月我国《著作权法》第一次修订所增加的内容。著作权转让应当订立书面合同。2002年10月15日开始施行的《最高人民法院关于审理著作权民事纠纷案件适用法律若干问题的解释》规定，著作权转让合同未采取书面形式的，人民法院依据我国《合同法》第36条和第37条的规定审查合同是否成立。

我国《著作权法》第25条规定：转让本法第10条第5项至第17项规定的权利（复制权、发行权、出租权、改编权等著作权中的财产权），应当订立书面合同。著作权转让合同包括下列主要内容：

（1）合同所涉及的作品的名称；

（2）转让的权利种类、地域范围；

（3）转让价金；

（4）交付转让价金的日期和方式；

（5）违约责任；

（6）双方认为需要约定的其他内容。比如，合同争议的解决方式等。

《著作权法实施条例》规定，与著作权人签订著作权转让合同的，可以向著作权行政管理部门备案。同时，《著作权法》第26条还规定："许可使用合同和转让合同中著作权人未明确许可、转让的权利，未经著作权人同意，另一方当事人不得行使。"

---

[1] 吴汉东主编：《知识产权法》，北京大学出版社2003年版，第72页。

著作权转让合同中的“转让的权利种类”，是指复制、发行、出租、改编、播放、信息网络传播等具体的著作权使用方式；“地域范围”，是指著作权转让后允许使用的地域范围。权利种类和地域范围确定以后，有利于转让价金的确定。

转让价金是著作权转让合同的基本条款。由于著作权的财产价值的确定是一个颇为复杂的问题，所以，除了当事人协商外，还可以通过专门机构评估、拍卖或者竞标等方式来确定转让价款。

转让价金的交付期限和支付方式必须明确约定，否则将导致合同无法履行。

著作权的使用除了许可使用和转让以外，还有著作权的其他使用情形，主要是指著作财产权可以用作债的质押、信托、债务的强制执行、夫妻财产分割和继承的对象。限于本书的篇幅和使用范围的要求，在此对于著作权的其他使用不作详细的介绍。

三、著作权的质押

（一）质押

质押是传统民法中的一种担保制度，是指债权人为了担保债权的实现，根据合同占有债务人或者第三人提供的财产，当债务人到期不履行债务时，可以以该财产折价或者以拍卖、变卖该财产的价款优先受偿的担保形式。债权人对出质财产或者权利所享有的优先受偿权称为质权，出质的财产或者权利称为质物。

质权有动产质权和权利质权两种。权利质权是指以财产所有权以外的可转让的财产权利为出质财产的质权。权利质权属于担保物权。我国《担保法》第 79 条规定，以依法可以转让的商标专用权、专利权、著作权中的财产权出质的，出质人与质权人应当订立书面合同，并向其主管部门办理登记。质押合同自登记之日起生效。

我国《著作权法》第 26 条规定，以著作权出质的，由出质人和质权人向国务院著作权行政管理部门办理出质登记。著作权中的财产权可以出质，著作权中的人身权不能出质。

在《著作权法》修改增加著作权出质的规定之前，以著作权及其他知识产权融资担保的法律实践就已经在我国部分地区展开了。

（二）著作权质押

著作权质押，是指著作权人为了担保债的履行，将其著作财产权中的一项或者多项作为质物出质，在债务人不能如约偿还债务时，债权人有权将其变卖并优先受偿的民事法律行为。

根据我国《著作权法》和其他法律法规的规定，著作权质权的设定，应当由当事人签订质押合同并向有关著作权行政管理部门办理出质登记。

（1）著作权质押合同。著作权质押合同是指著作权人作为出质人，以其依法享有的著作财产权的部分或者全部作为质物，与主合同的债权人签订的担保合同。著作权人与主合同债权人之间的质押关系，因质押合同的生效而生效。质押合同签订后，当事人应当向有关管理部门办理出质登记，质押合同自登记之日起生效。

（2）质权对著作权的限制。著作财产权出质后，非经质权人许可，以著作财产权出质的著作权人，不得许可他人以与出质之权利相同的方式使用其作品，更不得转让该权利。经质权人同意，著作权人转让出质之权利或者许可他人使用其作品的，出质人所获得的转让费或者许可费应当向质权人提前清偿所担保的债权，或者向与质权人约定的第三人提存。

（3）质权的实现。如果著作权人所担保的债权期满未得到清偿的，质权人可以将作为质物的著作财产权折价、拍卖或者变卖后将所得的价款优先受偿。所得价款超过债权数额的部分归出质人所有，不足的部分由债务人清偿。在清偿债权之前，如果出质人经质权人同意而许可他人使用其作品，将其所得的许可费给质权人作为清偿或者部分清偿的，在折价、拍卖或者变卖质物清偿债权时，应当扣除该先支付的款项。

（4）著作权质押关系的终止。著作权质押关系的终止的条件与一般质押关系终止的条件相同，有四种情形：其一，被担保的债权在清偿期届满时已得到清偿的，质押关系终止；其二，经质权人同意，出质人许可他人使用其作品，将该许可费用于全部清偿被担保的债权的，质押关系终止；其三，经质权人同意，出质人或者第三人以其他质物替代或者以其他担保形式替代的，原质押关系终止；其四，法律规定或者第三人约定的其他形式的终止。

第七节　邻　接　权

一、邻接权的概念

邻接权（Neighboring Right），又称为作品传播者权，是指作品的传播者在传播作品的过程中，对其创造性劳动成果享有的权利。该权利虽然不是著作权，但却是与著作权相邻近或者类似的权利。有的国家将其称为“与著作权有关的权利”。

我国《著作权法》及其实施条例将这一部分权利称为“与著作权有关的权益”，具体是指出版者对其出版的图书和期刊的版式设计享有的权利，表演者对其表演享有的权利，录音录像制作者对其制作的录音录像制品享有的权利，广播电台、电视台对其播放的广播、电视节目享有的权利。这表明了

"与著作权相关的权益"包括出版者权、表演者权、录制者权、广播组织者权四种权利。

世界知识产权组织（WIPO）编写出版的《知识产权教程》对邻接权的解释为：日益增多的国家对表演者、唱片制作者和广播组织在其涉及公开使用作者的作品、各种艺术家的表演或者向公众就事件、信息以及任何声音或者图像进行传播的活动中授予保护其利益的权利。其中最重要的权利是：表演者防止未经其许可而录制和直接广播或者向公众传播其演出的权利；唱片制作者许可或者禁止复制其唱片以及进口和销售未经许可的该复制品的权利；广播组织许可或者禁止回放、录制和复制其广播节目的权利。

我国《著作权法》及其实施条例对于邻接权的行使、限制和保护期限作了专门的规定。

邻接权的含义有狭义和广义之分。所谓狭义邻接权，即传统邻接权，一般包括表演者权、录音录像制作者权和广播电视组织权三大类。广义邻接权则是把一切传播作品的媒介所享有的专有权，包括上述三大类权利，全部归入其内，或者把那些与作者创作的作品存在一定区别的产品、制品或者其他含有思想表达形式而又不能被称为作品的内容也归入其内。我国《著作权法》及其实施条例虽然没有使用邻接权这一称谓，但《著作权法》第四章的规定实际上包含了广义邻接权的内容。

二、邻接权与著作权的区别

邻接权是因对作品的传播而产生的权利，也属于知识产权的范围，所以，也称其为著作邻接权。著作权是邻接权产生的前提和基础。邻接权与著作权的区别主要表现在下列几个方面。

其一，权利主体不同。著作权的主体是作品的创作者，包括自然人、法人和其他组织；邻接权的主体是出版者、表演者、音像制作者、广播电视组织，除了表演者，其他几乎都是法人。这些作品传播者在向公众传播作品时，通过自己的创造性劳动，改变了原作品的表现形式，因此有必要保护传播者的利益。

其二，保护对象不同。著作权保护的对象是文学、艺术和科学作品，体现了创作者的创造性劳动；邻接权保护的对象是经过传播者加工后的作品，体现了传播者的创造性劳动。

其三，权利内容不同。著作权主要指作者对其作品享有发表、署名、修改和保护作品完整等人身权和复制、发行、改编、出租等财产权；邻接权的内容主要是出版者对其出版的书刊的权利、表演者对其表演的权利、音像制作者对其音像制品的权利、广播电视组织对其广播和电视节目的权利。

其四，保护前提不同。作品只要符合法律规定的条件，一经产生就可以获得著作权的保护，即著作权自动产生；而一般情况下，邻接权的获得须通过著作权人的授权以及对作品的再利用为前提条件。

三、出版者权

（一）出版者权的概念

出版者权，是指出版者对其出版的作品所享有的一系列权利的总称。

出版权与出版者权是两个不同的概念，出版权作为一项普通的民事权利，是指生产、制作作品的复制品并将其提供给社会公众的行为，这是作者享有的著作财产权的一项基本内容。

出版者权的主体一般包括图书、报纸、期刊等类出版单位，出版的作品主要是以文字、数码、代码、线条、图案等表示的文字作品、音乐作品、戏剧作品和舞蹈作品等，并且大多数以印刷的形式进行复制。随着科学技术的发展和出版业务的普及，音像制品、电子作品（数字作品）都涉及出版问题，而且有的还完全脱离了传统的印刷形式，对这些出版者的权利如何保护尚待研究。出版者权的客体为出版者出版的图书、报纸、刊物及其版式和装帧等，既涉及作品本身，又涉及作品的载体。出版者对于作品本身享有专有出版权，对于作品的载体——图书、报纸、刊物及其版式和装帧享有专有使用权。

（二）出版者权的内容

1. 图书出版者的专有出版权

按照我国《著作权法》第 30 条和《著作权法实施条例》第 28 条的规定，专有出版权是指图书出版者对作者交付其出版的作品，根据出版合同的约定，在合同有效期内及合同约定的地域范围内，享有以同种文字的原版、修订版出版图书的专有权利。专有出版权依出版合同产生，来源于作者的授权。

图书出版者对一部作品享有专有出版权，表明其取得了以印刷的方式复制该作品，并将该作品的复制品向社会公众发行的独占的和专有的权利，其他图书出版者在一定时期和地域范围内，不得出版该作品的同一文字的原版、修订版以及缩编本，否则即侵犯了专有出版权。

出版权是著作权的一项具体权利，由著作权人享有和行使。但在我国的出版管理体制下，只有具备法人地位、经国家授权经营标有统一书号的图书出版业务的出版社，才能出版图书。作者要出版自己的作品，必须将本属于自己的出版权转让给法定的出版单位，才能产生合法的出版物。从我国的国情看，作者与出版社签订出版合同，出版者通过合同取得专有出版权，主要是考虑到图书出版投资大，市场风险大，赋予出版者专有出版权可以降低出版风险，保证图书出版事业的发展。在图书出版合同的有效期内，如果发生法定事由，或者发生严重违反出版合同、损害著作权人利益的事由，则可导致专有出版权的终止。根据我国《著作权法》第 30 条和《著作权法实施条例》第 29 条的规定，图书脱销后，图书出版者如果拒绝重印、再版，著作权人有权终止合同，将图书交付其他出版单位出版。

2. 装帧、版式设计专有权

2001年修订的《著作权法》在第35条增加了出版者的版式设计专有权的规定，即“出版者有权许可或者禁止他人使用其出版的图书、期刊的版式设计。前款规定的权利的保护期为十年，截止于使用该版式设计的图书、期刊首次出版后第十年的12月31日”。

版式，是指出版者出版图书、刊登文章所使用的字体、字型、开本和篇章结构布局等。装帧设计的表述虽然没有在著作权法中出现，但在图书出版中是非常重要的。装帧设计，是指图书出版者对其出版的图书的封面、封底、护封所做的装潢设计及报刊出版者对其出版的报纸、杂志的刊头、版面、封面、封底等所做的装潢设计。不同的装潢和版式设计能够将同一作品或者同一类作品的出版者区别开，也是市场竞争的一种手段，故此，出版者对其出版物的版式设计和装帧设计应当给予足够的重视。

（三）出版者的义务

出版者的义务主要有：与作者签订出版合同，以获得普通出版权或者专有出版权；按照合同约定的期限和质量出版作品；重印、再版作品；按照国家规定或者合同约定向作者支付报酬。

四、表演者权

（一）表演者权概念

表演者权，是指表演者依法对其表演所享有的权利。该权利产生的前提是著作权人将其作品的表演权许可给表演者行使，表演者权的设定有利于维护表演者的利益，因为表演者在表演中进行了一定的再创造。根据我国《著作权法》的规定，表演权由著作权人享有，表演者权由表演者享有，即使表演者自己表演自己的创作作品，表演权和表演者权的区别也是存在的，只是这种情况下，表演权和表演者权的主体合一了。

表演者的范围应当如何确定呢？1961年签订的《保护表演者、唱片制作者和广播组织罗马公约》（简称《罗马公约》）第3条对此做了规定：“表演者是指演员、歌唱家、音乐家、舞蹈家和表演、歌唱、演说、朗诵、演奏或者以别的方式表演文学或者艺术作品的其他人员。”世界知识产权组织（WIPO）主张，必须是公开的表演才能受到邻接权的保护。该组织将公开表演解释为：“一般指表演一个作品，其听众或者观众不限于属于某私人团体的人员，而且通常超出家庭演出的范围。”各种演出方式，不论观众数量的多少，都可能涉及表演者权的保护问题。

表演者权的客体不应当是表演的节目或者供表演使用的作品，而应当是表演本身，即表演者的形象、声音和动作等的组合。受保护的应当是“表演”，而不是“剧本”。因为表演体现为通过鲜活的形象、声音和动作等再现剧本的内容，表演本身是一种创造性劳动，表演者应当享有一种权利。

我国《著作权法》规定的受邻接权保护的表演涉及音乐、戏剧、曲艺、杂技艺术作品，其他类别的表演，比如马戏表演、体育节目表演等，不属于著作邻接权的保护范围。[1]

（二）表演者的权利

我国《著作权法》规定表演者对其表演享有下列权利：

（1）表明表演者身份；

（2）保护表演形象不受歪曲；

（3）许可他人从现场直播和公开传送其现场表演，并获得报酬；

（4）许可他人录音录像，并获得报酬；

（5）许可他人复制、发行录有其表演的录音录像制品，并获得报酬；

（6）许可他人通过信息网络向公众传播其表演，并获得报酬。

被许可人以前款第（3）项至第（6）项规定的方式使用作品，还应当取得著作权人许可，并支付报酬。

由此可见，《著作权法》规定了表演者享有 6 项权利，其中两项权利是 2001 年修改的法律增加的，即许可他人复制、发行录有其表演的录音录像制品，并获得报酬的权利，以及许可他人通过信息网络向公众传播其表演，并获得报酬的权利。这是我国《著作权法》对科学技术进步所做出的必然反应。

（三）表演者的义务

表演者在依法享有权利的同时，也应当履行一定的义务。我国《著作权法》为表演者规定了下列两项义务。

（1）使用他人作品演出，表演者（演员、演出单位）应当取得著作权人许可，并支付报酬。演出组织者组织演出，由该组织者取得著作权人许可，并支付报酬。

（2）表演者使用改编、翻译、注释、整理已有作品而产生的作品进行演出，应当取得改编、翻译、注释、整理作品的著作权人和原作品的著作权人许可，并支付报酬。

2001 年修改的《著作权法》增加了表演者的权利，适当减少了表演者的义务，比如，删除了原《著作权法》规定的表演者（演员、演出单位）使用

[1] 数年前，《中国体育报》曾经有消息称，足球运动员强烈表示，他们在足球比赛中的动作也属于表演，特别是射门动作，不能随便被拍摄成“射门集锦”之类的节目并通过电视进行播放，因为他们享有表演者权，受知识产权法保护。

他人未发表的作品演出，应当取得著作权人许可，并支付报酬。表演者使用他人已发表的作品进行营业性演出，可以不经著作权人许可，但应当按照规定支付报酬；著作权人声明不许使用的不得使用；表演者为制作录音录像和广播、电视节目进行表演使用他人作品的，如果属于未发表的作品，应当取得著作权人许可，并支付报酬；如果属于已经发表的作品，可以不经著作权人许可，但应当按照规定支付报酬。将部分义务规定由中介机构和演出的经纪人等演出的组织者来承担，减轻了表演者的负担，不必再亲自去办理作品的表演许可权的相关事宜。

五、录音录像制作者权

（一）录音录像制作者权概述

录音录像制作者权的产生，是出于这样一种考虑和需要：由于科学技术的发展，使人们能够通过先进的仪器设备将声音和场景（自然的和人造的）录制下来成为音像制品，满足人们精神文化生活的需要，为了鼓励录音录像制作者的投资积极性，提高音像制品的录制质量，需要保护他们在录制过程中所付出的创造性劳动。

录音制品，是指任何对表演的声音和其他声音的录制品。录音制作者是指录音制品的首次制作人。录像制品，是指电影作品和以类似摄制电影的方法制作的作品以外的任何有伴音或者无伴音的连续相关形象和图像的录制品。录像制作者是指录像制品的首次制作人。

录音录像制作者权的主体是录音制作者和录像制作者，只有实际制作录音录像制品并且首次将声音或者场景录制下来的人，才具有该主体资格。录音录像制作者权的客体是录音录像制品。录音录像制品所反映的对象并不一定是作品的表演，有时只是将自然界的声音和景物录制成音像制品，制作者因而享有著作邻接权。

（二）录音录像制作者的权利

我国《著作权法》第 41 条规定：“录音录像制作者对其制作的录音录像制品，享有许可他人复制、发行、出租、通过信息网络向公众传播并获得报酬的权利；权利的保护期为五十年，截止于该制品首次制作完成后第五十年的 12 月 31 日。”复制，是指对录音录像制品的母带进行的复制业务。发行是指将复制品向社会公众公开销售或者放映。出租是指向社会公众出租复制品并获得租金。通过信息网络向公众传播是指通过互联网络上的网络服务商向不特定的社会公众传播。

鉴于广播电台、电视台等新闻媒体在我国的特殊地位，《著作权法》第 43 条规定：“广播电台、电视台播放已经出版的录音制品，可以不经著作权人许可，但应当支付报酬。当事人另有约定的除外。具体办法由国务院规定。”广播电台、电视台对于已经出版的录音制品的使用，可以不经著作权人的许可，但无论是营利性使用还是非营利性使用，都应当向著作权人支付报酬。法律还规定，当事人可以就是否支付报酬进行约定，体现了立法上为法律的执行留有余地，便于人们根据不同情况灵活处理。具体办法还需要由国务院另行规定。

关于电视台播放已经出版的录像制品是否可以不经著作权人许可以及录音录像制作者是否可以像表演者那样享有二次使用费权，向营利性使用录音录像制品的人收取报酬，我国《著作权法》没有给出明确答复。此外，录音录像制作者可以某种方式表明自己的身份，在复制发行、播放或者许可他人复制发行、播放过程中，录音录像制作者的身份权应当得到尊重和保护。

（三）录音录像制作者的义务

根据我国《著作权法》第 39 至 41 条的规定，录音录像制作者应当履行下列义务。

（1）录音录像制作者使用他人作品制作录音录像制品，应当取得著作权人的许可，并支付报酬。

（2）录音录像制作者使用改编、翻译、注释、整理已有作品而产生的作品，应当取得改编、翻译、注释、整理作品的著作权人和原作品著作权人许可，并支付报酬。

（3）录音制作者使用他人已经合法录制为录音制品的音乐作品制作录音制品，可以不经著作权人许可，但应当按照规定支付报酬，著作权人声明不许使用的不得使用。

（4）录音录像制作者制作录音录像制品，除了尊重著作权人的权利外，还应当尊重表演者的权利，同表演者订立合同，并支付报酬。

（5）被许可人复制、发行、通过信息网络向公众传播录音录像制品，还应当取得著作权人、表演者的许可，并支付报酬。

六、广播组织权

（一）广播电视组织权概述

广播电视组织是指广播电台、电视台。广播电视组织权，是指广播电台、电视台对其制作的广播、电视节目依法享有的权利，有的著作将其称为“著作邻接权”。[1]

广播电视组织权的主体是制作、播放广播电视节目的组织。转播其他广播电视组织制作的节目，转播者没有投入创造性劳动，不受邻接权保护。在我国，广播电台、电视台作为邻接权的主体，它们只能是那些依法专门从事广播电视节目制作并面向不特定的社会公众播发音像信息的单位。

[1] 刘春茂主编：《知识产权原理》，知识产权出版社 2002 年版，第 296 页。

广播电视组织权的客体，是广播电视组织编辑制作的广播电视节目。由于科学技术的发展，广播电视组织权的客体在不断扩大。早期只有无线电广播节目，后来增加了电视广播节目；通信卫星出现后，通过卫星的广播节目随之产生。现在，广播电缆业逐渐发达起来，广播电缆节目也成为一些国家邻接权的保护对象。根据我国《著作权法》，广播电视组织权的客体仅指广播电视节目。技术的发展使得复制、转播他人的广播电视节目越来越容易，广播电视组织的权利面临经常被威胁和侵犯的现实。制作广播电视节目的成本越来越大，广播电视组织希望凭借独家制作和播出质量上乘的节目获得较高的收视率，以便增加收入，如果其节目被其他组织先行播放或者大量转播，必然会损害其经济利益。所以，我国《著作权法》赋予广播电视组织以专有权，禁止他人未经许可的转播行为。

（二）广播电视组织的权利

我国《著作权法》以禁止他人从事某些行为的方式规定了广播电视组织的权利。该法第 44 条规定，广播电台、电视台有权禁止未经其许可的下列行为。

（1）将其播放的广播、电视转播；

（2）将其播放的广播、电视录制在音像载体上以及复制音像载体。

以正面描述的方式，我们可以这样认为，广播电视组织享有将其播放的广播、电视转播的权利及将其播放的广播、电视录制在音像载体上以及复制音像载体的权利。上述权利的保护期为 50 年，截止于该广播、电视首次播放后第 50 年的 12 月 31 日。

（三）广播电视组织的义务

广播电视组织在享有上述权利的同时，应当承担相应的义务。我国《著作权法》第 42 条、第 43 条和第 45 条规定了广播电视组织应当履行下列义务。

（1）广播电台、电视台播放他人未发表的作品，应当取得著作权人许可，并支付报酬。著作权人与广播电台、电视台之间可以通过合同的形式就未发表的作品的使用问题达成协议。

（2）广播电台、电视台播放他人已发表的作品，可以不经著作权人许可，但应当支付报酬。

（3）广播电台、电视台播放已经出版的录音制品，可以不经著作权人许可，但应当支付报酬。当事人另有约定的除外。

（4）电视台播放他人的电影作品和以类似摄制电影的方法创作的作品、录像制品，应当取得制片者或者录像制作者许可，并支付报酬；播放他人的录像制品，还应当取得著作权人许可，并支付报酬。

邻接权的保护在世界各国都是一个异常复杂的问题，矛盾多，难度大。我国法律对广播电视组织规定的这些义务，其目的是为了督促广播电视组织谨慎地处理好与著作权人、表演者和录音录像制作者的关系，保证其制作的广播电视的信息有合法的来源。

第八节　著作权的法律保护

著作权的法律保护，是著作权人的权利得以实现的保障，是对侵犯著作权行为的约束和制裁。著作权法的大部分内容是作品的作者享有哪些权利、怎样行使权利，邻接权人在行使自己的权利时应当如何尊重作者的权利、保证合法地使用作品。

一、侵犯著作权的行为

（一）侵犯著作权行为的概念及其构成条件

侵犯著作权的行为，是指未经著作权人的许可，又无法律上的根据，擅自对他人作品进行使用或者以其他非法手段行使著作权人专有权利的行为。侵犯著作权的行为应当具备以下三个条件。

1. 存在侵权行为

行为人未经著作权人许可，也没有按照著作权法规定的条件，擅自使用受著作权法保护的作品、音像制品、表演和广播电视节目。任何人使用他人作品，都必须取得著作权人的许可，并不得超出法律规定的范围。侵犯著作权的行为既可能损害了他人的著作人身权，也可能损害他人的著作财产权，或者同时侵犯了著作权人的人身权和财产权。

2. 具有违法性

根据民法的基本原理，著作权是作者享有的一项民事权利，是一种绝对权，除了权利人以外，任何人都负有不侵犯该权利的不作为义务。他人如果在使用作者的作品时没有征得作者的许可，又没有遵守著作权法和其他法律的有关规定，则该使用行为即具有违法性。

3. 行为人有过错

行为人有过错指的是行为人在主观上有过错，即侵权人对其侵权行为及其后果所持的心理状态，包括故意和过失两种形式。侵犯著作权的行为大多数是出于故意，也有少数侵权行为既可以是由故意构成，也可以是由过失构成。在法理上区别故意和过失这两种过错的形式，在确定侵权人的法律责任时有一定的意义。一般而言，故意侵权行为应当承担的法律责任重于过失侵权行为应当承担的法律责任。但在司法实践中，故意侵权行为和过失侵权行为的认定比较困难。

（二）侵犯著作权行为的种类

侵犯著作权的方式多种多样，随着科学技术的发展，侵权行为的方式将会花样翻新。关于侵犯著作权行为的种类，各国著作权立法主要采取两种形式，即概括方式和列举方式。我国《著作权法》采用了列举方式。根据我国《著作权法》第46条和第47条的规定，侵犯著作权的行为有下列诸项。

（1）未经著作权人许可，发表其作品。

（2）未经合作作者许可，将与他人合作创作的作品当做自己单独创作的作品发表。

（3）没有参加创作，为谋取个人名利，在他人作品上署名。

（4）歪曲、篡改他人作品。

（5）剽窃他人作品。

（6）未经著作权人许可，以展览、摄制电影和以类似摄制电影的方法使用作品，或者以改编、翻译、注释等方式使用作品。

（7）使用他人作品，应当支付报酬而未支付。

（8）未经电影作品和以类似摄制电影的方法创作的作品、计算机软件、录音录像制品的著作权人或者与著作权有关的权利人许可，出租其作品或者录音录像制品。

（9）未经出版者许可，使用其出版的图书、期刊的版式设计。

（10）未经表演者许可，从现场直播或者公开传送其现场表演，或者录制其表演的。

（11）未经著作权人许可，复制、发行、表演、放映、广播、汇编、通过信息网络向公众传播其作品。

（12）出版他人享有专有出版权的图书的。

（13）未经表演者许可，复制、发行录有其表演的录音录像制品，或者通过信息网络向公众传播其表演。

（14）未经录音录像制作者的许可，复制、发行、通过信息网络向公众传播其制作的录音录像制品。

（15）未经广播电台、电视台许可，播放、复制其制作的广播、电视节目。

（16）未经著作权人或者与著作权有关的权利人许可，故意避开或者破坏权利人为其作品、录音录像制品等采取的保护著作权或者与著作权有关的权利的技术措施。

（17）未经著作权人或者与著作权有关的权利人许可，故意删除或者改变作品、录音录像制品等的权利管理电子信息。

（18）制作、出售假冒他人署名的作品。

（19）其他侵犯著作权以及与著作权有关的权益的行为。

二、侵犯著作权行为的法律责任

侵犯著作权行为的法律责任，是指侵权行为人违反著作权法的规定，对他人的著作权（包括邻接权）造成侵害时，应当承担的法律后果。我国相关法律对侵犯著作权行为的法律责任的规定，对于打击违法行为，保护著作权人利益，调动作者进行创作的积极性有重要意义。我国《著作权法》及有关法律与大多数国家的著作权法一样，规定了侵犯著作权行为应当承担的民事责任、行政责任和刑事责任。

1. 民事责任

著作权是民事权利的一种，侵犯著作权的行为，法律规定侵权行为人对受害人承担以补偿为目的的民事责任。

实施了《著作权法》第46条规定的侵权行为的，应当根据侵权行为的情节，承担停止侵害、消除影响、赔礼道歉、赔偿损失等民事责任。

（1）停止侵害。行为人正在实施侵犯他人著作权行为的，著作权人有权要求侵权人停止侵权行为。

（2）消除影响。作品的著作权被侵犯后，著作权人有权直接请求或者诉请人民法院责令侵权人在一定范围内澄清事实，消除人们对著作权人或者对其作品的不良影响，使社会对著作权人或者其作品的评价恢复到侵权行为发生前的状态。

（3）赔礼道歉。侵权人以赔礼道歉的方式承担民事责任，是一种保护著作权人人身权利的有效措施。著作权被侵犯后，著作权人有权直接请求或者诉请人民法院责令侵权人公开承认错误，向著作权人致歉，以求得著作权人的谅解。

（4）赔偿损失。著作权被侵犯并使著作权人的财产遭受损失时，著作权人有权直接请求或者诉请人民法院责令侵权人支付与其所受损失相当的金钱。这种民事责任的承担方式主要适用于对著作财产权的侵害与对著作人身权的侵害，只有给著作权人造成经济损害时，才能适用赔偿损失的方法。我国《著作权法》没有直接规定对著作人身权的侵害适用赔偿损失。2001年修改的《著作权法》增加了关于损失赔偿的计算方法以及“法定赔偿额”等规定，这样便于我国司法机关在处理著作权纠纷案件时有所遵循，而且也提高了《著作权法》的可操作性。

2. 行政责任

行政责任，是指国家著作权行政管理机关依法对侵犯著作权的行为给予的行政制裁。《著作权法》第47条规定的可以处以行政处罚的侵犯著作权的行为包括：

（1）未经著作权人许可，复制、发行、表演、放映、广播、汇编、通过信息网络向公众传播其作品的，本法另有规定的除外；

（2）出版他人享有专有出版权的图书的；

（3）未经表演者许可，复制、发行录有其表演的录音录像制品，或者通过信息网络向公众传播其表演的，本法另有规定的除外；

（4）未经录音录像制作者许可，复制、发行、通过信息网络向公众传播其制作的录音录像制品的，本法另有规定的除外；

（5）未经许可，播放或者复制广播、电视的，本法另有规定的除外；

（6）未经著作权人或者与著作权有关的权利人许可，故意避开或者破坏权利人为其作品、录音录像制品等采取的保护著作权或者与著作权有关的权利的技术措施的，法律、行政法规另有规定的除外；

（7）未经著作权人或者与著作权有关的权利人许可，故意删除或者改变作品、录音录像制品等的权利管理电子信息的，法律、行政法规另有规定的除外；

（8）制作、出售假冒他人署名的作品的。

对于上述八种侵犯著作权的行为，《著作权法》规定，侵权人除了要承担民事责任外，对于损害公共利益的，可以由著作权行政管理部门责令停止侵权行为，没收违法所得，没收、销毁侵权复制品，并可处以罚款；情节严重的，著作权行政管理部门还可以没收主要用于制作侵权复制品的材料、工具、设备等。

著作权行政管理部门根据侵犯著作权行为所造成的损害后果和侵权行为的性质的严重程度，决定给予行政处罚的形式：对于情节较轻、危害后果不大的，可以轻罚或者不罚；对于情节严重的、危害后果较大的，可以重罚或者并罚。《著作权法》第 47 条规定的责令停止侵权行为、没收违法所得、罚款、没收主要用于制作侵权复制品的材料、工具、设备等处罚方式，可以单独适用，也可以合并适用。

3. 刑事责任

大多数国家在其著作权法或者刑法中规定了侵犯著作权的刑事责任。我国《著作权法》虽然没有直接规定刑事处罚条款，但规定对《著作权法》第 47 条列举的侵权行为构成犯罪的，依法追究刑事责任。这里的“依法”指的依据《中华人民共和国刑法》（以下简称《刑法》）的规定，追究侵犯著作权的犯罪行为。《刑法》第 218 条和第 219 条规定，严重侵犯著作权的行为应当承担刑事责任，对犯罪者可以根据犯罪情节不同，处以有期徒刑或者拘役，并处或者单处罚金。

三、执法措施

为了加强著作权的保护，也为了与世界贸易组织（WTO）的TRIPS协议相协调，我国《著作权法》在第五章的“法律责任”之后增加了“执法措施”的规定，具体是指诉前保全和人民法院的依法处置权。

（一）诉前保全

关于诉前保全，我国《著作权法》规定：“著作权人或者与著作权有关的权利人有证据证明他人正在实施或者即将实施侵犯其权利的行为，如不及时制止将会使其合法权益受到难以弥补的损害的，可以在起诉前向人民法院申请采取责令停止有关行为和财产保全的措施。人民法院处理前款申请，适用《中华人民共和国民事诉讼法》第九十三条至第九十六条和第九十九条的规定。”《著作权法》规定的这种保全是诉前的权利保全。著作权人向人民法院申请诉前权利保全应当符合下列条件。

其一，申请人必须是著作权人或者与著作权有关的权利人。

其二，提出申请的前提是，要有证据证明他人正在实施或者即将实施侵犯其著作权的行为，而且是如果不及时制止将会使其合法权益遭受难以弥补的损失。

其三，必须在起诉前提出申请。

其四，可以向各级人民法院提出请求。

诉前证据保全是指，为制止侵权行为，在证据可能灭失或者以后难以取得的情况下，著作权人或者与著作权有关的权利人可以在起诉前向人民法院申请证据保全。

人民法院接受申请后，必须在48小时内作出裁定；裁定采取保全措施的，应当立即开始执行。人民法院可以责令申请人提供担保，申请人不提供担保的，驳回申请。申请人在人民法院采取保全措施后15日内不起诉的，人民法院应当解除保全措施。

（二）人民法院的依法处置权

人民法院作为司法机关，有权根据事实和法律对侵犯著作权的案件进行处理。《著作权法》第51条规定：“人民法院审理案件，对于侵犯著作权或者与著作权有关的权利的，可以没收违法所得、侵权复制品以及进行违法活动的财物。”人民法院在审理案件时，对于构成侵犯著作权的行为，在依法作出裁判时，可以判决没收违法所得、侵权复制品以及进行违法活动的财物，剥夺侵权人继续进行侵权的物质基础。该项规定是对于保护知识产权国际公约中有关加强司法救济的规定的响应，是我国多年来法律理论界与实务的强烈呼声，人民法院依法行使处置权也是维护司法权威所必需的。

四、著作权纠纷的处理

著作权纠纷，是指著作权人与作品使用人或者其他人之间就著作权的行使而发生的争议，包括侵权纠纷和合同纠纷两类。著作权侵权纠纷，是指争议各方就行为人的行为是否构成侵权以及侵权责任的承担等问题发生的争议；著作权合同纠纷，是指与著作权行使有关的合同双方当事人就合同的订立和履行过程中发生的问题而引发的争议。我国《著作权法》规定了调处著作权纠纷的三种方法：调解、仲裁和诉讼。

（一）调解

调解是解决民事纠纷的有效方法，包括诉讼前的调解、诉讼中的调解和当事人自愿进行的民间调解。在此所说的调解主要是指在官方的或者是民间的调解组织的主持下自愿进行的调解。

著作权纠纷发生后，可以由著作权行政管理机关或者其他部门主持调解，在调解过程中，调解组织通过说服教育，促使纠纷当事人自愿达成调解协议，不得强迫进行调解。

调解不是解决著作权纠纷的必经程序，必须是在纠纷各方同意的前提下，通过调解解决纠纷。正是由于调解是在自愿、互谅互让的原则基础上进行的，因此，调解方式有利于迅速彻底地解决纠纷。应当注意的是，调解达成的协议不具有法律上的强制性，调解协议达成后一方反悔的，调解协议即丧失效力，当事人可以通过其他途径解决纠纷。

（二）仲裁

在著作权纠纷的调处中，仲裁主要适用于著作权合同纠纷的解决。著作权纠纷的仲裁机关是国家的行政执法机关，它作出的裁决具有法律强制力，纠纷一方的当事人不履行仲裁裁决的，另一方可以申请人民法院强制执行。将著作权纠纷提交仲裁的，应当符合法定的条件，即《著作权法》第 54 条第 1 款的规定："著作权纠纷可以调解，也可以根据当事人达成的书面仲裁协议或者著作权合同中的仲裁条款，向仲裁机构申请仲裁。"根据我国《仲裁法》的规定，书面仲裁协议是仲裁机构受理仲裁案件的依据，如果纠纷的当事人事先没有达成仲裁协议，就不能向仲裁机构申请仲裁，但可以向人民法院起诉。仲裁协议或者仲裁条款应当包括的主要内容有是否将纠纷提交仲裁、仲裁机构的名称等。

（三）诉讼

诉讼是我国《著作权法》规定的解决著作权纠纷的主要程序，人民法院根据我国《著作权法》的有关规定受理著作权纠纷的民事案件，这些案件包括：当事人直接起诉；当事人之间的纠纷调解不成或者经调解达成协议后一方反悔而向法院起诉的案件；执行仲裁裁决的人民法院发现裁决违法，不予执行，当事人将合同纠纷起诉到法院的案件；当事人对行政处罚不服，在收到行政处罚决定书后三个月内向人民法院起诉的案件，这一类属于行政诉讼案件。

五、著作权的管理

（一）著作权的行政管理

根据我国《著作权法》及其实施条例的规定，我国著作权的行政管理分为中央和地方两级管理，国家版权局是国务院著作权管理部门，主管全国的著作权管理工作；各省、自治区、直辖市人民政府的著作权管理部门主管本行政区域内的著作权管理工作。地方著作权行政管理部门负责查处本地区发生的应当依法予以行政处罚的侵权行为。国家版权局负责查处依法应当予以行政处罚的下列行为。

（1）在全国有重大影响的侵权行为。

（2）涉外侵权行为。

（3）认为应当由国家版权局查处的侵权行为。

国务院著作权行政管理部门的主要职责有：

（1）贯彻实施著作权法律法规，制定与著作权行政管理有关的办法。

（2）查处在全国有重大影响的著作权侵权案件。

（3）批准设立著作权集体管理机构、涉外代理机构及著作权合同纠纷仲裁机构，并指导和监督其工作。

（4）负责著作权涉外管理工作。

（5）负责国家享有的著作权管理工作。

（6）指导地方著作权行政管理部门的工作。

（7）承担国务院交办的其他著作权管理工作。

各省、市、自治区人民政府的版权局，是地方政府的著作权管理机构，受地方政府领导，与国家版权局没有行政隶属关系，但在管理业务上，地方版权局受国家版权局指导，执行国家版权局交办的工作。

（二）著作权的集体管理

著作权集体管理，是指通过代表著作权人的集体组织授权使用者使用作品，并收取报酬分发给著作权人的一系列活动。

著作权集体管理组织是由作者、表演者、演出团体等组成的按照国家规定成立的机构。2001 年修改的我国《著作权法》第 8 条增加了有关著作权集体管理组织的规定，初步确定了我国的著作权集体管理制度。目前，欧美发达国家经过一百多年的实践，建立了相对完备、运行良好、管理科学的著作权集体管理制度，显示出著作权集体管理制度的有效性和先进性。

著作权集体管理是随着科学技术，特别是复制、传播技术的发展，作品使用形式的多样化，使用范围日益扩大化的形势产生的。在许多情况下，作品的作者无法确切地了解自己的作品在被他人使用、如何使用，当然就更谈不上收取报酬了，所以，作者们需要一个能够维护自己著作权的团体或者机构，而作品的使用者同样需要这样的组织存在，表演团体在使用他人作品表演前如果与每一个作品的作者商议取得作品的使用权，确实有诸多不便。于是，著作权集体管理组织就成为连接著作权人和作品使用者的桥梁，著作权人通过一定的法律手段将自己作品的使用权和获得报酬权授予著作权集体管理组织来行使，作品使用者如果需要取得著作权人的使用许可，可以直接与集体管理组织联系，并将报酬寄送给集体管理组织，再由该组织转交著作权人，这样一个比较合理的流程解决了既要保护著作权人的利益，又要方便作品合法使用的难题，即使在法定许可使用的情况下，集体管理组织仍然可以发挥其重要作用。在我国，目前通过集体管理组织行使著作权最多的是音乐作品的著作权人，中国音乐著作权协会作为我国第一个著作权集体管理组织，在协调著作权人和作品使用者之间的关系方面，发挥着不可替代的作用。为了进一步规范著作权集体管理活动，便于著作权人和与著作权有关的权利人行使权利和使用者使用各类作品，适应我国社会经济发展的需要，其他类型的集体管理组织也相继在我国建立起来。截至 2011 年 10 月底，我国已经建立的著作权集体管理组织共有五个，它们分别是：中国音乐著作权协会、中国音像著作权集体管理协会、中国文字著作权协会、中国摄影著作权协会和中国电影著作权协会。我们有理由相信，通过我国著作权集体管理条例的颁布实施和相关组织的设立，著作权集体管理制度必将在中国发挥出更大的作用。

思考题

1. 著作权人享有的著作财产权有哪些？
2. 我国法律对著作权的限制表现在哪些方面？
3. 邻接权主体的权利与义务有哪些？
4. 简述侵犯著作权的行为与法律责任。

第三章　商标法

第一节　商　标　权

一、商标权的概念和特征

(一) 商标权的概念

商标权是指商标注册人依法对其注册商标所享有的权利。商标权是一个集合概念，包括注册商标所有权或者持有权、商标专用权、续展权、转让权、使用许可权、标记权、请求权等。商标权是商标法的核心，各国的商标法都是围绕商标权而对商标权的取得、期限、续展、终止，注册商标的转让、使用许可，商标权的保护等作出规定，从而建立起商标法律制度。

关于商标权的概念问题，理论界的观点不尽一致，归纳起来主要有以下四种观点：第一种观点认为，商标权是商标所有人依法对其使用的商标所享有的权利。在我国，商标权是商标注册人对其注册商标所享有的权利。注册商标所有人又称为商标注册人或商标权人。[1] 第二种观点认为，商标权是商标所有人依法对其商标所享有的专有使用权。在我国，商标权实际上是指注册商标专用权。[2] 第三种观点认为，商标权是商标主管当局授予商标所有人对其商标的一种处置权，对商标所有人来说则是对其商标取得国家法律保护的一种确认。商标权是对商标各种权利的统称，它包括商标所有权和与此相联系的商标专用权、续展权、许可权、转让权、法律诉讼权及废止权等。[3] 第四种观点认为，商标权是指商标注册人在法定期限内对其注册商标所享有的受国家法律保护的各种权利，包括对注册商标的使用权、处分权、续展权和禁止权等。[4]

第一种观点的主要合理之处在于揭示了商标权的不同内涵，主要不足之处有四：第一，在商标权的第一内涵中，对商标权主体的界定不够准确。在大多数情况下，商标权人为商标的所有人，但在特殊情况下，商标权人并不是商标的所有人而是商标的持有人，如我国全民所有制的商标权人。第二，在商标权的第一内涵中，对商标权客体的界定不够准确。目前，各国对商标权的取得方

---

[1] 刘春田主编：《知识产权法》，高等教育出版社、北京大学出版社 2003 年第 2 版，第 266 页。

[2] 吴汉东主编：《知识产权法学》，北京大学出版社 2000 年版，第 341 页。

[3] 陆普舜主编：《各国商标法律与实务》，科学普及出版社 1996 年版，第 13 页。

[4] 张玉敏主编：《知识产权法学》，法律出版社 2002 年版，第 314 页。

式有三种立法模式——因使用商标而取得商标权、因商标注册而取得商标权、因使用商标和商标注册而取得商标权，在商标权的第一内涵中，应将商标权的客体界定为“使用或者注册的商标”，而不能将商标权的客体仅仅界定为“使用的商标”。第三，在我国，商标注册人只是商标权的原始主体，将商标权的主体仅界定为商标注册人，未涵盖商标权的继受主体。第四，作为我国的商标权主体，注册商标所有人未涵盖注册商标持有人，商标注册人未涵盖商标权的继受主体。因此，“注册商标所有人又称为商标注册人或商标权人”的观点是不准确的。第二种观点的主要合理之处在于突出了商标权的核心内容——专有使用权或者注册商标专用权，主要不足之处有二：第一，将商标权的主体界定为商标所有人不够准确。第二，商标权与商标专有使用权或者注册商标专用权在逻辑上是种属关系，将商标权界定为商标专有使用权或者注册商标专用权是不准确的。第三种观点的主要合理之处在于揭示了商标权是对商标各种权利的统称，主要不足之处有二：第一，将商标权的主体仅界定为商标所有人，未涵盖商标的持有人。第二，尽管商标的处置权包括转让权、许可权等内容，但商标权与商标的处置权在逻辑上仍然是种属关系，将商标权界定为商标所有人对其商标的一种处置权是不准确的。第四种观点的主要合理之处在于从我国法律规定的角度界定商标权的概念，其不足之处在于将商标权的主体仅界定为商标注册人，未涵盖商标权的继受主体。

我们认为，在界定商标权的概念时必须考虑以下五个因素。

第一，我国的所有制和所有权制度。在我国社会主义市场经济体制下，多种所有制并存、多种所有制经济共同发展。自然人、法人或者其他组织以及符合法定条件的外国人或者外国企业对其注册商标享有所有权，既是其注册商标的商标注册人，又是其注册商标的所有人，其商标权的内容包括注册商标所有权；全民所有制的法人或者其他组织对其注册商标只享有持有权而不享有所有权，不是其注册商标的所有人，只能成为其注册商标的商标注册人、持有人，其商标权的内容不包括注册商标所有权。

第二，我国《商标法》和《商标法实施条例》对商标权主体的规定。我国实行的是因商标注册而取得商标权的立法模式，申请注册的商标被核准注册后，该商标注册申请人就成为了该注册商标的商标注册人、商标权的原始主体。商标权人可以依法转让其注册商标。作为商标权人的自然人、法人或者其他组织死亡或者终止时，其商标权依法移转给有关的自然人、法人或者其他组织。自然人、法人或者其他组织依法通过注册商标的转让或者移转取得商标权后，就成为该商标权的继受主体。

第三，我国《商标法》对商标权人的表述方法。该法第 3 条第 1 款、第 13 条第 2 款、第 40 条第 1 款、第 52 条第（1）项、第 53 条、第 57 条第 1 款、

第 58 条第 1 款和第 59 条第 1 款在表述商标权人时，用的是“商标注册人”；第 41 条第 2 款在表述在中国注册的和未在中国注册的驰名商标权利人时，用的是“商标所有人”。尽管我国《商标法》的这种表述方法是前后矛盾的，不准确的，但这种表述方法仍是在界定商标权概念时必须考虑的因素之一。应当说明的是，我国《专利法》曾将专利权人表述为“专利权的所有人”和“专利权的持有人”，2000 年修改《专利法》时将“专利权的所有人”和“专利权的持有人”统称为“专利权人”，既解决了逻辑上的矛盾问题，又解决了表述上的不准确问题。我国《专利法》关于专利权人的表述方法值得我国《商标法》借鉴。

第四，我国《商标法》对商标权客体的规定。我国实行的是因商标注册而取得商标权的立法模式，注册商标是商标权的客体，未注册商标不是商标权的客体。

第五，商标权与其权利内容之间的逻辑关系。商标权与其权利内容之间在逻辑上是种属关系，不能将商标权与其权利内容等同。

基于以上五个因素，我们认为，商标权是指商标注册人或者注册商标的受让人、移转接受人依法对其注册商标所享有的权利。

（二）商标权的特征

商标权是知识产权的重要组成部分，具有知识产权的一般特征。相对于著作权和专利权而言，商标权有以下三个特征。

1. 法律对商标权的限制少

商标权人依法享有注册商标所有权或者持有权、商标专用权、续展权、转让权、使用许可权、标记权、请求权等，我国《商标法》规定了对商标权的保护范围和期限，未规定对商标权的限制。我国《商标法实施条例》第 6 条第 2 款和第 49 条仅规定了对四种注册商标专用权中的禁止权的限制，对商标权的其他内容没有任何限制。相对于我国《著作权法》对著作权的限制、《专利法》对专利权的限制而言，法律对商标权的限制较少。

2. 商标权的期限是相对的

在我国，注册商标的有效期虽然只有 10 年，但商标权人可以依法对其注册商标进行续展，每次续展注册的有效期为 10 年，续展注册的次数不受限制。著作权或者专利权的保护期限届满，该著作权或者专利权即告终止。相对于著作权或者专利权的保护期限而言，商标权的保护期限是相对的。

3. 取得商标权、著作权和专利权的前提不同

作品的创作完成是取得著作权的前提，发明创造的完成是取得专利权的前提（当然还有一个及时提出专利申请的问题）。因此，智力成果的完成是取得著作权和专利权的前提。但是，自然人、法人或者其他组织自行或者委托他人

仅仅创作完成了一个由文字、图形、颜色等要素构成的符合商标法规定的标志，该标志并不能当然成为取得商标权的前提，只有将该标志作为商标使用时，该标志才能成为取得商标权的前提。

二、商标权的主体

（一）商标权主体的概念

商标权的主体又叫商标权人，是指依法享有商标权的自然人、法人或者其他组织，包括商标权的原始主体和继受主体。商标权的原始主体是指商标注册人，继受主体是指依法通过注册商标的转让或者移转取得商标权的自然人、法人或者其他组织。

（二）商标权主体的范围

1. 商标权的原始主体

根据1993年修改的我国《商标法》第4条、第9条和1993年第二次修订的我国《商标法实施细则》第2条的规定，商标注册申请人有以下两类：第一，依法成立的企业、事业单位、社会团体、个体工商户和个人合伙；第二，符合法定条件的外国人和外国企业。鉴于上述规定对我国商标注册申请人的要求过于苛刻，禁止我国自然人申请商标注册的规定已不适应社会主义市场经济发展的需要，而且对商标注册申请人共同申请注册同一商标不作出规定，既不符合国际惯例也不符合我国的国情，因此，2001年第二次修改的我国《商标法》对关于商标注册申请人的规定作了重要的补充性规定。

根据《商标法》第4条第1款和第2款的规定，自然人、法人或者其他组织对其生产、制造、加工、拣选或者经销的商品，需要取得商标专用权的，应当向商标局申请商品商标注册。自然人、法人或者其他组织对其提供的服务项目，需要取得商标专用权的，应当向商标局申请服务商标注册。申请注册的商标被核准注册后，该商标注册申请人就成为了该注册商标的商标注册人、商标权的原始主体。

《商标法》第5条规定，自然人、法人或者其他组织可以共同申请注册同一商标，商标注册申请人共同申请注册的同一商标被核准注册后，该商标注册申请人就成为了该注册商标的商标注册人、商标权的共有原始主体。

《商标法》第17条规定，外国人或者外国企业在中国申请商标注册的，应当按照其所属国和中华人民共和国签订的协议或者共同参加的国际条约办理，或者按照对等原则办理。也就是说，作为商标权主体的外国人或者外国企业必须具备一定的条件，即外国人或者外国企业的所属国和中华人民共和国有签订的与商标有关的协议，或者有共同参加的与商标有关的国际条约，或者按照对等原则办理中国人或者中国企业的商标注册事宜。如果外国人或者外国企业的所属国和中华人民共和国没有签订的与商标有关的协议，也没有共同参加的与商标有关的国际条约，也不办理中国人或者中国企业的商标注册事宜，那么，该外国人或者外国企业就不能成为我国商标权的主体。

应当说明的是，这里的外国人或者外国企业是指在中国没有经常居所或者营业所的外国人或者外国企业。

2. 商标权的继受主体

商标权的原始主体可以依法转让其注册商标。作为商标权原始主体的自然人死亡后，该注册商标可以依法移转给其继承人；作为商标权原始主体的法人或者其他组织终止后，该注册商标可以依法移转给有关法人或者其他组织。自然人、法人或者其他组织依法通过注册商标的转让或者移转取得商标权后，就成为该商标权的继受主体。

三、商标权的客体

（一）商标权客体的概念

商标权的客体是指商标权的对象，即注册商标。我国《商标法》第3条第1款规定："经商标局核准注册的商标为注册商标，包括商品商标、服务商标和集体商标、证明商标；商标注册人享有商标专用权，受法律保护。"由于商标权人对其注册商标享有商标权，该商标权受法律保护，因此，注册商标是商标权的客体。在现实生活中，商标所有人或者持有人使用的商标既有注册商标，也有未注册商标，由于未注册商标的所有人或者持有人对其未注册商标不享有商标权，因此，未注册商标不是商标权的客体。

（二）商标权客体的积极条件

1. 必须是由法定构成要素构成的可视性标志

根据世界贸易组织协定中《与贸易有关的知识产权协议》（Agreement on Trade-Related Aspects of Intellectual Property Rights，以下简称TRIPS协议）第15条第1款的规定，任何能够将一企业的商品或服务与其他企业的商品或服务区分开的标记或标记组合，均应能够构成商标。这类标记，尤其是文字（包括人名）、字母、数字、图形要素、色彩的组合，以及上述内容的任何组合，均应能够作为商标获得注册。即使有的标记本来不能区分有关商品或服务，成员亦可依据其经过使用而获得的识别性，确认其可否注册。成员可要求把"标记应系视觉可感知"作为注册条件。[1]

关于商标的构成要素问题，TRIPS协议只作了原则性的灵活规定，各国法律对商标构成要素的规定不尽相同。1993年修改的我国《商标法》第7条和第8规定："商标使用的文字、图形或者其组合，应当有显著特征，便于识别……"，"商标不得使用下列文字、图形……"上述规定将我国商标的法定构

[1] 郑成思著：《WTO知识产权协议逐条讲解》，中国方正出版社2001年版，第62-63页。

成要素限定为文字和图形，即只能以文字、图形或者其组合构成商标，而不能以其他要素构成商标，与 TRIPS 协议的规定有一定的距离。

为了与 TRIPS 协议的规定相一致，我国《商标法》第 8 条规定：“任何能够将自然人、法人或者其他组织的商品与他人的商品区别开的可视性标志，包括文字、图形、字母、数字、三维标志和颜色组合，以及上述要素的组合，均可以作为商标申请注册。”根据上述规定，申请注册的商标必须是由法定构成要素构成的可视性标志。

应当特别注意的是，我国《商标法》在第 3 条和第 4 条中将商品与服务并列，在以后的条文中没有再使用“服务”一词。该法没有明文规定“本法中的商品包括服务”，也没有“商品（含服务，下同）”的表述，但该法第 4 条第 3 款规定了“本法关于商品商标的规定，适用于服务商标”。根据国际惯例和我国《商标法》的立法精神，我国《商标法》第 4 条条文中的“商品”均包括服务。

2. 应当有显著特征

商标最主要、最基本的功能和作用是区分不同的商品和商品的生产者、经营者，因此，我国《商标法》要求申请注册的商标应当有显著特征，其显著性必须达到便于识别的程度。应当有显著特征是商标能够获得注册的条件之一，也是申请注册的商标应当具备的最主要、最本质的条件。

商标应当有显著特征是指商标的独特性、可识别性或者可辨别性。它要求无论是由文字、图形、字母、数字、三维标志和颜色组合而构成的商标，还是由上述要素的任何组合构成的商标，都要立意新颖、独具风格，达到能够将相同商品或者类似商品以及其生产者、经营者区分开来的程度。

（三）商标权客体的消极条件

1. 不得作为商标使用的标志

我国《商标法》在总结我国商标立法和实践经验及借鉴国外立法经验的基础上，对商标的禁用标志作了具体规定。根据该法第 10 条第 1 款的规定，下列标志不得作为商标使用。

（1）同中华人民共和国的国家名称、国旗、国徽、军旗、勋章相同或者近似的，以及同中央国家机关所在地特定地点的名称或者标志性建筑物的名称、图形相同的。

中华人民共和国的国家名称、国旗、国徽是我国的象征和标志，为了维护国家的尊严，我国《商标法》禁止将同中华人民共和国的国家名称、国旗、国徽相同或者近似的标志作为商标使用。中华人民共和国的军旗是中国人民解放军的象征和标志，为了维护中国人民解放军的尊严，我国《商标法》禁止将同中国人民解放军的军旗相同或者近似的标志作为商标使用。中华人民共和国的勋章是国家对在特定的工作中做出卓越贡献的人所颁发的一种证章，出于对获得勋章的人员的尊重，我国《商标法》禁止将同国家勋章相同或者近似的标志作为商标使用。中央国家机关是我国的最高国家机关，其所在地特定地点的名称和标志性建筑物的名称、图形在一定程度上象征和代表着该国家机关。如“中南海”、“新华门”在一定程度上分别象征和代表着中共中央和国务院。为了维护我国中央国家机关的尊严，我国《商标法》禁止将同中央国家机关所在地特定地点的名称或者标志性建筑物的名称、图形相同的标志作为商标使用。

（2）同外国的国家名称、国旗、国徽、军旗相同或者近似的。

外国的国家名称、国旗、国徽、军旗是外国国家或者军队的象征和标志，为了表示对外国国家和军队的尊重，我国《商标法》禁止将同外国的国家名称、国旗、国徽、军旗相同或者近似的标志作为商标使用。应当说明的是，如果某外国政府同意使用与该国的国家名称、国旗、国徽、军旗相同或者近似的标志作为商标，我国《商标法》就没有必要禁止使用与该外国的国家名称、国旗、国徽、军旗相同或者近似的标志作为商标。因此，我国《商标法》在禁止将同外国的国家名称、国旗、国徽、军旗相同或者近似的标志作为商标使用的同时，作出了“但该国政府同意的除外”的规定，这一规定不仅符合实际，而且与《保护工业产权巴黎公约》的规定是一致的。

（3）同政府间国际组织的名称、旗帜、徽记相同或者近似的。

随着经济的发展和社会的进步，国际组织越来越多，如联合国、世界贸易组织、世界银行、非洲统一组织等。任何一个国际组织都有自己的名称、旗帜和徽记，为了维护政府间国际组织的尊严，出于对政府间国际组织的尊重，我国《商标法》禁止将同政府间国际组织的名称、旗帜和徽记相同或者近似的标志作为商标使用。应当说明的是，根据《保护工业产权巴黎公约》第6条之3的精神，如果某政府间国际组织同意将与其名称、旗帜、徽记相同或者近似的标志作为商标使用，那么，同该政府间国际组织的名称、旗帜、徽记相同或者近似的标志就可以作为商标使用；如果将同某政府间国际组织的名称、旗帜、徽记相同或者近似的标志作为商标使用，不易误导公众的，那么，同该政府间国际组织的名称、旗帜、徽记相同或者近似的标志也可以作为商标使用。因此，我国《商标法》在禁止将同政府间国际组织的名称、旗帜、徽记相同或者近似的标志作为商标使用的同时，作出了“但经该组织同意或者不易误导公众的除外”的规定。

（4）与表明实施控制、予以保证的官方标志、检验印记相同或者近似的。

表明实施控制、予以保证的官方标志、检验印记不仅涉及有关国家机关的管理职权，而且还涉及商品的质量和信誉。比如，我国的产品质量认证标志是证明产品质量符合有关的质量标准和相应技术要求的标志；进出口商品检验检疫标志不仅涉及进出口商品的质量，而且还涉及进出口商品检验检疫管理部门的管理职权。使用与表明实施控制、予以保证的官方标志、检验印记相同或者近似的标志作为商标，不仅会给社会经济秩序造成不良影响，而且还会在一定程度上影响有关国家机关行使管理职权。因此，我国《商标法》规定，除经授权的以外，不得将与表明实施控制、予以保证的官方标志、检验印记相同或者近似的标志作为商标使用。

（5）同“红十字”、“红新月”的名称、标志相同或者近似的。

国际红十字会是在全世界范围内由志愿人员组成的民间救护、救济组织，其工作的范围涉及全球的战场、灾难现场等场所，其标志是“红十字”。由于它不是政府间的国际组织，我国《商标法》第 10 条第 1 款第（3）项的规定涵盖不了其名称和标志。为了体现对国际红十字会的尊重，并保护其利益，我国《商标法》禁止将同“红十字”的名称、标志相同或者近似的标志作为商标使用。应当说明的是，在伊斯兰国家，红十字会这一组织的名称叫红新月会，其标志是“红新月”，因此，“红十字”与“红新月”的含义是一样的。

（6）带有民族歧视性的。

我国是一个多民族的国家，各民族之间一律平等，反对种族歧视、民族歧视是我国的一贯政策。如果在商标中使用带有民族歧视性的标志，如“黑人”、“胡人”、“回回”、“大汉”、“汉王”、“小满”、“DARKY”（黑鬼）等，很可能引起民族矛盾和其他民族问题。我国《商标法》禁止将带有民族歧视性的标志作为商标使用，不仅体现了我国的民族政策，还可以防止那些出于政治目的和其他别有用心的人利用商标破坏民族平等、民族团结。

（7）夸大宣传并带有欺骗性的。

一般而言，人们都对作为商标使用的标志进行艺术加工，对使用该商标的商品有一定的夸大性宣传。如“美的”一词有“好”、“漂亮”、“美丽”等含义，可以说“美的”商标对使用该商标的商品有一定的夸大宣传。我国《商标法》、《商标法实施条例》和最高人民法院的司法解释对“夸大宣传并带有欺骗性”尚未作出明确的解释性规定，可以认为“夸大宣传并带有欺骗性”主要是指“带有欺骗性的夸大宣传”，也就是说，商标可以对使用该商标的商品进行艺术性的适当的夸大宣传，但不能带有欺骗性的内容，商标所标示的内容与商品的性质不能相悖。如吸烟有害健康是人们共知的常识，不可能使人长寿，如果以“长寿”作为烟草制品的商标，该商标就是使用了夸大宣传并带有欺骗性的文字。再如，某食品厂生产的饼干所含的维生素并不比其他饼干所含的维生素多，该食品厂以“多维”作为商标，那么，该商标就使用了夸大宣传并带有欺骗性的文字。因此，为了保护消费者的利益，维护社会经济秩序，我国《商标法》禁止将夸大宣传并带有欺骗性的标志作为商标使用。

（8）有害于社会主义道德风尚或者有其他不良影响的。

我国《商标法》和其他国家的商标法一样，不可能列举穷尽禁止用作商标的标志，因此，我国《商标法》第10条第1款第（1）项至第（7）项以列举的方式规定了禁止用作商标的标志，第（8）项以概括的方式规定了禁止用作商标的标志。由于我国《商标法》、《商标法实施条例》和最高人民法院的司法解释对该项尚未作出明确的解释性规定，哪些标志"属于有害于社会主义道德风尚或者有其他不良影响"的标志，需要审查人员在商标审查的实际工作中根据立法精神、审查经验和具体情况而定。我们认为，以中国地图、世界地图作为商标，以天安门图案、红旗作为商标，以人的裸体图案作为商标，以长城作为痰盂、垃圾桶的商标，以《红楼梦》、《三国演义》等历史名著的名称作为商标，以含有封建等级内容的标志（如宠臣、奴才等）作为商标等，都属于使用有害于社会主义道德风尚或者有其他不良影响的标志的商标。

2. 禁止使用不得作为商标注册的标志

根据我国《商标法》第11条和第12条的规定，下列标志不得作为商标注册：第一，仅有本商品的通用名称、图形、型号的。第二，仅仅直接表示商品的质量、主要原料、功能、用途、重量、数量及其他特点的。第三，缺乏显著特征的。应当说明的是，上述标志经过使用取得显著特征，便于识别的，可以作为商标注册。第四，仅由商品自身的性质产生的形状、为获得技术效果而需要有的商品形状或者使商品具有实质价值的形状的三维标志。

3. 禁止将县级以上行政区划的地名或者公众知晓的外国地名作为商标

我国《商标法》禁止将以县级以上行政区划的地名或者公众知晓的外国地名作为商标，主要是基于以下考虑：第一，地名往往不具有显著性，不能用来区分不同的商品、不同商品的生产者、经营者；第二，将县级以上行政区划的地名或者公众知晓的外国地名作为商标，容易使相关公众将该商标与使用该商标的商品的产地相混淆；第三，同一地区生产、经营同一商品的生产者、经营者很多，如果允许将县级以上行政区划的地名或者公众知晓的外国地名作为商标，就会限制甚至剥夺其他人使用该地名标明商品的产地。

我国《商标法》关于不得将地名作为商标的规定有以下四层含义。

第一，不得将县级以上行政区划的地名或者公众知晓的外国地名作为商标。就我国的地名而言，不得将以县级以上行政区划的地名作为商标，但可以将其他地名作为商标。就外国的地名而言，不得将公众知晓的地名作为商标，但可以将公众不知晓的外国地名作为商标。某一外国地名是否为公众所"知晓"，要以一般公众为标准进行具体分析。

第二，县级以上行政区划的地名或者公众知晓的外国地名有其他含义的，该地名可以作为商标。作为县级以上行政区划的我国地名或者公众知晓的外国地名有时有其他含义，如我国安徽省寿县的“寿”字，有“长寿”、“高寿”的含义；重庆市的“重庆”二字，有“双重庆祝”、“再次庆祝”的含义；吉林省的四平市的“四平”二字，有“四平八稳”的含义等等。所以，我们认为“寿”、“重庆”、“四平”可以作为商标使用。

第三，县级以上行政区划的地名或者公众知晓的外国地名可以作为集体商标、证明商标的组成部分。集体商标、证明商标是两种特殊的商标，前者的主要功能和作用是表明使用者在特定组织中的成员资格，后者的主要功能和作用是证明使用该商标的商品的原产地、原料、制造方法、质量或者其他特定的品质。县级以上行政区划的地名或者公众知晓的外国地名作为集体商标、证明商标的组成部分不会造成商品的混淆。因此，我国《商标法》允许将县级以上行政区划的地名或者公众知晓的外国地名作为集体商标、证明商标的组成部分。

第四，在关于禁止将地名作为商标的规定实施以前已经注册的使用地名的商标继续有效。我国1982年的《商标法》、1983年的《商标法实施细则》对地名商标问题并未作出规定。为了履行《保护工业产权巴黎公约》规定的义务，实现与国际接轨，1988年1月3日国务院批准修订的我国《商标法实施细则》（1988年1月13日开始实施）对地名商标作了规定，即“县级以上行政区划的地名或者公众知晓的外国地名，不得作为商标。但是，地名具有其他含义的除外；已经注册的使用地名的商标继续有效。”1993年修改的《商标法》规定了该内容。由于我国在1988年1月13日之前没有禁止将地名作为商标的规定，在此之前已经注册的使用地名的商标是客观存在的，如“北京”（电视机）、“郑州”（啤酒）等，而且有些已经注册的使用地名的商标已经有了相当高的知名度，如果硬性禁止所有的商标使用县级以上行政区划的地名或者公众知晓的外国地名，无疑会给这些商标权人造成巨大的损失，影响正常的市场交易，而且还有悖于“法律无溯及既往的效力”的原则。因此，我国《商标法》第10条第2款在禁止将地名作为商标的同时，又规定了“已经注册的使用地名的商标继续有效”。

4. 不得损害他人的合法权益

（1）不得复制、摹仿或者翻译他人的驰名商标。根据我国《商标法》第13条的规定，就相同或者类似商品申请注册的商标是复制、摹仿或者翻译他人未在中国注册的驰名商标，容易导致混淆的，不予注册并禁止使用；就不相同或者不相类似商品申请注册的商标是复制、摹仿或者翻译他人已在中国注册的驰名商标，误导公众，致使该驰名商标所有人或者持有人的利益可能受到损害的，不予注册并禁止使用。这是我国《商标法》根据《保护工业产权巴黎公约》和TRIPS协议的规定，为驰名商标提供特殊法律保护的具体体现之一。

（2）不得损害被代理人或者被代表人的商标权益。代理人是指根据代理权限进行代理活动的人，代表人是指代表法人或者其他组织行使职权的人。为了履行《保护工业产权巴黎公约》规定的义务，并针对恶意注册他人商标的实际情况，我国《商标法》第15条对恶意注册他人商标的行为作了禁止性规定。即“未经授权，代理人或者代表人以自己的名义将被代理人或者被代表人的商标进行注册，被代理人或者被代表人提出异议的，不予注册并禁止使用。”

（3）不得使用虚假的地理标志。为了与TRIPS协议的规定相一致，我国《商标法》第16条对地理标志的保护问题做了专门规定。在理解和适用这一规定时应注意以下三个问题：第一，这里的“地理标志”有特定的涵义。根据我国《商标法》第16条第2款的规定，地理标志是指标示某商品来源于某地区，该商品的特定质量、信誉或者其他特征主要由该地区的自然因素或者人文因素所决定的标志。如庐山地区特定的自然因素和人文因素决定了该地区生产的茶叶的特定质量、信誉或者其他特征，“庐山茶叶”中的“庐山”就属于我国《商标法》第16条第2款规定的地理标志。第二，商标中有虚假的地理标志，误导公众的，不予注册并禁止使用。如果商标中有商品的地理标志，而该商品并非来源于该标志所标示的地区的，会误导公众，损害该地理标志使用人和用户、消费者的合法权益。如北京某企业用当地原料生产藕粉，使用的商标为文字和图形组合商标——“洞庭湖+湖泊的图案”。该商标所使用的“洞庭湖”就属于虚假的地理标志。根据我国《商标法》第16条第1款的规定，申请注册的商标中有商品的地理标志，而该商品并非来源于该标志所标示的地区，误导公众的，不予注册并禁止使用。第三，使用虚假地理标志的商标已经善意取得注册的继续有效。我国《商标法》于2001年10月27日第二次修改之前，对地理标志的保护未作规定，在此之前已经善意取得注册的使用虚假地理标志的商标是客观存在的。因此，我国《商标法》第16条第1款在禁止将虚假的地理标志作为商标使用的同时，又以但书的形式规定“已经善意取得注册的继续有效”。

（4）不得损害他人现有的在先权利。相对于商标注册申请而言，他人合法的在先权利主要包括商标权、专利权、著作权、企业名称权、肖像权、知名商品特有包装或者装潢使用权等。为了防止商标注册申请人损害他人合法的在先权利，我国《商标法》第9条第1款和第31条将在先权制度引入了该法，即申请注册的商标“不得与他人在先取得的合法权利相冲突”，“申请商标注册不得损害他人现有的在先权利。”

（5）不得恶意抢注他人的商标。为了保护未注册商标所有人或者持有人的合法权益，防止商标注册申请人恶意抢注他人的商标，我国《商标法》第31条对恶意抢注他人商标的行为作了禁止性规定，即“不得以不正当手段抢先注册他人已经使用并有一定影响的商标”。

5. 不得与他人在同一种商品或者类似商品上已经注册的或者初步审定的商标相同或者近似

根据我国《商标法》第28条的规定，申请注册的商标与他人在同一种商品或者类似商品上已经注册的或者初步审定的商标相同或者近似的，由商标局驳回申请，不予公告。因此，申请注册的商标不能与他人在同一种商品或者类似商品上已经注册的或者初步审定的商标相同，也不能近似。

四、商标权的内容

（一）注册商标所有权或者持有权

注册商标所有权是指商标注册人或者注册商标的受让人、移转接受人对其注册商标所享有的占有、使用、收益和处分的权利。注册商标持有权是指不享有所有权的商标注册人或者注册商标的受让人、移转接受人对其注册商标所享有的占有、使用、收益和依法处分的权利。商标注册人或者注册商标的受让人、移转接受人为我国自然人、非全民所有制的法人或者其他组织，或者为符合法定条件的外国人、外国企业的，该商标注册人或者注册商标的受让人、移转接受人为该注册商标的所有人；商标注册人或者注册商标的受让人、移转接受人为我国全民所有制的法人或者其他组织的，该商标注册人或者注册商标的受让人、移转接受人为该注册商标的持有人而不是所有人。

（二）注册商标专用权

注册商标专用权是指商标权人对其注册商标所享有的独占使用权。商标权人的商标专用权表现在专有使用权和禁止权两个方面。

1. 专有使用权

专有使用权主要表现在以下三个方面：第一，商标权人在不违反法律规定的情况下，有权按照自己的意愿，在核定使用的商品上使用其注册商标，他人不得干涉；第二，商标权人有权对其注册商标进行广告宣传，也可以利用其注册商标进行广告宣传；第三，任何单位和个人都不得非法剥夺商标权人的注册商标专用权，不得强令商标权人转让其注册商标或者许可他人使用其注册商标。

2. 禁止权

禁止权主要表现在以下四个方面：第一，禁止他人在同一种商品或者类似商品上使用与其注册商标相同或者近似的商标；第二，禁止他人在同一种商品或者类似商品上，将与其注册商标相同或者近似的标志作为商品名称或者商品装潢使用（须达到“误导公众的”程度）；第三，禁止他人将与其注册商标相同或者近似的文字作为企业的字号在相同或者类似商品上突出使用（须达到“容易使相关公众产生误认的”程度）；第四，禁止他人将与其注册商标相同或者近似的文字注册为域名，并且通过该域名进行相关商品交易的电子商务（须达到“容易使相关公众产生误认的”程度）。

（三）注册商标续展权

注册商标续展权是指商标权人保持其注册商标继续有效的权利。根据我国《商标法》第38条的规定，注册商标有效期满，需要继续使用的，应当在期满前6个月内申请续展注册；在此期间未能提出申请的，可以给予6个月的宽展期。宽展期满仍未提出申请的，注销其注册商标。每次续展注册的有效期限为10年。续展注册经核准后，予以公告。

根据我国《商标法实施条例》第27条的规定，注册商标需要续展注册的，应当向商标局提交商标续展注册申请书。商标局核准注册续展申请后，发给相应证明，并予以公告。续展注册商标有效期自该商标上一届有效期满次日起计算。

（四）注册商标转让权

1. 注册商标转让权的概念

注册商标转让权是指商标权人依法将其注册商标有偿或者无偿地转让给他人的权利。转让注册商标实际上转让的是商标权。转让注册商标的人为转让人，通过转让而得到注册商标的人为受让人。注册商标被依法转让后，受让人依法取得该注册商标的商标权，转让人丧失该注册商标的商标权。

根据我国《商标法》第39条的规定，转让注册商标的，转让人和受让人应当签订转让协议，并共同向商标局提出申请。受让人应当保证使用该注册商标的商品质量。转让注册商标经商标局核准后，予以公告，受让人自公告之日起享有注册商标专用权。

2. 转让注册商标的注意事项

（1）在同一种或者类似商品上注册的相同或者近似的商标应当一并转让。

为了维护商标的识别功能，防止产生误认、混淆或者其他不良影响，转让注册商标的，商标权人对其在同一种商品或者类似商品上注册的相同或者近似的商标，应当一并转让；未一并转让的，由商标局通知其限期改正；期满不改正的，视为放弃转让注册商标的申请，商标局应当书面通知申请人。

（2）不予核准转让注册商标申请的情形。

对可能产生误认、混淆或者其他不良影响的转让注册商标申请，商标局不予核准，应当书面通知申请人并说明理由。

（3）转让人和受让人应当签订注册商标转让协议。

为了防止发生注册商标转让纠纷，转让人和受让人应当签订注册商标转让协议。注册商标转让协议的内容由双方约定，一般应包括下列内容：转让人和受让人的国籍、名称、住所、法定代表人等；被转让的注册商标的基本情况，如注册商标的商标图样、名称、注册日期、注册证号、应当办理续展注册手续的期限、核定使用的商品等；向商标局申请办理转让注册商标核准手续的时间和注册商标转让的时间；转让费的数额及其支付时间、方式等；协议的生效时间和生效方式；违约责任；争议的解决方法等。

（4）转让注册商标申请手续的办理。

转让注册商标申请手续由受让人办理，商标局核准转让注册商标申请后，发给受让人相应证明，并予以公告。

应当说明的是，商标权因转让以外的其他事由发生移转的，接受该商标权移转的当事人应当凭有关证明文件或者法律文书到商标局办理商标权移转手续。商标权移转的，商标权人在同一种或者类似商品上注册的相同或者近似的商标，应当一并移转；未一并移转的，由商标局通知其限期改正；期满不改正的，视为放弃移转注册商标的申请，商标局应当书面通知申请人。

（五）注册商标使用许可权

1. 注册商标使用许可权的概念

注册商标使用许可权是指商标权人依法允许他人在一定的期限、地域和以约定的方式使用其注册商标的权利。许可他人使用其注册商标的人为许可人，被许可使用他人注册商标的人为被许可人。

注册商标的使用许可与转让有着本质的区别：注册商标依法转让后，转让人对该注册商标的一切权利归于消灭，受让人取得该注册商标的一切权利；注册商标的使用许可是许可人依法转让其注册商标使用权的法律制度，转让的是注册商标专用权的一部分或者全部，该注册商标的其他权利仍属于许可人。

我国《商标法》第 40 条对注册商标使用许可的种类未作规定。在实践中，注册商标的使用许可有以下三种形式。

（1）独占使用许可。独占使用许可是指商标权人在约定的期间、地域和以约定的方式，将该注册商标仅许可一个被许可人使用，商标权人依约定不得再使用该注册商标的使用许可。

（2）排他使用许可。排他使用许可是指商标权人在约定的期间、地域和以约定的方式，将该注册商标仅许可一个被许可人使用，商标权人依约定可以使用该注册商标但不得另行许可他人使用该注册商标的使用许可。

（3）普通使用许可

普通使用许可是指商标权人在约定的期间、地域和以约定的方式，许可他人使用其注册商标，并可自行使用该注册商标和许可他人使用其注册商标的使用许可。

2. 注册商标使用许可合同

注册商标使用许可合同，是指许可人和被许可人就注册商标使用许可问题而达成的协议，其内容由当事人双方约定，一般应包括下列内容：许可人和被许可人的基本情况，如许可人和被许可人的国籍、名称、地址、法定代表人和负责人的姓名等；许可使用的注册商标、注册证号、注册商标的有效期限；许可使用的商品的范围和名称；许可使用的形式；许可使用的期限、使用该商标的商品的数量和销售区域；许可使用费及其支付的时间和方式；商品质量的要求及质量监督办法；商标标识的印制或者供应方式及要求；合同的变更、解除和终止条件；违约责任；争议的解决方法；合同生效的时间。

3. 注册商标使用许可的注意事项

（1）未经商标局备案的注册商标使用许可合同的效力问题。

我国《商标法》第40条第3款规定："商标使用许可合同应当报商标局备案。"《商标法实施条例》第43条规定："许可他人使用其注册商标的，许可人应当自商标使用许可合同签订之日起3个月内将合同副本报送商标局备案。"上述规定是对注册商标使用许可合同管理的要求，不属于法律、行政法规的强制性规定。根据《最高人民法院关于审理商标民事纠纷案件适用法律若干问题的解释》（以下简称《商标民事案件适用法律的解释》）第19条的规定，除当事人另有约定的以外，注册商标使用许可合同未经商标局备案的，不影响该许可合同的效力。但是，注册商标使用许可合同未经商标局备案的，不得对抗善意第三人。

（2）注册商标的转让对转让前已经生效的注册商标使用许可合同效力的影响问题。

根据《商标民事案件适用法律的解释》第20条的规定，除注册商标使用许可合同另有约定的以外，注册商标的转让不影响转让前已经生效的注册商标使用许可合同的效力。

（3）许可人对商品质量的监督和被许可人对商品质量的保证问题。

为了维护社会经济秩序，保护用户和消费者的合法权益，许可人应当监督被许可人使用其注册商标的商品质量，被许可人应当保证使用该注册商标的商品质量。

（4）被许可人的名称和商品产地的标注问题。

经许可使用他人注册商标的，必须在使用该注册商标的商品上标明被许可人的名称和商品产地。被许可人未在使用该注册商标的商品上标明其名称和商品产地的，由工商行政管理部门责令期限改正；逾期不改正的，收缴其商标标识；商标标识与商品难以分离的，一并收缴、销毁。

（六）注册商标标记权

根据我国《商标法》第 9 条第 2 款的规定，商标权人有权标明“注册商标”或者“注册标记”。使用注册商标，可以在商品、商品包装、说明书或者其他附着物上标明注册商标或者注册标记。注册标记包括（注外加○）和（R 外加○）。使用注册标记，应当标注在商标的右上角或者右下角。

（七）请求权

请求权是指商标权人的权利受到侵害或者即将受到侵害时，享有依法请求有关部门保护其商标权的权利。任何一个国家的商标法都规定，商标权人的权利受到侵害时，享有请求有关部门给予保护的权利。如我国《商标法》第 53 条规定：“有本法第五十二条所列侵犯注册商标专用权行为之一，引起纠纷的，由当事人协商解决；不愿协商或者协商不成的，商标注册人或者利害关系人可以向人民法院起诉，也可以请求工商行政管理部门处理……”第 57 条规定：“商标专用权人或者利害关系人有证据证明他人正在实施或者即将实施侵犯其注册商标专用权的行为，如不及时制止，将会使其合法权益受到难以弥补的损害的，可以在起诉前向人民法院申请采取责令停止有关行为和财产保全的措施。”

第二节　商标权的期限和终止

一、商标权的期限

（一）商标权期限的概念

商标权的期限即注册商标的有效期限，是指法律对商标权的保护期间。注册商标的有效期限届满，法律就不再保护该注册商标，该商标权人的商标权即归于消灭。

TRIPS 协议第 18 条规定：“商标的首期注册及各次续展注册的保护期，均不得少于 7 年。商标的续展次数应系无限次。”[1] 绝大多数国家的商标法都对注册商标的有效期限作了规定，但是，规定注册商标有效期限的国家对注册商标的有效期限及其起算时间的规定并不相同。如日本、英国等国家的商标法规定，商标权自商标注册之日起，有效期限为 10 年。德国、法国、新加坡等国家的商标法规定，注册商标的有效期限为 10 年，自申请之日起计算。菲律宾商标法规定，注册商标的有效期限为 20 年，自商标注册之日起计算。黎巴嫩商标法规定，注册商标有效期限为 15 年，自申请之日起计算。孟加拉国商标法规定，注册商标的有效期限为 7 年，自申请之日起计算。西班牙商标法规定，

[1] 郑成思著：《WTO 知识产权协议逐条讲解》，中国方正出版社 2001 年版，第 80 页。

注册商标的有效期限为 10 年，自获得申请日起计算。在美国，1989 年 11 月 16 日以前的注册商标的有效期限和续展注册的有效期限均为 20 年；1989 年 11 月 16 日以后核准注册的商标，有效期限为 10 年，每次续展的有效期限为 10 年。

（二）关于商标权期限的法律规定

我国《商标法》第 37 条规定：“注册商标的有效期为 10 年，自核准注册之日起计算。”应当说明的是，根据我国《商标法》第 34 条第 3 款的规定，经裁定异议不成立而核准注册的商标，商标注册申请人取得商标权的时间自初审公告 3 个月期满之日起计算。

二、商标权的终止

商标权的终止，是指商标权因法定事由的出现而归于消灭。根据我国《商标法》的规定，商标权因注册商标被撤销或者注销而终止。

（一）注册商标的撤销

注册商标的撤销，是指商标主管机关依法取消对特定商标的注册，从而使商标权归于消灭的法律制度。

1. 注册商标因注册不当而被撤销

根据我国《商标法》第 41 条第 1 款的规定，已注册的商标有下列情形之一的，由国家商标局依职权撤销该注册商标，其他单位或者个人可以请求商标评审委员会撤销该注册商标：第一，使用不得作为商标使用的标志的；第二，将县级以上行政区划的地名或者公众知晓的外国地名作为商标的；第三，使用不得作为商标注册的标志的；第四，是以欺骗手段或者其他不正当手段取得注册的。

根据我国《商标法》第 41 条第 2 款的规定，已注册的商标有下列情形之一的，自商标注册之日起 5 年内，驰名商标所有人或持有人或者利害关系人可以请求商标评审委员会撤销该注册商标；对恶意注册的，驰名商标所有人或者持有人不受 5 年的时间限制：第一，在相同或者类似的商品上已注册的商标是复制、摹仿或者翻译他人未在中国注册的驰名商标，容易导致混淆的；第二，在不相同或者不相类似的商品上已注册的商标是复制、摹仿或者翻译他人已在中国注册的驰名商标，误导公众，致使该驰名商标所有人或者持有人的利益可能受到损害的；第三，未经授权，代理人或者代表人以自己的名义将被代理人或者被代表人的商标进行注册的；第四，商标中有商品的地理标志，而该商品并非来源于该标志所标示的地区，误导公众，且该商标不是善意取得注册的；第五，损害他人的在先权利的；第六，是以不正当手段抢先注册他人已经使用并有一定影响的商标的。

2. 注册商标因争议而被撤销

注册商标争议是指除注册不当的商标以外，在先申请注册的商标权人认为他人在后申请注册的商标与其在同一种或者类似商品上的注册商标相同或者近似而发生的争议。根据我国《商标法》第41条第3款的规定，除注册不当的商标以外，对已经注册的商标有争议的，自该商标经核准注册之日起5年内，向商标评审委员会申请裁定，请求撤销该注册商标。

根据我国《商标法》第41条第3款和第42条的规定，申请注册商标争议裁定必须具备下列条件：第一，申请人必须是注册在先的商标权人。注册商标争议裁定的申请人必须是商标权人，并且其商标的注册日期早于被争议的商标的注册日期。第二，申请人必须在被争议的注册商标核准注册之日起5年内提出注册商标争议裁定申请，即在被争议的注册商标刊登注册公告之日起5年内提出注册商标争议裁定申请。第三，争议的两个注册商标被核定的使用范围必须涉及同一种商品或者类似商品。第四，争议的两个注册商标必须相同或者近似。第五，申请人对被争议的注册商标在其核准注册前未以相同的事实和理由提出过异议。对核准注册前已经提出异议并经裁定的商标，不得再以相同的事实和理由申请注册商标争议裁定。

3. 注册商标因违法使用而被撤销

商标权人在使用注册商标的过程中，自行改变注册商标的，自行改变注册商标的注册人名义、地址或者其他注册事项的，自行转让注册商标的，由工商行政管理部门责令商标权人改正，拒不改正的，报请商标局撤销其注册商标。

商标权人连续3年停止使用其注册商标的，任何人都可以向商标局申请撤销该注册商标。商标局应当通知商标权人，限其在收到通知之日起2个月内提交该商标在撤销申请提出前使用的证据材料或者说明不使用的正当理由；期满不提供使用的证据材料或者证据材料无效并没有正当理由的，由商标局撤销其注册商标。这里的商标的使用包括将商标用于商品、商品包装或者容器以及商品交易文书上，或者将商标用于广告宣传、展览以及其他商业活动中。商标使用的证据材料包括商标权人使用注册商标的证据材料和商标权人许可他人使用注册商标的证据材料。

商标权人使用注册商标，其商品粗制滥造，以次充好，欺骗消费者的，由各级工商行政管理部门分别不同情况，责令限期改正，并可以予以通报或者处以罚款，或者由商标局撤销其注册商标。

（二）注册商标的注销

注册商标的注销是指商标主管机关依法取消特定注册商标，从而使商标权归于消灭的法律制度。

1. 注册商标因商标权人申请注销而被注销

商标权人不再需要某一注册商标时，可以申请注销该注册商标。商标权人申请注销其商标的，应当向商标局提交商标注销申请书，并且交回原《商标注册证》。商标权人申请注销其注册商标的，该商标权自商标局收到其注销申请之日起终止。

应当说明的是，商标权人不再需要在部分指定商品上使用其注册商标时，可以申请注销其商标在部分指定商品上的注册。商标权人申请注销其商标在部分指定商品上的注册的，应当向商标局提交商标注销申请书，并且交回原《商标注册证》。商标权人申请注销其商标在部分指定商品上的注册的，该商标权在该部分指定商品上的效力自商标局收到其注销申请之日起终止。

2. 注册商标因有效期限届满而被注销

商标权人在其注册商标有效期满后不再使用该注册商标的，可以不申请续展注册。商标权人在其注册商标期满前6个月内未申请续展注册，在该注册商标期满之日起6个月内仍未申请续展注册的，由商标局注销该注册商标。

3. 注册商标因商标权人死亡或者终止而被注销

商标权人死亡或者终止，自死亡或者终止之日起1年期满，该注册商标没有办理移转手续的，任何人都可以向商标局申请注销该注册商标。因商标权人死亡或者终止而提出注销注册商标申请的，应当提交有关该商标权人死亡或者终止的证据。注册商标因商标权人死亡或终止而被注销的，该商标权自商标权人死亡或终止之日起终止。

（三）与商标权终止有关的注意事项

1. 与注册商标撤销有关的商标评审问题

根据我国《商标法实施条例》第28条的规定，商标评审委员会处理下列与注册商标撤销有关的商标争议：第一，请求撤销注册不当的商标的案件；第二，请求撤销被争议的注册商标的案件；第三，对商标局撤销注册不当商标的决定不服而申请复审的案件；第四，对商标局撤销违法使用的注册商标的决定不服而申请复审的案件。

申请商标评审，应当向商标评审委员会提交申请书，并按照对方当事人的数量提交相应份数的副本；基于商标局的决定书或者裁定书申请复审的，还应当同时附送商标局的决定书或者裁定书副本。商标评审委员会收到申请书后，经审查，符合受理条件的，予以受理；不符合受理条件的，书面通知申请人并说明理由；需要补正的，通知申请人自收到通知之日起30日内补正。经补正仍不符合规定的，商标评审委员会不予受理，书面通知申请人并说明理由；期满未补正的，视为撤回申请。商标评审委员会受理商标评审申请后，发现不符合受理条件的，予以驳回，书面通知申请人并说明理由。

商标评审委员会受理商标评审申请后，应当及时将申请书副本送交对方当事人，限其在收到申请书副本之日起30日内答辩；期满不答辩的，不影响商标评审委员会的评审。当事人需要在提出评审申请或者答辩后补充有关证据材料的，应当在申请书或者答辩书中声明，并自提交申请书或者答辩书之日起3个月内提交；期满不提交的，视为放弃补充有关证据材料。

商标评审委员会审理不服商标局撤销注册不当商标决定的复审案件，应当针对商标局的决定和申请人申请复审的事实、理由及请求进行评审；审理不服商标局撤销违法使用的注册商标决定的复审案件，应当针对商标局作出撤销决定时所依据的事实、理由和法律适用进行评审；审理请求撤销注册不当商标、被争议商标的案件，应当针对当事人申请和答辩的事实、理由及请求进行评审。

2. 关于注册商标被撤销的法律救济问题

根据TRIPS协议第62条第4款和第5款的规定，商标评审委员会作出的撤销或者维持注册商标的决定、裁定应当接受司法审查。[1] 据此，我国《商标法》第43条和第49条规定了司法审查程序。根据上述规定，当事人对商标评审委员会作出的维持或者撤销注册不当商标、被争议商标的裁定不服的，可以自收到通知之日起30日内向人民法院起诉；当事人对商标评审委员会作出的维持或者撤销违法使用的注册商标的决定不服的，可以自收到通知之日起30日内向人民法院起诉。

应当说明的是，人民法院审理当事人因对商标评审委员会作出的维持或者撤销注册商标的裁定不服而提起诉讼的案件，应当通知商标裁定程序的对方当事人参加诉讼。

3. 关于撤销部分指定商品上使用的商标注册问题

根据我国《商标法实施条例》第41条的规定，商标局、商标评审委员会撤销注册商标，撤销理由仅及于部分指定商品的，撤销在该部分指定商品上使用的商标注册。

4. 注册商标被撤销的效力问题

因违法使用而被撤销的注册商标，由商标局予以公告，该商标权自商标局的撤销决定作出之日起终止。

注册不当商标和被争议商标被撤销的，其商标权视为自始即不存在。有关撤销注册商标的决定或者裁定，对在撤销前人民法院作出并已执行的商标侵权案件的判决、裁定，工商行政管理部门作出并已执行的商标侵权案件的处理决定，以及已经履行的商标转让或者使用许可合同，不具有追溯力；但是，因商标权人的恶意给他人造成损失的，应当给予赔偿。

5. 对与被撤销的或者期满不再续展的注册商标相同或者近似的商标注册申请的处理问题

为了保护用户和消费者的合法权益，维护社会经济秩序，防止发生商标混

[1] 郑成思著：《WTO知识产权协议逐条讲解》，中国方正出版社2001年版，第174页。

淆行为，我国《商标法》第46条规定："注册商标被撤销的或者期满不再续展的，自撤销或者注销之日起一年内，商标局对与该商标相同或者近似的商标注册申请，不予核准。"

第三节 商标使用的管理

一、注册商标使用的管理

（一）对注册商标变更的管理

1. 注册商标标志的变更

根据我国《商标法》的规定，申请注册的商标只能由文字、图形、字母、数字、三维标志和颜色组合，以及上述要素的任何组合构成，商标权人改变注册商标的标志，实际上是使用了新的商标，商标权人要想对其新的商标享有商标权，必须依法申请商标注册。因此，我国《商标法》第22条规定："注册商标需要改变其标志的，应当重新提出注册申请。"

2. 商标注册人的名义、地址和其他注册事项的变更

我国《商标法》第23条规定："注册商标需要变更注册人的名义、地址或者其他注册事项的，应当提出变更申请。"根据我国《商标法实施条例》第24条的规定，变更商标注册人名义、地址或者其他注册事项的，应当向商标局提交变更申请书。商标局核准后，发给注册人相应证明，并予以公告；不予核准的，应当书面通知申请人并说明理由。变更商标注册人名义的，还应当提交有关登记机关出具的变更证明文件。未提交变更证明文件的，可以自提出申请之日起30日内补交；期满不提交的，视为放弃变更申请，商标局应当书面通知申请人。变更商标注册人名义或者地址的，商标注册人应当将其全部注册商标一并变更；未一并变更的，视为放弃变更申请，商标局应当书面通知申请人。

（二）对《商标注册证》的管理

《商标注册证》是商标被依法核准注册、商标权人依法享有商标权的法律证明文件。商标权人要妥善保管《商标注册证》，防止遗失或者损坏《商标注册证》。禁止伪造或者变造《商标注册证》。

《商标注册证》遗失或者破损的，应当向商标局申请补发。《商标注册证》遗失的，应当在《商标公告》上刊登遗失声明。破损的《商标注册证》，应当在提交补发申请时交回商标局。

伪造或者变造《商标注册证》的，依照刑法关于伪造、变造国家机关证件罪或者其他罪的规定，依法追究刑事责任。

注册商标被撤销或者被注销的，原《商标注册证》作废。商标局或者商

标评审委员会撤销注册商标在部分指定商品上的注册的，或者商标权人申请注销其商标在部分指定商品上的注册的，由商标局在原《商标注册证》上加注发还，或者重新核发《商标注册证》，并予以公告。

（三）违反注册商标使用管理的法律责任

根据我国《商标法》第 44 条的规定，使用注册商标，有下列行为之一的，由商标局责令限期改正或者撤销其注册商标：第一，自行改变注册商标的；第二，自行改变注册商标的注册人名义、地址或者其他注册事项的；第三，自行转让注册商标的；第四，连续 3 年停止使用的。根据我国《商标法实施条例》第 39 条的规定，商标权人在使用注册商标的过程中，自行改变注册商标的，自行改变注册商标的注册人名义、地址或者其他注册事项的，自行转让注册商标的，由工商行政管理部门责令商标注册人改正；拒不改正的，报请商标局撤销其注册商标。商标权人连续 3 年停止使用其注册商标的，任何人都可以向商标局申请撤销该注册商标。商标局应当通知商标权人，限其在收到通知之日起 2 个月内提交该商标在撤销申请提出前使用的证据材料或者说明不使用的正当理由；期满不提供使用的证据材料或者证据材料无效并没有正当理由的，由商标局撤销其注册商标。

根据我国《商标法》第 45 条的规定，商标权人使用注册商标，其商品粗制滥造，以次充好，欺骗消费者的，由各级工商行政管理部门分别不同情况，责令限期改正，并可以予以通报或者处以罚款，或者由商标局撤销其注册商标。罚款的数额为非法经营额 20% 以下或者非法获利 2 倍以下。

根据我国《商标法》第 6 条、第 47 条和《商标法实施条例》第 4 条、第 42 条的规定，法律、行政法规规定的必须使用注册商标的商品，必须申请商标注册，其商标未经核准注册的，该商品不得在市场上销售。自然人、法人或者其他组织在市场上销售必须使用注册商标的商品，该商品未使用注册商标的，由地方工商行政管理部门责令限期申请商标注册，可以并处罚款。罚款的数额为非法经营额 10% 以下。

应当说明的是，对工商行政管理部门作出的罚款决定，当事人不服的，可以自收到通知之日起 15 日内，向人民法院起诉；期满不起诉又不履行的，由有关工商行政管理部门申请人民法院强制执行。

二、未注册商标使用的管理

（一）未注册商标管理的意义

根据我国《商标法》的规定，除了法律、行政法规规定必须使用注册商标的商品以外，我国的自然人、法人或者其他组织以及符合法定条件的外国人和外国企业既可以使用注册商标，也可以使用未注册商标。商标使用人如果以未注册商标冒充注册商标，不仅扰乱社会经济秩序，而且还会损害用户和消费者的合法权益。由于商标局和商标评审委员会在商标注册的过程中对商标所使用的标志进行了严格的审查，一般不会出现注册商标使用法律禁止使用的标志的情况。由于未注册商标所使用的标志未经过商标局和商标评审委员会的审查，可能会出现未注册商标使用法律禁止使用的标志的情况。

（二）非法使用未注册商标的法律责任

根据我国《商标法》第48条的规定，使用未注册商标，有下列行为之一的，由地方工商行政管理部门予以制止，限期改正，并可以予以通报或者处以罚款：第一，冒充注册商标的；第二，使用法律禁止用作商标的标志，或者将县级以上行政区划的地名或者公众知晓的外国地名作为商标的；第三，粗制滥造，以次充好，欺骗消费者的。罚款的数额为非法经营额20%以下或者非法获利2倍以下。

应当说明的是，对工商行政管理部门作出的罚款决定，当事人不服的，可以自收到通知之日起15日内，向人民法院起诉；期满不起诉又不履行的，由有关工商行政管理部门申请人民法院强制执行。

三、商标印制管理

商标标识是商标的表现形式，商标印制管理是商标管理的重要组成部分。加强商标印制管理，对保护商标权，保护用户和消费者的合法权益，维护社会经济秩序，促进社会主义市场经济的健康发展，制止商标违法行为具有重大的现实意义和深远的历史意义。

（一）委托印制商标必须提供的证明文件

要求印制商标的商标权人、未注册商标使用人、注册商标被许可使用人以及符合《商标法》规定的其他商标使用人（以下简称商标印制委托人）委托商标印制单位印制商标的，应当提供下列证明文件：

1. 商标印制委托人具有合法资格的证明

商标印制委托人委托商标印制单位印制商标的，应当出示《中华人民共和国企业法人营业执照》或者《中华人民共和国营业执照》副本或者合法的营业证明或者身份证明。

2. 合法使用商标的证明

商标印制委托人委托印制注册商标的，应当出示《商标注册证》（包括商标局所发的有关变更、续展、转让的证明文件，下同），或者由商标权人所在地县级工商行政管理部门签章的《商标注册证》复印件，并另行提供1份复印件。签订商标使用许可合同使用他人注册商标的，被许可人需印制商标时，还应当出示商标使用许可合同文本并提供1份复印件；商标权人单独授权被许可人印制商标的，除出示由商标权人所在地县级工商行政管理部门签章的《商标注册证》复印件外，还应当出示授权书并提供1份复印件。

（二）商标印制单位不得印制不符合要求的商标

商标印制单位在承接商标印制业务时，对商标印制委托人提供的有关证明文件及商标图样，商标印制业务管理人员应当严格核查下列内容：第一，所要印制的商标样稿应当与《商标注册证》上的商标图样相同；第二，印制未注册商标的，该商标不得使用法律禁止用作商标的标志，不得标注“注册商标”字样或者使用注册标记；第三，被许可人印制商标的，有明确的授权书或者其提供的商标使用许可合同文本中含有许可人允许其印制商标的内容；其商标样稿应当标明被许可人的企业名称和地址。商标印制委托人未提供应当提供的证明文件，或者要求印制的商标不符合上述要求的，商标印制单位不得承接印制。

（三）商标印制管理制度

1. 登记建档制度

商标印制单位应当建立登记建档制度，商标印制委托人提供的证明文件和要求印制的商标均符合规定的，商标印制业务管理人员应当按照规定填写《商标印制业务登记表》，载明商标印制委托人所提供的证明文件的主要内容，《商标印制业务登记表》中的商标图样应当由商标印制业务管理人员加盖骑缝章。商标印制单位承印未注册商标的，应当与商标印制委托人签订合同，明确若所印制的商标侵犯他人商标权时双方各自应当承担的法律责任。商标标识印制完毕，商标印制单位应当提取标识样品，连同《商标印制业务登记表》、《商标注册证》复印件、注册商标使用许可合同文本复印件、商标印制授权书复印件等一并造册存档。

2. 商标标识出入库制度

商标印制单位应当建立商标标识出入库制度，商标标识出入库时，应当清点数量，登记台账。

3. 废次商标标识销毁制度

商标印制单位应当建立废次商标标识销毁制度，对废次商标标识应当集中进行销毁，不得使其流入社会。

《商标印制业务登记表》及商标标识出入库台账应当存档备查，存查的期限为2年。

（四）违反商标印制管理的法律责任

商标印制单位有下列情形之一的，由行为人所在地工商行政管理部门责令其限期改正并处以罚款；没有违法所得的，可以处以1万元以下的罚款；有违法所得的，可以处以3万元以下的罚款；对负有直接责任的商标印制业务管理人员，省级工商行政管理局可以撤销其商标印制业务管理人员资格：第一，承印商标印制委托人未提供应当提供的证明文件的商标的；第二，承印不符合规定要求的商标的；第三，不按规定执行登记建档制度的；第四，不按规定执行商标标识出入库制度的；第五，《商标印制业务登记表》及商标标识出入库台账存档备查的期限少于2年的。

第四节　注册商标专用权的保护

如前所述，我们认为商标权是一个集合概念，包括注册商标所有权或者持有权、商标专用权、续展权、转让权、许可权、标记权、请求权等，注册商标专用权是商标权的核心。在现实生活中，违法行为人侵犯的主要是商标权人的注册商标专用权。为了加强商标管理，保护注册商标专用权，促进生产者和经营者保证商品质量，维护社会经济秩序和商标信誉，保护用户和消费者的合法权益，促进社会主义市场经济的健康发展，我国《商标法》对注册商标专用权的保护以专章的形式作了规定。

一、注册商标专用权的保护范围与限制

（一）保护注册商标专用权的意义

从微观上讲，商标问题事关一个企业的成败兴衰；从宏观上讲，商标影响着一个国家经济的发展、体现着国力的强弱。拥有众多驰名商标的企业绝对是实力雄厚的企业，拥有众多驰名商标的国家是经济发达、国力强盛的国家。如拥有万宝路、可口可乐、IBM、波音等众多驰名商标的美国，科学技术和综合国力都很强；拥有西门子、奔驰、宝马等众多驰名商标的德国，展示了世界第三经济强国的风采；拥有三菱、丰田、索尼、东芝、松下等驰名商标的日本，在当今世界经济舞台上扮演着重要角色。

我国自20世纪70年代末实行改革开放以来，商标事业取得了丰硕的成果，许多老商标焕发了青春，许多新商标在改革开放的过程中破土而出，茁壮成长。中华、茅台、五粮液、红塔山、方正、联想、长虹、海尔、康佳、小天鹅、美菱、东风、嘉陵等商标，代表着我国综合国力的增强，体现着我国改革开放的累累硕果。但是，我国的商标与发达国家的商标相比，还有较大的差距，我国的驰名商标在国际上还排不上好的名次。我国尚处于社会主义初级阶段，社会主义市场经济体制尚不完善，市场经济秩序还不尽如人意。目前，注册商标专用权对于商标权人的生存和发展是至关重要的，假冒他人注册商标和其他侵犯注册商标专用权行为相当猖獗，它已经威胁到商标权人的生存和发展，影响到国家经济的发展、人民的生活甚至生命、财产安全。因此，加强对注册商标专用权的保护，既有利于保护商标权人的合法权益，保护消费者的合法权益，又有利于维护社会经济秩序，为公平竞争创造良好的社会环境。

（二）注册商标专用权的保护范围与限制

我国《商标法》第51条规定："注册商标的专用权，以核准注册的商标和核定使用的商品为限。"

关于注册商标专用权的限制问题，过去的国际条约和大多数国家的商标法均无规定。但是，随着经济的发展和社会的进步，有关的国际条约和一些国家的商标法对注册商标专用权的限制问题作了规定。

TRIPS协议第16条第1款规定："注册商标所有人应享有专有权防止任何第三方未经许可而在贸易活动中使用与注册商标相同或近似的标记去标示相同或类似的商品或服务，以造成混淆的可能。如果确将相同标记用于相同商品或服务，即应推定已有混淆之虞。上述权利不得损害任何已有的在先权，也不得影响成员依使用而确认权利效力的可能。"[1] 第17条规定："成员可规定商标权的有限例外，诸如对说明性词汇的合理使用之类，只要这种例外顾及了商标所有人及第三方的合法利益。"[2]

日本商标法规定，商标权的范围根据申请商标注册时提交的申请书上所记载的商品或服务和所贴的商标图样来判断，实际使用的商标不能作为判断权利范围的依据。商标被核准注册后，商标权人在上述商标权的范围内享有专用权，如果他人不经商标权人同意在相同或者类似的商品或服务上使用该注册商标或与其类似的商标时，则构成侵权。但是，下列情况为商标权的效力所不及：第一，别人以普通方式表示自己的肖像、姓名、名称、著名雅号、艺名、笔名或其简称时；第二，别人以普通方式表示该商品或服务或者类似商品或服务的普通名称、产地、质量、原料、性能、用途、数量、形状、价格或生产、使用的方法或时期，或与该商品或服务类似的服务或商品的普通名称、提供的场所、质量、服务所用之物、性能、用途、数量、形式、价格或提供服务的方法或时期时；第三，该商品或服务或类似商品或者服务上的惯用商标；第四，别人有在先使用权时；第五，别人取得申请在先的外观设计权时。[3]

我国《商标法》未规定对商标权的限制，不像我国《专利法》对专利权有一定的限制、《著作权法》对著作权有一定的限制。在假冒他人注册商标和其他侵犯注册商标专用权行为非常猖獗的今天，我国《商标法》不规定对注册商标专用权的限制，既有利于保护注册商标专用权，又有利于打击假冒他人注册商标和其他侵犯注册商标专用权行为。但是，随着我国社会主义市场经济的进一步发展，社会主义法制的进一步健全，我国《商标法》应对注册商标

---

[1] 郑成思著：《WTO知识产权协议逐条讲解》，中国方正出版社2001年版，第69页。

[2] 郑成思著：《WTO知识产权协议逐条讲解》，中国方正出版社2001年版，第77页。

[3] 陆普舜主编：《各国商标法律与实务》，科学普及出版社1996年版，第117－118页。

专用权的限制问题作出规定，以完善我国的商标法律制度。

我国《商标法实施条例》第6条第2款和第49条对注册商标专用权的限制作了如下规定：第一，以地理标志作为集体商标注册的，其商品符合使用该地理标志条件的自然人、法人或者其他组织，可以要求参加以该地理标志作为集体商标注册的团体、协会或者其他组织，该团体、协会或者其他组织应当依据其章程接纳为会员；不要求参加以该地理标志作为集体商标注册的团体、协会或者其他组织的，也可以正当使用该地理标志，该团体、协会或者其他组织无权禁止。第二，注册商标中含有的本商品的通用名称、图形、型号，商标权人无权禁止他人正当使用。第三，注册商标中含有的直接表示商品的质量、主要原料、功能、用途、重量、数量及其他特点，商标权人无权禁止他人正当使用。第四，注册商标中含有的地名，商标权人无权禁止他人正当使用。

与注册商标专用权的限制密切相关的问题是商标权的权利穷竭和平行进口问题。

权利穷竭又叫权利用尽，是指在贸易活动中，权利人只能行使一次权利，也称为“权利一次用尽”。如商标权人依法许可他人使用其注册商标后，被许可人有权根据注册商标使用许可合同使用该注册商标，被许可人有权销售使用该注册商标的商品，商标权人不得阻止被许可人使用该注册商标。如果被许可人违反了注册商标使用许可合同，商标权人只能诉其违约而不能诉其侵犯注册商标专用权。再如，商标权人生产的使用注册商标的商品售出后，该商品的购买者如何销售该商品，在一般情况下与商标权人无关；如果该商品的购买者在销售该商品的过程中违反了与商标权人签订的合同（如违反关于销售地域的约定等），商标权人只能诉其违约而不能诉其侵犯注册商标专用权。个别国家的商标法已对商标权的权利穷竭问题作了规定。如法国商标法规定，如果注册商标所有人本人或者经他本人同意，标有其注册商标的指定商品进入欧共体某一国市场销售时，他则不能禁止这一商标在欧共体市场的使用。但是，当注册商标所有人有足够的证据证明注册商标使用的商品状况被改变时，有权提出禁止这种使用。[1]我国《商标法》和《商标法实施条例》未规定商标权的权利穷竭问题。

与注册商标专用权有关的平行进口是指在国际贸易中，一国的进口商未经本国的商标权人或者许可使用权人的同意，从国外进口并销售使用该注册商标的商品的行为。有的国家将平行进口界定为侵犯注册商标专用权的行为，有的国家将平行进口界定为不正当竞争行为，有的国家将平行进口排除在侵犯注册商标专用权行为和不正当竞争行为之外，有的国家对平行进口的法律属性不作

[1] 陆普舜主编：《各国商标法律与实务》，科学普及出版社1996年版，第293页。

具体规定，根据平行进口个案的具体情况确定其是否侵犯注册商标专用权。我国法律对平行进口行为的法律属性尚未规定。

二、侵犯注册商标侵权行为及其法律责任

（一）侵犯注册商标专用权行为的概念

《巴黎公约》和 TRIPS 协议都没有规定侵犯注册商标专用权行为的概念，各个国家一般不在其商标法中规定侵犯注册商标专用权行为的概念，而是采用列举的方式把侵犯注册商标专用权行为一一列举出来，这些侵犯注册商标专用权行为的总和就是侵犯注册商标专用权行为的全部内涵。侵犯注册商标专用权行为，又叫商标侵权行为，是指侵犯他人注册商标专用权行为的总称。

（二）侵犯注册商标专用权行为的种类

1. 未经商标权人的许可，在同一种商品或者类似商品上使用与其注册商标相同或者近似的商标的

我国《商标法》第 52 条第（1）项未规定侵权行为人的主观心理状态，根据此项规定，只要行为人未经商标权人的许可，在同一种商品或者类似商品上使用与其注册商标相同或者近似的商标，就构成侵犯他人注册商标专用权的行为。这种未经商标权人许可而使用他人注册商标的行为是侵犯注册商标专用权行为的主要表现形式。

在司法实践中，“相同商标”、“近似商标”、“类似商品”、“类似服务”是比较难认定的。如三个“—”从一点出发按照 120°的夹角三向排列，与锐角为 60°的三个菱形四边形从一点出发按照 60°的夹角三向排列，两个图形是否近似呢？一般人很难认为两者是近似的。但德国法院曾经判定过日本的“三菱”商标与德国的“奔驰”商标近似。[1] 在认定我国《商标法》第 52 条第（1）项规定的侵犯注册商标专用权行为时应当注意以下两个问题：

（1）商标相同与商标近似的认定问题。商标相同是指被控侵权的商标与商标权人的注册商标相比，二者在视觉上基本无差别。商标近似是指被控侵权的商标与商标权人的注册商标相比，其文字的字形、读音、含义或者图形的构图及颜色，或者其各要素组合后的整体结构相似，或者其立体形状、颜色组合近似，易使相关公众对商品的来源产生误认或者认为其来源与商标权人的商品有特定的联系。这里的相关公众是指与商标所标示的某类商品或者服务有关的消费者和与前述商品或者服务的经营者有密切关系的其他经营者。认定商标相同或者近似按照以下原则进行：第一，以相关公众的一般注意力为标准；第二，既要比对商标的整体，又要比对商标的主要部分，比对应当在比对对象隔离的状态下分别进行；第三，判断商标是否近似，应当考虑请求保护的注册商

---

[1] 郑成思著：《知识产权法》，法律出版社 1997 年版，第 194 页。

标的显著性和知名度。如“TDK”“TTK”、“88”与“BB”、“春丝”与“CHUNSI”、“皇妹”与“皇姝”、“华阳”与“阳华”、“向日葵”与“太阳花”和“SUNFLOUR”、“滑雪”与“SKI”都属于近似商标。

（2）类似商品和类似服务的认定问题。类似商品是指在功能、用途、生产部门、销售渠道、消费对象等方面相同，或者相关公众一般认为其存在特定联系、易使造成混淆的商品。类似服务是指在服务的目的、内容、方式、对象等方面相同，或者相关公众一般认为其存在特定联系、易造成混淆的服务。商品与服务类似是指商品和服务之间存在特定联系，容易使相关公众混淆。认定商品或者服务是否类似，应当以相关公众对商品或者服务的一般认识综合判断；《商标注册用商品和服务国际分类表》、《类似商品和服务区分表》可以作为判断类似商品或者服务的参考。

功能、用途相同或者相近的商品或服务，往往属于同行业的生产者或经营者生产、销售或者提供的，该商品或服务的消费对象，商品的销售场所、销售渠道或服务的提供场所、提供方式等往往相同，用户和消费者对功能、用途相同或者近似的商品或服务误认的可能性很大。由于商品或服务的功能、用途可以从不同的角度来确定，其范围不能太宽，也不能太窄，否则，就会扩大或者缩小类似商品或服务的范围。如馒头和西红柿，如果从都供人食用、能够提供人体所需要的营养这个角度来确定两者的功能、用途，两者就属于功能、用途相同的类似商品；如果从馒头是人作为主食食用的、西红柿是作为副食食用的角度来确定两者的功能、用途，由于两者的功能、用途不同，它们就不属于类似商品。再如，电冰箱与木箱，如果从能装东西的角度来确定两者的功能、用途，两者属于类似商品；如果从电冰箱能对特定的物品进行冷藏、冷冻，木箱只能装东西的角度来确定两者的功能、用途，两者就不属于类似商品。所以，根据商品或者服务的功能、用途认定类似商品或服务时，如果是一般用户和消费者熟悉的商品或服务，应以普通用户和消费者对该商品或者服务功能、用途的一般看法作为认定的依据；如果是一般用户和消费者不熟悉的商品或服务，应当以该商品或服务的说明书、宣传材料上所记载的功能、用途作为认定的依据；某种商品为几种商品的组合而具有多种功能和用途时，以该商品的基本功能和用途作为比较认定的依据。

2. 销售侵犯注册商标专用权的商品的

销售侵犯注册商标专用权商品的行为，是一种独立的侵犯注册商标专用权行为。在现实生活中，生产者生产侵犯注册商标专用权的商品之后，肯定要销售其生产的侵犯注册商标专用权的商品，虽然这种销售行为也是侵犯他人注册商标专用权的行为，但是，这种销售侵犯注册商标专用权商品的侵权行为与其生产侵犯注册商标专用权商品的侵权行为竞合，不能把生产者销售其生产的侵犯注册商标专用权商品的行为也作为一种独立的侵权行为。因此，我国《商标法》第 52 条第（2）项中的销售是指销售者的销售行为，不包括生产者的销售行为。

我国《商标法》第 52 条第（2）项对侵权行为人的主观心理状态未作规定，根据此项规定，销售者只要销售侵犯注册商标专用权的商品，该销售行为就构成侵犯注册商标专用权行为。但是，在现实生活中，有些销售者知道或者应当知道其销售的商品是侵犯注册商标专用权的商品，有些销售者不知道也不应当知道其销售的商品是侵犯注册商标专用权的商品。如果将销售侵犯注册商标专用权商品的行为一概认定为侵权行为并让销售者承担赔偿责任，虽然有利于保护商标权人的合法权益、维护社会经济秩序，但对不知道也不应当知道其销售的商品是侵犯注册商标专用权商品的销售者是不公平的。为了解决上述问题，我国《商标法》第 56 条第 3 款规定了销售侵犯注册商标专用权商品的销售者赔偿责任的免责条件，即“销售不知道是侵犯注册商标专用权的商品，能证明该商品是自己合法取得的并说明提供者的，不承担赔偿责任。”

3. 伪造、擅自制造他人注册商标标识或者销售伪造、擅自制造的注册商标标识的

伪造、擅自制造他人注册商标标识的行为，实际上是为生产、制造侵犯注册商标专用权商品准备条件的，但它又是一种独立的侵犯注册商标专用权的行为。伪造他人注册商标标识是指未经商标权人许可而摹仿其注册商标的标识而进行印制的行为。擅自制造他人注册商标标识是指未经商标权人同意而印制其注册商标标识的行为。不论行为人的主观心理状态如何，只要其实施伪造、擅自制造他人注册商标标识的行为，或者实施销售伪造、擅自制造的注册商标标识的行为，就构成侵犯注册商标专用权的行为。

4. 未经商标权人同意，更换其注册商标并将该更换商标的商品又投入市场的

在现实生活中，有些自然人、法人或者其他组织人为了牟取不正当利益，不经商标权人同意，擅自去掉商标权人的商标，换上自己的或者他人的商标，然后将更换商标的商品投放市场。我国《商标法》针对这一情况，在借鉴国外立法和司法经验的基础上，明文规定了上述行为属于侵犯注册商标专用权的行为。

5. 给他人的注册商标专用权造成其他损害的

根据我国《商标法实施条例》第 50 条和《商标民事案件适用法律的解释》第 1 条的规定，有下列行为之一的，属于《商标法》第 52 条第（5）项规定的给他人注册商标专用权造成其他损害的行为。

第一，在同一种或者类似商品上，将与他人注册商标相同或者近似的标志

作为商品名称或者商品装潢使用，误导公众的。

我国《商标法》第 52 条第（1）项的规定不包括将与他人注册商标相同或者近似的标志在同一种或者类似商品上作为商品名称或者商品装潢使用。但是，如果行为人将与他人注册商标相同或者近似的标志在同一种或者类似商品上作为商品名称或者商品装潢使用，可能会误导公众，造成相关公众对该商品的误认，给他人的注册商标专用权造成损害。因此，在同一种或者类似商品上，将与他人注册商标相同或者近似的标志作为商品名称或者商品装潢使用，误导公众的，属于《商标法》第 52 条第（5）项规定的给他人注册商标专用权造成其他损害的行为。

第二，故意为侵犯他人注册商标专用权行为提供仓储、运输、邮寄、隐匿等便利条件的。

这种侵权行为属于民法中的帮助侵权，即国际上通称的“共同侵权”(Contributory Infringement)。这种侵权行为以主观故意为构成要件，即明知行为人实施的是侵犯他人注册商标专用权行为，而仍然为其提供上述便利条件。

第三，将与他人注册商标相同或者近似的文字作为企业的字号在相同或者类似商品上突出使用，容易使相关公众产生误认的。

我国《商标法》第 52 条第（1）项的规定不包括将与他人注册商标相同或者近似的文字作为企业的字号在相同或者类似商品上突出使用。但是，如果行为人将与他人注册商标相同或者近似的文字作为企业的字号在相同或者类似商品上突出使用，可能会使相关公众误认为该企业与该商标权人之间存在特定的联系，从而产生对两者商品的误认，给他人的注册商标专用权造成损害。因此，将与他人注册商标相同或者近似的文字作为企业的字号在相同或者类似商品上突出使用，容易使相关公众产生误认的，属于《商标法》第 52 条第（5）项规定的给他人注册商标专用权造成其他损害的行为。

第四，复制、摹仿、翻译他人在中国注册的驰名商标或者其主要部分在不相同或者不相类似商品上作为商标使用，误导公众，致使该驰名商标所有人或者持有人的利益可能受到损害的。

第五，将与他人注册商标相同或者近似的文字注册为域名，并且通过该域名进行相关商品交易的电子商务，容易使相关公众产生误认的。

我国《商标法》第 52 条第（1）项的规定不包括将与他人注册商标相同或者近似的文字注册为域名，并且通过该域名进行相关商品交易的电子商务。但是，如果行为人将与他人注册商标相同或者近似的文字注册为域名，并且通过该域名进行相关商品交易的电子商务，可能会使相关公众误认为该域名注册人与该商标权人之间存在特定的联系，从而产生对两者商品的误认，给他人的注册商标专用权造成损害。因此，将与他人注册商标相同或者近似的文字注册为域名，并且通过该域名进行相关商品交易的电子商务，容易使相关公众产生误认的，属于《商标法》第 52 条第（5）项规定的给他人注册商标专用权造成其他损害的行为。

应当说明的是，由于我国是从 1993 年 7 月 1 日才开始受理国内服务商标的注册申请，给侵犯服务注册商标专用权行为的认定带来了一些特殊问题。截止到 1993 年 7 月 1 日，在相同或者类似的服务上已经存在大量的相同或者近似的商标，而它们之中只能有一个被核准注册；如果它们之中的某一个服务商标被核准注册后，禁止其他使用人使用其服务商标，这对其他使用人是不公平的。为了公平、合理地解决上述问题，1993 年修订的我国《商标法实施细则》第 48 条作了如下规定："连续使用至 1993 年 7 月 1 日的服务商标，与他人在相同或者类似服务上已注册的服务商标（公众熟知的服务商标除外）相同或者近似的，可以依照国家工商行政管理局有关规定继续使用。"行为人在相同或者类似的服务上使用与他人已注册的服务商标（公众熟知的服务商标除外）相同或者近似的商标，只要行为人的使用行为符合上述规定，该使用行为就不构成侵犯服务注册商标专用权行为。服务商标权人与继续使用人发生纠纷的，继续使用人应提供其 1993 年 7 月 1 日前连续使用该服务商标的证据。继续使用人连续 3 年停止使用可以继续使用的服务商标的，不得再继续使用该服务商标。继续使用人的使用与该服务商标权人的使用发生实际混淆，造成用户和消费者的误认的，继续使用人应在使用该服务商标时，增加地理标志，以区别于该服务商标权人的使用。为了进一步解决相同或者近似服务商标的使用问题，我国《商标法实施条例》第 54 条对相同或者近似服务商标的使用问题作了如下规定："连续使用至 1993 年 7 月 1 日的服务商标，与他人在相同或者类似的服务上已注册的服务商标相同或者近似的，可以继续使用。但是，1993 年 7 月 1 日后中断使用 3 年以上的，不得继续使用。"

（三）侵犯注册商标专用权行为的法律责任

1. 行政责任

侵犯注册商标专用权行为的行政责任包括：责令立即停止侵权行为，没收、销毁侵权商品和专门用于制造侵权商品、伪造注册商标标识的工具，并可以处以罚款。对侵犯注册商标专用权的行为，罚款数额为非法经营额 3 倍以下；非法经营额无法计算的，罚款数额为 10 万元以下。

2. 民事责任

人民法院在审理侵犯注册商标专用权纠纷案件中，依据《民法通则》第 134 条、《商标法》第 53 条的规定和案件具体情况，可以判决侵权人承担停止侵害、排除妨碍、消除危险、赔偿损失、消除影响等民事责任，还可以作出罚款，收缴侵权商品、伪造的商标标识和专门用于生产侵权商品的材料、工具、设备等财物的民事制裁决定。罚款数额为非法经营额3倍以下；非法经营额无法计算的，罚款数额为10万元以下。工商行政管理部门对同一侵犯注册商标专用权行为已给予行政处罚的，人民法院不再予以民事制裁。

人民法院在审理商标侵权纠纷案件时，主要适用停止侵害、消除影响和赔偿损失保护注册商标专用权。停止侵害、消除影响可以适用于所有的侵犯注册商标专用权纠纷案件。只要行为人的行为构成了侵犯注册商标专用权行为，人民法院就可以而且应当依法采取措施责令或者判令侵权人立即停止侵权行为、消除影响。赔偿损失的适用以侵犯注册商标专用权行为造成实际损失为前提，只要侵权人的侵权行为给被侵权人造成了实际损失，就可以而且应当判令侵权人赔偿损失。

根据TRIPS协议第45条的规定，对已知或者有充分理由应知自己从事的活动系侵权的侵权人，司法当局应有权责令其向权利人支付足以弥补因侵犯知识产权而给权利持有人造成的损失的损害赔偿费。司法当局还有权责令侵权人向权利持有人支付其他开支，其中可包括适当的律师费。在适当场合即使侵权人不知，或无充分理由应知自己从事的活动系侵权，成员仍可以授权司法当局责令其返还所得利润或令其支付法定赔偿额，或二者并处。[1]

根据1993年修改的我国《商标法》第39条的规定，侵犯注册商标专用权行为损失赔偿额的计算有两种方法：第一，侵权人在侵权期间因侵权所获得的利润；第二，被侵权人在被侵权期间因被侵权所受到的损失。以侵权人在侵权期间所获得的利润作为损失赔偿额，是大多数国家普遍采用的方法，也是其他知识产权纠纷案件损失赔偿额的计算方法之一。这种计算方法是对被侵权人所受损失的一种推定。需要说明的是，上述两种损失赔偿额的计算方法是有选择性的，而不是并列适用的。当事人可以选择其中的一种方法来计算损失赔偿额，人民法院也可以根据当事人提供的证据情况选择适用其中的一种计算方法计算损失赔偿额。

在司法实践中，由于有些侵犯注册商标专用权纠纷案件调查取证比较难，侵权人在侵权期间因侵权所获得的利润无法认定，被侵权人在被侵权期间因被侵权所受到的损失也无法认定，损失赔偿额就无法认定，致使有些侵犯注册商标专用权的纠纷案件不能及时处理，不能为商标权人提供充分的法律保护。为了解决上述问题，最高人民法院主张在知识产权侵权纠纷案件中用定额赔偿的办法解决损失赔偿额难以认定的问题。定额赔偿的幅度可掌握在5 000元至30万元之间，具体数额由人民法院根据被侵害的知识产权的类型、评估价值、侵权持续的时间、权利人因被侵权所受到的商誉损害等因素在定额赔偿的幅度内

[1] 郑成思著：《WTO知识产权协议逐条讲解》，中国方正出版社2001年版，第153－154页。

确定。❶ 后来又调整为在500/5 000元以上30万元以下确定赔偿数额，最多不超过50万元。❷ 最高人民法院的上述主张可以在一定程度上解决侵犯注册商标专用权纠纷案件损失赔偿额难以认定的问题，但对商标权人的保护是很不充分的。

在总结我国司法审判实践经验和借鉴国外立法经验的基础上，我国《商标法》第56条对侵犯注册商标专用权行为损失赔偿额的计算作了如下规定：侵犯注册商标专用权的赔偿数额，为侵权人在侵权期间因侵权所获得的利益，或者被侵权人在被侵权期间因被侵权所受到的损失，包括被侵权人为制止侵权行为所支付的合理开支。侵权人因侵权所得利益，或者被侵权人因被侵权所受损失难以确定的，由人民法院根据侵权行为的情节判决给予50万以下的赔偿。

根据《商标法》第56条第1款的规定确定侵权人的赔偿责任时，可以根据权利人选择的计算方法计算赔偿数额。侵权所获得的利益，可以根据侵权商品销售数量与该商品单位利润乘积计算；该商品单位利润无法查明的，按照注册商标商品的单位利润计算。因被侵权所受到的损失，可以根据权利人因侵权所造成商品销售减少量或者侵权商品销售量与该注册商标商品的单位利润乘积计算。侵权人因侵权所得的利益或者被侵权人因被侵权所受到的损失均难以确定的，人民法院可以根据当事人的请求或者依职权适用《商标法》第56条第2款的规定确定赔偿数额。人民法院在确定赔偿数额时，应当考虑侵权行为的性质、期间、后果，商标的声誉，商标使用许可费的数额，商标使用许可的种类、时间、范围及制止侵权行为的合理开支等因素综合确定。制止侵权行为所支付的合理开支，包括权利人或者委托代理人对侵权行为进行调查、取证的合理费用。人民法院根据当事人的诉讼请求和案件的具体情况，可以将符合国家有关部门规定的律师费用计算在赔偿范围内。

侵犯注册商标专用权的诉讼时效为2年，自商标权人或者利害关系人知道或者应当知道侵权行为之日起计算。商标权人或者利害关系人超过2年起诉的，如果侵权行为在起诉时仍在持续，在该注册商标专用权有效期限内，人民法院应当判决被告停止侵权行为，侵权损害赔偿数额应当自权利人向人民法院起诉之日起向前推算2年计算。

3. 刑事责任

1979年的我国《刑法》第121条对假冒注册商标罪作了规定。为了惩治

---

❶ 参见1998年7月20日最高人民法院《关于全国部分法院知识产权审判工作座谈会纪要》第三部分。

❷ 参见最高人民法院副院长曹建明于2001年6月12日《在全国法院知识产权审判工作会议上的讲话》第四部分。

假冒注册商标的犯罪行为，1993 年 2 月 22 日第七届全国人民代表大会常务委员会第 30 次会议通过的《关于惩治假冒注册商标犯罪的补充规定》对假冒注册商标罪，销售假冒注册商标的商品罪，伪造、擅自制造注册商标标识罪，销售伪造、擅自制造的注册商标标识罪作了具体规定。我国《刑法》第 213 条、第 214 条、第 215 条分别对假冒注册商标罪，销售假冒注册商标的商品罪，伪造、擅自制造注册商标标识罪，销售伪造、擅自制造的注册商标标识罪作了具体规定。根据我国《刑法》第 213 条、第 214 条、第 215 条和第 220 条的规定，未经商标权人许可，在同一种商品上使用与其注册商标相同的商标，情节严重的，处 3 年以下有期徒刑或者拘役，并处或者单处罚金；情节特别严重的，处 3 年以上 7 年以下有期徒刑，并处罚金。销售明知是假冒注册商标的商品，销售金额较大的，处 3 年以下有期徒刑或者拘役，并处或者单处罚金；销售金额巨大的，处 3 年以上 7 年以下有期徒刑，并处罚金。伪造、擅自制造他人注册商标标识或者销售伪造、擅自制造的注册商标标识，情节严重的，处 3 年以下有期徒刑、拘役或者管制，并处或者单处罚金；情节特别严重的，处 3 年以上 7 年以下有期徒刑，并处罚金。单位犯我国《刑法》第 213 条、第 214 条、第 215 条规定之罪的，对单位判罚金，并对其直接负责的主管人员和其他直接责任人员，依照各该条的规定处罚。

（四）对侵犯注册商标专用权行为的处理

1. 对侵犯注册商标专用权行为的行政处理

根据 TRIPS 协议第 46 条的规定，为了有效威慑侵权活动，司法当局应有权在不进行任何补偿的情况下，将已经发现的正处于侵权状态的商品排除出商业渠道，排除程度以避免对权利持有人造成任何损害为限，或者，只要不违背现行宪法的要求，应有权责令销毁该商品。司法当局还有权在不进行任何补偿的情况下，责令将主要用于制作侵权商品的原料与工具排除出商业渠道，排除程度以尽可能减少进一步侵权的危险为限。[1] TRIPS 协议第 48 条第 2 款规定："在对涉及知识产权的保护或行使的任何法律进行行政执法的场合，只有政府当局及官员们在这种执法的过程中，系善意采取或试图采取特定的救济措施时，成员才应免除他们为采取措施而应负的过失责任。"[2]

1993 年修改的我国《商标法》和《商标法实施细则》虽然赋予了工商行政管理部门查处假冒他人注册商标和其他侵犯注册商标专用权行为的职责，但是，工商行政管理部门查处假冒他人注册商标和其他侵犯注册商标专用权行为的职权和手段是十分有限的，致使工商行政管理部门对假冒他人注册商标和其

[1] 郑成思著：《WTO 知识产权协议逐条讲解》，中国方正出版社 2001 年版，第 154 页。

[2] 郑成思著：《WTO 知识产权协议逐条讲解》，中国方正出版社 2001 年版，第 154－155 页。

他侵犯注册商标专用权行为打击不力，往往对假冒他人注册商标和其他侵犯注册商标专用权行为“打不疼”、“打不狠”。为了解决上述问题，切实维护社会经济秩序，我国《商标法》在对注册商标专用权的行政保护方面加大了对侵犯注册商标专用权行为的打击力度和对注册商标专用权的保护力度。

根据我国《商标法》第 53 条的规定，有《商标法》第 52 条所列侵犯注册商标专用权行为之一，引起纠纷的，由当事人协商解决；不愿协商或者协商不成的，商标权人或者利害关系人可以请求工商行政管理部门处理。工商行政管理部门处理时，认定侵权行为成立的，责令立即停止侵权行为，没收、销毁侵权商品和专门用于制造侵权商品、伪造注册商标标识的工具，并可以处以罚款。当事人对处理决定不服的，可以自收到处理通知之日起 15 日内依照《中华人民共和国行政诉讼法》向人民法院起诉；侵权人期满不起诉又不履行的，工商行政管理部门可以申请人民法院强制执行。进行处理的工商行政管理部门根据当事人的请求，可以就侵犯注册商标专用权的赔偿数额进行调解；调解不成的，当事人可以依照《中华人民共和国民事诉讼法》向人民法院起诉。

对侵犯注册商标专用权的行为，任何人都可以向工商行政管理部门投诉或者举报。对侵犯注册商标专用权的行为，工商行政管理部门有权查处；涉嫌犯罪的，应当及时移送司法机关依法处理。县级以上工商行政管理部门根据已经取得的违法嫌疑证据或者举报，对涉嫌侵犯他人注册商标专用权的行为进行查处时，可以行使下列职权：第一，询问有关当事人，调查与侵犯他人注册商标专用权有关的情况；第二，查询、复制当事人与侵权活动有关的合同、发票、账簿以及其他有关资料；第三，对当事人涉嫌从事侵犯他人注册商标专用权活动的场所实施现场检查；第四，检查与侵权活动有关的物品；对有证据证明是侵犯他人注册商标专用权的物品，可以查封或者扣押。工商行政管理部门依法行使前款规定的职权时，当事人应当予以协调、配合，不得拒绝、阻挠。

2. 对侵犯注册商标专用权行为的民事司法处理

根据我国《商标法》第 53 条的规定，有《商标法》第 52 条所列侵犯注册商标专用权行为之一，引起纠纷的，由当事人协商解决；不愿协商或者协商不成的，商标权人或者利害关系人可以向人民法院起诉。

在注册商标专用权被侵害时，独占使用许可合同的被许可人可以向人民法院提起诉讼；排他许可合同的被许可人可以和商标权人共同提起诉讼，也可以在商标权人不起诉的情况下，自行起诉；普通使用许可合同的被许可人经过商标权人明确授权，可以提起诉讼。商标权人或者利害关系人在注册商标续展宽展期内提出续展注册申请，未获核准前，以他人侵犯其注册商标专用权提起诉讼的，人民法院应当受理。在作为商标权人的自然人死亡之后、该注册商标依法移转之前，商标权人遗产的合法继承人以他人侵犯其注册商标专用权提起诉讼的，人民法院应当受理。[1] 因侵犯注册商标专用权行为提起的民事诉讼，由侵权行为的实施地、侵权商品的储藏地或者查封扣押地、被告住所地人民法院管辖。侵权商品的储藏地是指大量或者经常性储存、隐匿侵权商品所在地，侵权商品的查封扣押地是指海关、工商等行政执法机关依法查封扣押侵权商品所在地。对涉及不同侵权行为实施地的多个被告提起的共同诉讼，原告可以选择其中一个被告的侵权行为实施地的人民法院管辖；仅对其中某一个被告提起的诉讼，该被告侵权行为实施地的人民法院有管辖权。

在现实生活中，如果行为人正在实施或者即将实施侵犯他人注册商标专用权的行为，如不及时制止，将会使商标权人或者利害关系人的合法权益受到难以弥补的损害。但是，如果商标权人或者利害关系人请求工商行政管理部门或者人民法院制止行为人“即将实施的侵犯注册商标专用权行为”，工商行政管理部门或者人民法院往往因无法律依据而无法解决上述问题，对商标权人或者利害关系人非常不利。为了解决上述问题，我国《商标法》第 57 条对临时措施作了如下规定：商标权人或者利害关系人有证据证明他人正在实施或者即将实施侵犯其注册商标专用权的行为，如不及时制止，将会使其合法权益受到难以弥补的损害的，可以在起诉前向人民法院申请采取责令停止有关行为和财产保全的措施。人民法院处理上述申请，适用《中华人民共和国民事诉讼法》第 93 条至第 96 条和第 99 条的规定。

应当说明的是，为制止侵权行为，在证据可能灭失或者以后难以取得的情况下，商标权人或者利害关系人可以在起诉前向人民法院申请保全证据。人民法院受理申请后，必须在 48 小时内作出裁定；裁定采取保全措施的，应当立即开始执行。人民法院可以责令申请人提供担保，申请人不提供担保的，驳回申请。申请人在人民法院采取保全措施后 15 日内不起诉的，人民法院应当解除保全措施。

3. 对侵犯注册商标专用权行为的刑事司法处理

根据我国《商标法》第 59 条的规定，未经商标权人许可，在同一种商品上使用与其注册商标相同的商标，构成犯罪的，除赔偿被侵权人的损失外，依法追究刑事责任。伪造、擅自制造他人注册商标标识或者销售伪造、擅自制造的注册商标标识，构成犯罪的，除赔偿被侵权人的损失外，依法追究刑事责任。销售明知是假冒注册商标的商品，构成犯罪的，除赔偿被侵权人的损失外，依法追究刑事责任。

三、驰名商标的特殊保护制度

《最高人民法院关于审理商标民事纠纷案件适用法律若干问题的解释》第

[1] 郑成思著：《WTO 知识产权协议逐条讲解》，中国方正出版社 2001 年 1 版，第 154－155 页。

4 条第 1 款规定："商标法第五十三条规定的利害关系人，包括注册商标使用许可合同的被许可人、注册商标财产权利的合法继承人等。"该规定的目的是为了明确商标权人遗产的合法继承人的诉权。在作为商标权人的自然人死亡之后、该注册商标依法移转之前，他人侵犯该注册商标专用权的，或者作为商标权人的自然人在其注册商标专用权被侵害后、行使诉权之前死亡的，商标权人已不存在而无法行使诉权，商标权人遗产的合法继承人因尚未取得商标权而无法以商标权人的身份行使诉权。在上述情况下，商标权人遗产的合法继承人可以依据最高人民法院的上述规定，以利害关系人的身份行使诉权。需要指出的是，理论界对商标人身权与财产权的划分问题尚有待于深入研究，《最高人民法院关于审理商标民事纠纷案件适用法律若干问题的解释》第 4 条第 1 款对商标权人遗产的合法继承人诉权的规定不够明确，容易产生歧义，应当对商标权人遗产的合法继承人的诉权作出明确的规定。

(一) 驰名商标的概念

最早对驰名商标实行特殊保护的国际公约是《巴黎公约》，该公约第 6 条之 2 规定了对驰名商标实行特殊保护的原则，该规定是世界各国对驰名商标实行特殊保护的主要依据之一。《巴黎公约》没有规定什么是驰名商标，世界上还没有一个公认的驰名商标的概念。为此，世界知识产权组织（WIPO）于 1995 年 11 月 13 日至 16 日在日内瓦召开了第一次驰名商标专家委员会会议，其中的一个议题就是试图为驰名商标下个定义。世界知识产权组织国际局在其《驰名商标保护：国际局研究成果及形势展望》的报告中提出了一个建议性的定义：对驰名商标的定义似乎可以建立在综合定量法和定性法的基础上。比如，一个商标如果完全满足定量的要求或一定程度上满足定量和定性的要求，即可以被认定为驰名商标。其中，定量法讲的是该商标在要求保护的国家的公众中的知名度；定性法则是该商标的经济价值。

1993 年修改的我国《商标法》未规定对驰名商标的保护，1993 年第二次修订的我国《商标法实施细则》第 25 条只规定了对"公众熟知的商标"的保护。但是，我国实际上是依据《巴黎公约》的规定对驰名商标实行保护的。我国在总结保护驰名商标实践经验和借鉴国外保护驰名商标立法经验、司法经验的基础上，国家工商行政管理局于 1996 年 8 月 14 日发布了《驰名商标认定和管理暂行规定》（以下简称《驰名商标暂行规定》）并于 1998 年 12 月 3 日修订后重新发布。国家工商行政管理总局根据我国《商标法》和《商标法实施条例》的规定，制定了《驰名商标认定和保护规定》（以下简称《驰名商标规定》），该规定于 2003 年 4 月 17 日公布、2003 年 6 月 1 日起施行。根据《驰名商标规定》第 2 条的规定，驰名商标是指在中国为相关公众广为知晓并享有较高声誉的商标。

（二）对驰名商标给予特殊保护的意义

任何一个国家的商标法对注册商标专用权的保护都有一定的范围。就我国而言，商标权人享有注册商标专用权，有权禁止他人在同一种商品或者类似商品上使用与其注册商标相同或者近似的商标；有权禁止他人在同一种商品或者类似商品上，将与其注册商标相同或者近似的标志作为商品名称或者商品装潢使用（须达到“误导公众的”程度）；有权禁止他人将与其注册商标相同或者近似的文字作为企业的字号在相同或者类似商品上突出使用（须达到“容易使相关公众产生误认的”程度）；有权禁止他人将与其注册商标相同或者近似的文字注册为域名，并且通过该域名进行相关商品交易的电子商务（须达到“容易使相关公众产生误认的”程度）。但是，我国法律不保护未注册商标，商标权人无权禁止他人复制、摹仿、翻译其商标或其主要部分在不相同或者不相类似商品上作为商标使用，无权禁止他人将其商标登记为企业名称。

驰名商标之所以能够在中国为相关公众广为知晓并享有较高声誉，是该驰名商标的所有人或者持有人投入大量人力、物力、财力，多年辛勤培养的结果。正是由于驰名商标的知名度和声誉高，具有巨大的商业价值，驰名商标才成为不法之徒侵犯注册商标专用权行为的主要对象。对驰名商标给予特殊保护，既有利于保护驰名商标所有人或者持有人的合法权益，保护用户和消费者的合法权益，维护社会经济秩序，为公平竞争创造良好的社会环境。

（三）驰名商标的认定

1. 驰名商标的认定方式

我国 1982 年的《商标法》实施之后，我国先后保护过美国的“FREON（氟利昂）”和“JEEP”（吉普）商标。随着我国经济体制改革的进一步深入，我国的一些企业在参与国际竞争的过程中，也遇到了如何有效保护自己的驰名商标的问题。“同仁堂”就是其中的第一例。1989 年至 1996 年，我国通过公众评选或商标主管机关个案认定的方式先后评选或者认定了“同仁堂”、“蝴蝶”、“贵州茅台”、“大白兔”、“熊猫”等 19 件驰名商标。《驰名商标暂行规定》实施之后，国家商标局采取了批量认定驰名商标的方式。关于驰名商标的范围，我国《驰名商标暂行规定》采取了与 TRIPS 协议相一致的做法，把驰名商标的范围界定在注册商标的范围之内。对于未在我国注册，但确实驰名的外国商标，可以根据《巴黎公约》的有关规定办理。根据《驰名商标暂行规定》的规定，商标局负责驰名商标的认定和管理工作，其他单位和个人不得认定或者采取其他变相方式认定驰名商标。商标权人请求保护其驰名商标权益的，应当向商标局提出认定驰名商标的申请。商标局根据商标注册和管理工作的需要认定驰名商标，经商标局认定的驰名商标，认定时间未超过 3 年的，无需重新提出认定申请。

由于我国《驰名商标暂行规定》规定的驰名商标认定方式不符合国际惯例，为了实现在驰名商标认定方式上与国际接轨，我国《商标法》、《商标法实施条例》、《驰名商标规定》和《商标民事案件适用法律的解释》将驰名商标的认定方式改为个案认定。

（1）当事人通过商标注册的异议程序请求商标局认定驰名商标。当事人认为其商标构成驰名商标，他人经初步审定并公告的商标违反《商标法》第13条规定的，可以依据《商标法》和《商标法实施条例》的规定向商标局提出异议，提交证明其商标驰名的有关材料，请求商标局认定驰名商标、驳回该商标注册申请。

（2）当事人通过注册商标的撤销程序请求商标评审委员会认定驰名商标。当事人认为其商标构成驰名商标，他人已经注册的商标违反《商标法》第13条规定的，可以依据《商标法》和《商标法实施条例》的规定向商标评审委员会提出撤销该注册商标的申请，提交证明其商标驰名的有关材料，请求商标评审委员会认定驰名商标、撤销该注册商标。

（3）当事人通过商标管理程序请求商标局认定驰名商标。在商标管理工作中，当事人认为他人使用的商标属于《商标法》第13条规定的情形，请求保护其驰名商标的，可以向案件发生地的市（地、州）以上工商行政管理部门提出禁止使用的书面请求，提交证明其商标驰名的有关材料，请求商标局认定驰名商标。

在商标局或者商标评审委员会认定驰名商标的过程中应当注意以下四个问题：第一，商标局、商标评审委员会以及地方工商行政管理部门在保护驰名商标时，应当考虑该商标的显著性和驰名程度。第二，当事人要求依据《商标法》第13条对其商标予以保护时，可以提供该商标曾被我国有关主管机关作为驰名商标予以保护的记录。所受理的案件与已被作为驰名商标予以保护的案件范围基本相同，且对方当事人对该商标驰名无异议，或者虽有异议，但不能提供该商标不驰名的证据材料的，受理案件的工商行政管理部门可以依据该保护记录的结论，对案件作出裁定或者处理。所受理的案件与已被作为驰名商标予以保护的案件范围不同，或者对方当事人对该商标驰名有异议，且提供该商标不驰名的证据材料的，应当由商标局或者商标评审委员会对该驰名商标材料重新进行审查并作出认定。第三，保护驰名商标的处理决定，处理机关所在省（自治区、直辖市）工商行政管理部门应当抄报商标局。第四，未被认定为驰名商标的，自认定结果作出之日起1年内，当事人不得以同一商标就相同事实和理由再次提出认定请求。

（4）当事人通过商标民事纠纷案件的审理程序请求人民法院认定驰名商标。根据《商标民事案件适用法律的解释》第22条的规定，人民法院在审理商标纠纷案件中，根据当事人的请求和案件的具体情况，可以对涉及的注册商标是否驰名依法作出认定。认定驰名商标，应当依照《商标法》第 14 条的规定进行。当事人对曾经被行政主管机关或者人民法院认定的驰名商标请求保护的，对方当事人对涉及的商标驰名不持异议，人民法院不再审查。提出异议的，人民法院依照《商标法》第 14 条的规定审查。

2. 驰名商标的认定条件

根据我国《商标法》的规定，认定驰名商标应当考虑下列因素：第一，相关公众对该商标的知晓程度；第二，该商标使用的持续时间；第三，该商标的任何宣传工作的持续时间、程度和地理范围；第四，该商标作为驰名商标受保护的记录；第五，该商标驰名的其他因素。在认定驰名商标时，应当综合考虑上述各项因素，但不以该商标必须满足上述全部因素为前提。

根据《驰名商标规定》第 2 条的规定，以下证据材料可以作为证明商标驰名的证据材料：第一，证明相关公众对该商标知晓程度的有关材料；第二，证明该商标使用持续时间的有关材料，包括该商标使用、注册的历史和范围的有关材料；第三，证明该商标的任何宣传工作的持续时间、程度和地理范围的有关材料，包括广告宣传和促销活动的方式、地域范围、宣传媒体的种类以及广告投放量等有关材料；第四，证明该商标作为驰名商标受保护记录的有关材料，包括该商标曾在中国或者其他国家和地区作为驰名商标受保护的有关材料；第五，证明该商标驰名的其他证据材料，包括使用该商标的主要商品近 3 年的产量、销售量、销售收入、利税、销售区域等有关材料。这里的相关公众包括与使用商标所标示的某类商品或者服务有关的消费者，生产前述商品或者提供服务的其他经营者以及经销渠道中所涉及的销售者和相关人员等。

（四）对驰名商标的特殊保护方法

《保护工业产权巴黎公约》在 1925 年修订时，增加了保护驰名商标的条款，该条款要求各个成员国对驰名商标给予特殊保护，但该公约未要求驰名商标必须是注册商标，驰名商标的保护范围仅限于相同或者类似商品，驰名商标由成员国商标主管机关认定，没有把对驰名商标的保护扩展到服务商标上。根据《保护工业产权巴黎公约》第 6 条之 2 的规定，对驰名商标的特殊保护主要有以下三个方面的内容：第一，驰名商标的所有人享有禁止他人使用其驰名商标的权利，即有权禁止他人在相同或者类似的商品上使用与其驰名商标相同或者近似的商标。第二，拒绝或者取消注册，防止他人抢先注册。凡是被成员国认定为驰名商标的商标，如果在驰名商标的所有人未来得及注册之前，他人在先申请注册的，商标注册国或使用国的商标主管机关可以依职权或者利害关系人的请求，拒绝对该商标给予核准注册；如果已经核准注册的，应当取消注册。第三，规定了较长的提出撤销注册商标请求的最低期限，即自商标注册之日起至少在 5 年可以请求撤销该注册商标；如果在先注册是恶意的，则请求撤销该注册商标的时间不受限制。

TRIPS 协议在《巴黎公约》的基础上，扩大了对驰名商标给予特殊保护的范围，但要求驰名商标必须是注册商标。根据 TRIPS 协议第 16 条第 2 款和第 3 款的规定，对驰名商标的特殊保护主要有以下三个方面的内容：第一，将对驰名商品商标的特殊保护同等地适用于驰名服务商标。第二，将已注册的驰名商标的保护范围扩大到非类似商品和服务上。既不能在与驰名商标核定使用的商品或服务相同的商品或服务上或者类似的商品或服务上使用与该驰名商标相同或者近似的商标，也不能在与驰名商标核定使用的商品或服务非类似的商品或服务上使用与该驰名商标相同或者近似的商标。第三，对如何认定驰名商标作了原则性规定。

为了切实保护驰名商标所有人或者持有人的利益，根据《巴黎公约》、TRIPS 协议的规定，我国《商标法》、《商标法实施条例》、《驰名商标规定》和《商标民事案件适用法律的解释》对驰名商标的特殊保护方法作了规定。我国对驰名商标的特殊保护方法有以下五项内容。

第一，不予注册。在相同或者类似的商品上申请注册的商标是复制、摹仿或者翻译他人未在中国注册的驰名商标，容易导致混淆的，不予注册。在不相同或者不相类似的商品上申请注册的商标是复制、摹仿或者翻译他人已在中国注册的驰名商标，误导公众，致使该驰名商标所有人或者持有人的利益可能受到损害的，不予注册。

第二，撤销已注册的商标。在相同或者类似的商品上已注册的商标是复制、摹仿或者翻译他人未在中国注册的驰名商标，容易导致混淆的，自商标注册之日起 5 年内，驰名商标的所有人或者持有人可以请求商标评审委员会裁定撤销该注册商标。在不相同或者不相类似的商品上已注册的商标是复制、摹仿或者翻译他人已在中国注册的驰名商标，误导公众，致使该驰名商标所有人或者持有人的利益可能受到损害的，自商标注册之日起 5 年内，驰名商标的所有人或者持有人可以请求商标评审委员会裁定撤销该注册商标。应当强调的是，对恶意注册，驰名商标所有人或者持有人不受 5 年的时间限制。

第三，禁止他人复制、摹仿、翻译其在中国注册的驰名商标或其主要部分在不相同或者不相类似商品上作为商标使用（须达到“误导公众，致使该驰名商标所有人或者持有人的利益可能受到损害的”程度）。根据《商标法》第 13 条第 2 款和第 53 条、《商标法实施条例》第 45 条及《商标民事案件适用法律的解释》第 1 条第（2）项的规定，在中国注册的驰名商标所有人或持有人或者利害关系人既可以通过向人民法院提起诉讼的方式禁止上述使用行为，也可以请求工商行政管理部门禁止上述使用行为。

第四，禁止他人复制、摹仿、翻译其未在中国注册的驰名商标或者其主要部分在相同或者类似商品上作为商标使用（须达到“容易导致混淆的”的程度）。根据《商标法》第13条第1款和第53条、《商标法实施条例》第45条及《商标民事案件适用法律的解释》第2条的规定，未在中国注册的驰名商标的所有人或者持有人既可以通过向人民法院提起诉讼的方式禁止上述使用行为，也可以请求工商行政管理部门禁止上述使用行为。

第五，禁止他人将其驰名商标登记为企业名称（须达到“可能欺骗公众或者对公众造成误解的”程度）。根据《商标法实施条例》第53条和《驰名商标规定》第13条的规定，驰名商标所有人或持有人认为他人将其驰名商标作为企业名称登记，可能欺骗公众或者对公众造成误解的，可以向企业名称登记主管机关申请撤销该企业名称登记。企业名称登记主管机关应当依照《企业名称登记管理规定》处理。

思考题

1. 什么是商标权?
2. 什么是商标法?
3. 我国对注册商标专用权的保护范围是什么?
4. 侵犯注册商标专用权的行为及应当承担的法律责任有哪些?
5. 认定驰名商标的条件是什么?
6. 我国对驰名商标的特殊保护方法有哪些?

第四章　专利法

第一节　专利法基本问题概述

一、专利概述

（一）专利的概念

“专利”一词源于拉丁文“Patere”，之后演变为英文中的“Patent”，再后来被我国学者翻译为“专利”，从而成为法律上的一个专门术语。在知识产权领域，不同学者从不同方面及不同角度对专利概念的表述有所侧重和不同。总结专利理论研究及法律实践对于专利概念的基本表述，“专利”主要包含以下几种意思：一是指国家专利主管机关根据申请而颁发的、用来保护发明创造的法律文件，也就是专利证书的简称；二是指专利证书所授予的保护，即专利是专利权的简称；三是专利证书所保护的客体，指国家专利主管机关依照法定程序，经审查符合专利授权条件而授予专有权的发明创造，即专利技术；四是指专利文献，即记载获得专有权的发明创造内容的文献，如说明书及其摘要、权利要求书等。

在我国专利法中，一般而言，“专利”作为一个法律概念，主要包含两个方面的基本含义：一是指独占实施权，即专利权的简称。例如授予发明专利是指授予实施该发明的独占实施权，转让专利是指转让该发明的独占实施权，放弃专利是指放弃该发明的独占实施权。二是指取得了独占实施权的发明创造或技术方案本身，即专利技术的简称。例如实施发明专利是指实施该被授予发明专利权的发明的技术方案，引进专利技术是指引进该被授予专利权的发明或实用新型技术方案。[1]

（二）专利的特征

从专利一词的英文（Letters Patent）起源来看，专利最初是指由英国国王亲自签署的带有玉玺印鉴的独占权利证书，证书的内容是国王授予持有人对某种技术享有独占权，该证书没有封口，任何人都可以打开看，由此构成专利的两个最基本特征：一是垄断，一是公开。而在古汉语中，专利本指“独专其利”的意思，即通过垄断而牟取暴利的一种行为，可见汉语中的“专利”一

---

[1] 文希凯：《专利法教程》，知识产权出版社2003年版，第1页。

词同样含有独占垄断之意。因此，专利就其独占实施权的含义而言，独占垄断无疑是其最本质的特征。

而专利作为取得了独占实施权的发明创造或技术方案本身，根据我国专利法的相关规定，主要具有以下三个方面的特征。

第一，专利是一项特殊的智力劳动成果，是具有工业意义的发明创造，是产生专利权的基础。

第二，专利是符合专利法规定的专利授权条件的发明创造。任何一项发明创造，必须符合专利法规定的专利获取条件，否则不能被授予专利。

第三，专利必须是经由国务院专利行政管理部门依照法律规定的程序确定并批准，在未经审查并批准授权之前，任何一项发明创造都不能称之为专利。

二、专利权概述

（一）专利权的概念

专利权，是指国家专利主管机关依照专利法的规定授予发明创造人或其所在单位或其权利受让人对某项发明创造依法享有的在法定期限内独占实施的专有权。

如上所述，在某些情况下，专利权可简称为专利，但应当注意，专利权与专利是两个不同的法律概念，专利概念的外延显然要大于专利权所包含的内容，两者不能简单地相互替代。专利权所体现是一种专利法律关系，专利权的主体是专利权人，专利权的客体是授予专利权的发明创造，专利权的内容是专利权人基于法律规定所享有的相关权利及依法应当履行的相关义务。

（二）专利权的特征

专利权属于知识产权的一个重要组成部分，具有知识产权区别于有形财产权的一般法律特征，如地域性（专利权只在授权国家法律管辖的范围内有效）、时间性（专利权只在法律规定的保护期限内有效）、独占性（专利权是一种对抗他人的权利，任何人未经专利权人许可，不得擅自实施其享有专有权的发明创造）等。除上述知识产权共有的一般法律特征之外，专利权作为技术领域的一项专有权利，它又具有区别于其他知识产权的特有法律特征，主要体现在以下几方面。

1. 技术性

专利权属于技术领域的专有权，具有技术性。专利权的对象即专利权的客体为发明创造，属于自然科学技术领域，是为解决特定问题而采取的具体的、实用的技术方案或设计。非技术领域的其他智力创造成果（如著作权法所保护作品、商标法所保护的商标）则不属于专利权的保护范围。

2. 公开性

专利权的权利取得以技术公开为代价，具有公开性。专利申请人要取得专利，应当按照专利法的规定向社会公开其申请专利的技术方案，可见，向社会公开发明创造是取得专利权的前提。这一点是专利保护与技术秘密保护存在的根本不同。

3. 法定授权性

专利权是一种经国家行政程序确认而取得的民事权利，具有法定授权性。专利权与著作权不同，专利权不能自动取得，必须依法向国家专利主管机关提出专利申请，并经专利主管机关审查批准，公告授权并以颁发专利权证书的形式确认，才能够取得专利权。因此，任何一项发明创造，必须符合专利法规定的专利获取条件，否则不能被授予专利权；在未经审查并批准授权之前，任何一项发明创造都不能称之为专利。

4. 排他性

专利权内容的重要体现在于对技术方案实施的排他性垄断，具有较强的排他性。专利权的排他性主要表现为两个方面，一方面表现为专利权人对其发明创造依法享有制造、使用、销售、许诺销售和对进口其专利产品限制等专有权，排斥他人非法使用该项专利；另一方面表现为这种排他性是一种独占性的权利，即专利权是一种对世权，专利权人以外的其他人均为义务人，而对于内容相同的发明创造只能授予一项专利。

三、专利法概述

（一）专利法的概念

广义的专利法是由国家制定或认可的，调整因确认发明创造的所有权和因利用发明创造而产生的各种社会关系的法律规范的总称。

狭义的专利法即单行的专利法典，在我国指《中华人民共和国专利法》，其内容一般包括专利的种类、专利权的归属、授予专利权的条件、专利申请、专利申请的审查和批准程序、专利权的期限、终止和无效、专利权人的权利和义务、专利的实施和强制许可、专利权的保护等。

专利法所调整的是一种特殊的社会关系，主要是围绕着因发明创造这种特定的智力成果而引起的法律关系，一般包括以下四类：因确认发明创造所有权而产生的社会关系；因授予发明创造专利权而产生的社会关系；因利用发明创造专利而产生的社会关系；因保护专利权而产生的社会关系。由此可见，专利法所要解决的核心问题主要集中在以下三个方面：一是发明创造权利的归属问题；二是发明创造权利的利用问题；三是发明创造权利的保护问题。

（二）专利法的特征

综合各国专利立法的基本情况，专利法具有以下四个方面的基本法律特征。

1. 专利法是国内法

一个国家的专利法只能在本国领域内有效，专利法的效力受到国家领土的限制，也就是说一个国家依照本国专利法授予的专利权，只能在该国范围内有效。专利权的地域性直接源于专利法的国内法特性。所以，一般来说专利权只有在权利取得国国内有效，对其他国家没有任何约束力，外国对其专利权也不承担保护的义务。

2. 专利法是特别法

专利法只适用于与发明创造有关的特定的社会关系，是民法的特别法。按照一般法与特别法的关系而言，有关发明创造权利的归属、利用及保护问题，应优先适用专利法即特别法的规定来规范和解决，如超出专利法规定的范围或专利法没有规定的，在依据民法即一般法的规定来适用和处理。

3. 专利法既是实体法又是程序法

专利法不仅规定了专利权的产生、变更、消灭等必要条件以及申请人、专利权人的权利义务等实体内容，同时也规定了专利权的申请、审查、批准的手续和方式等程序性问题。专利法是以实体法为主、与程序法相结合的法律规范，是实体法与程序法的统一。

4. 专利法是社会规范与科学技术规范相结合的法律规范[1]

专利法是保护发明创造的法律规范，发明创造本身属于科学技术范畴。没有发明创造，也就没有专利法。因此，在专利立法活动中往往需要技术专家的参与，而在专利执法及专利司法等法律实践活动中，则经常需要对发明创造进行相关的技术鉴定，听取有关科技部门专家的意见。

第二节　专利制度的起源与发展

一、专利制度概述

（一）专利制度的概念

专利制度是指利用法律和经济的手段，保障发明创造人的利益，保护和鼓励发明创造，推动技术进步的管理制度。

一般而言，专利制度包含以下体系：专利立法、专利代理、专利文献服务、专利管理、专利实施、专利司法等。而专利制度的核心是专利法律制度，即根据专利法，对申请专利的发明创造，经过审查和批准，授予专利权，同时依法把获得专利的发明创造的内容向社会公开，以便进行发明创造的信息交流和有偿转让。

（二）专利制度的特征

从1623年英国制定的《垄断法规》算起，专利制度已经历了三百多年的

[1] 唐超华：《知识产权法学》，湖南大学出版社2004年版，第83页。

发展和演变，并且日趋完善和显现出国际化的发展趋势，成为完整而系统的科学管理制度。考察现代专利制度，一般认为其具有以下主要的特征。

（1）法律垄断。以法律的手段实现对技术实施的垄断是专利制度的重要特征。专利法对专利权人所提供的保护就是保障其对相关发明创造营利性实施的垄断的实现。专利权人享有国家授予的法定垄断权，任何人不经专利权人授权，不得擅自以生产经营为目的实施其专利。法律赋予专利权人法定垄断权的根本目的是为了保护发明创造人的合法利益，以鼓励发明创造。但专利的法律垄断并非是对技术的全面垄断，其效力仅限于新的技术方案的营利性实施，并不涉及技术内容本身的研究和传播，这也反映出专利法促进技术进步兼顾公众利益的立法宗旨。

（2）技术公开。公开专利技术也是专利制度最主要的特征之一。公开即专利技术文件的公开，是指专利权人以书面的方式实现对技术信息及技术权利状态的公开，使社会公众能够充分、清楚、完整地了解到获得专利的发明创造的基本内容。发明创造公开的内容包括两个方面，一是权利范围的公开，二是技术内容的公开。将发明创造公开可以打破发明创造技术的封闭、垄断态势，为后续或者相关研究提供很好的技术情报来源，避免社会资源的浪费，从而推动科学技术的进步与交流；并且通过公开明确界定专利权保护的范围，可以作为日后处理专利纠纷的依据。

（3）科学审查。专利审查制度同样是构成专利制度的一个重要的、必不可少的环节，实行科学的审查制度也是专利制度的重要特征。科学审查是指由国家专利行政部门从事审查工作的技术专家，通过检索文档，对发明的实质性技术内容的新颖性、创造性、实用性进行审查，以保证专利的质量和有效性。为了保障专利科学审查的顺利进行，专利审查制度中还设置了相应的专利主管机构、专利代理机构和代理制度；建立了专利文献信息库，适时地扩充和培训专利审查人员等。

（4）国际交流。专利制度除了上述特征表现外，现代专利制度的发展与国际间专利保护的合作与交流也是密不可分的，国际交流与合作对专利制度的发展发挥着重要作用。以《专利合作条约》为代表的国际条约的缔结，以及地区间的国际条约或国与国之间双边条约的签订，为专利审查的国际合作和跨国界的专利权保护提供了可能，也使技术成果在全世界范围内的传播、利用和交易有了安全保障。世界经济一体化的发展，同样带动了全球技术贸易的国际化。建立并不断改进专利权国际保护的秩序，已是各国专利工作的重要内容之一。

（三）专利制度的作用

（1）有效地鼓励发明创造的积极性，从而推动科学技术进步，促进经济迅速发展。

专利法律制度把智力劳动成果当做一种财产，用法律确定了其权利归属并赋予权利人独占权，从而保护了权利人的合法权利，也调动了人们从事发明创造的积极性。首先，专利制度保证专利权人对其发明创造享有排他性的独占实施的权利，保障其基于专利实施、许可使用及转让而获得相应的经济利益，有利于调动从事发明创造的积极性，有利于技术开发经费的回收和再投入，具有激励的作用。其次，专利制度明确界定发明创造产权的归属和范围，促进技术创新成果产业化，调整发明人或设计人、专利权人和专利使用人之间基于发明创造而产生的诸多关系，具有利益调节的作用。再次，专利制度建立科学的专利审查制度，对于授予专利权的发明创造提供以国家强制力为保障的行政保护和司法救济，维护专利权人的合法权益，使专利权人基于专利而取得的市场竞争优势得以发挥，维护市场竞争的健康秩序，具有保护的作用。

（2）有利于打破技术封锁，促进发明创造的推广应用，使之迅速转化为生产力。

专利制度的技术公开特点，集中了新技术成果的披露，公众能够通过国务院专利行政部门向社会公开申请专利的发明创造，及时了解新的技术和新的发明创造思想，以避免重复科研劳动。这有利于打破技术封锁，加快了科技信息流动的速度，提高了相关领域科学研究的起点和效率，节约了科研经费、精力和时间的投入，使科技知识对人类文明和社会进步的作用得到了更好的发挥。充分利用基于专利制度而建立起来的技术信息资源，将有助于科学技术的交流与进步。同时，实行专利制度的立法宗旨之一是有利于发明创造的推广应用，通过新技术的推广应用促进整个社会的进步。专利制度为技术成果的产业化和技术资源的有效配置奠定了法律基础，保障专利技术得以实施；而专利技术的实施，又产生巨大的社会效益和经济效益，极大地推动了经济和社会的发展。

（3）有利于引进和利用国外的先进技术，促进国际间的技术交流和技术贸易。

专利法律制度不仅能激励本国人进行技术开发和创新活动，而且在一定程度上还能有效地吸引国外的先进技术，使国外的专利权人在本国进行专利申请并进行投资。这有利于一国节约资源，减少技术开发的成本，促进技术的进步。同时，专利制度的国际化发展趋势使各国的专利法律制度趋于统一，保护水平也不断地提高，这为国际间的技术交流和技术贸易创造了很好的法律环境。发达国家往往以包括专利技术在内的知识产权先行，占据着国际市场的竞争优势；发展中国家则可以借助于技术引进，并通过自己的消化、吸收、改进、创新，缩短与发达国家的技术差距，实现经济的腾飞。

二、专利制度的起源与发展

专利法律制度是商品经济发展的直接产物，是随着人类科学技术的进步和商品经济的发展而逐步建立起来的。发明创造作为人类重要的智力创造活动，是与人类历史共存的，但只有在商品经济条件下，发明创造、技术成果成为私有的财富、成为商品进入交换市场，并随着技术竞争以及与技术有关的产品竞争的日渐激烈，专利制度这一种既能促进技术的公开、交流和利用，又能保护发明人的合理利益的制度才应运而生。专利制度从产生之日起历经数百年的发展至今，经历了萌芽、形成、发展及完善等不同的阶段。

（一）专利制度的萌芽

一般认为，专利权的萌芽产生于中世纪的欧洲，其最初表现形式是君主赐予特定的工商业者在某些领域及商品上垄断经营的特权。作为专利法律制度产生的一个标志性的历史事件，1236 年英王亨利三世授予波尔多市一个市民制作各式色布技术 15 年的垄断权，这一授权被认为是世界上最原始的一项专利。随着社会的不断发展，技术的重要性越来越显现出来，各国政府也开始意识到先进的技术在经济发展中的地位，于是许多国家开始建立保护新技术的法律制度。

在专利制度的发展历史中，威尼斯共和国率先将专利的管理形成制度，它于 1444 年批准了第一项专利，以后又于 1460 年、1469 年、1472 年批准过一些专利。在此基础上，1474 年 3 月 19 日制定了世界上公认的第一部专利法，这是专利制度开始由国王赐予特权向立法的形式转变的一个转折点，它将发明创造人的垄断权作为法定的权利，消除了人治的主观性，同时也初步规定了获得专利权的条件。这部专利法中所规定的一些基本原则，为现代专利制度奠定了基础。

（二）专利制度的形成

1623 年英国颁布的《垄断法规》被认为是世界上第一部具有现代意义的专利法，是世界现代专利制度的开端，是专利史上的一个里程碑。在当时的英国，由于国王滥发专利权引起了国民、法官和其他国会议员的愤慨，在议会中新兴资产阶级的不懈斗争下，英国国会于 1623 年通过并颁布了《垄断法规》，这是专利法在世界范围内诞生的标志。该法宣布以往君主所授予的特权一律无效，废除了英王已经授予的所有垄断权，而且禁止国王今后再授予这种专利权，但准许国王对新产品的第一个发明授予专利权，并规定了发明专利权的主体、客体、授予专利的法定条件、专利的有效期限及宣告专利无效的条件等内容。这些规定为后来所有国家的专利立法提供了基本框架，其中的许多原则和定义至今仍为各国所仿效和援用。《垄断法规》虽然比较原始也很简单，但仍可以说是英国资产阶级革命最重要的成就之一。正是这一部法规的出台，使得英国的科学技术得以迅速发展，对于英国资本主义制度的建立和发展产生了重大影响。

（三）专利制度的发展及完善

跨入18世纪，英国的工业革命日臻高涨。在经历资产阶级革命后，英国开始着手对专利法律制度做进一步的改善。早期的专利法并未要求发明人陈述和公开其发明内容，改革后的专利法，开始要求发明人应当充分陈述其发明内容并且将其公布，否则就不能取得专利。这一法律要求，标志着专利说明书制度的问世。专利说明书的出现标志着具有现代意义的专利制度最终形成。继英国之后，美国于1790年、法国于1791年、西班牙于1820年、德国于1877年、日本和奥地利于1885年先后颁布了自己的专利法，建立了本国的专利法律制度。迄今为止，世界上建立了专利制度的国家与地区已超过170个。

从以上专利法律制度产生的历史过程中可以看出，专利法律制度是市场经济的产物，它在资本主义萌芽时期开始产生，在资本主义迅速发展时期得到发展和完善，它一方面是社会经济发展的产物，另一方面又促进了社会经济的发展。

随着国际市场的形成、世界经济的一体化、科学技术的不断进步与交流以及国际贸易的日益发展，对专利权的保护的需求已从一国范围扩展到世界范围。但由于各国专利法规定不一，使得跨国之间的专利申请和保护存在许多困难和不便。许多国家开始合作，力图寻求一些在国际上能共同遵守的基本原则来解决这一问题，于是产生了一系列的国际条约和组织。1883年，以法国为首的11个欧洲国家，为了解决工业产权的国际保护问题，在巴黎签订了《保护工业产权巴黎公约》，这就使专利权的保护，由一国法律的保护发展到通过国际公约的形式进行国际化保护阶段。第二次世界大战后，专利法律制度的国际化趋势有了进一步发展，在涉及专利权的保护上，签订了一系列国际条约。特别是1967年建立的世界知识产权组织、1994年签订并于1995年生效的世界贸易组织《与贸易有关的知识产权协议》（简称TRIPS协议），使专利制度全面走向国际化，共同促进和推动了专利制度全球化、一体化的进程。

第三节　我国专利制度的历史沿革

一、新中国成立前专利制度的沿革

在我国，“专利”一词最早可以追溯到2000多年前。《国语》中就有“荣公好利”的记载，这里的“利”指的就是一种特权，当然并不是现代所说的“专利”。至于现代意义所说的专利保护，则可以追溯到清朝光绪年间。1882年，光绪皇帝赐予上海机器织布局10年专利，这是我国近代史上第一件专利，它实际上是开办新兴工业的垄断权，且停留在“钦赐”特权阶段。我国近代史上第一个有关专利的法规，是1898年光绪皇帝颁发的《振兴工艺给奖章程》，规定发明新方法制造船械枪炮等产品超出原有的各种产品的，或者用新方法兴办大工程，有利于国计民生的，可以集资设立公司，被授予专利，保护期为50年；其余如制造新产品，其方法为旧时所无的，被授予专利，保护期为30年；即使仿造西方的产品，也可被授予专利，保护期为10年。由于保守派的反对，直至清朝末年，专利制度没有继续发展。我国历史上第一部正式的专利法是1944年5月29日由国民党政府颁布，并于1949年1月1日起施行的。这部专利法分发明专利、实用新型专利、新式样专利和附则，共4章133条，内容已较完备，初具专利法规模。其《实施细则》于1947年9月24日颁布。该法于1959年、1960年和1979年进行过三次修订，现仍在台湾地区适用。另外，在新中国成立前，中国共产党领导下的革命根据地，也相应地颁布了许多保护发明与专利的法规，如《哈尔滨市优待专门技术人员暂行条例》、《华北地区奖励科学发明及技术改进暂行条例》等，对当时科学技术和经济的发展起了积极的推动作用。

二、新中国成立后至改革开放前专利制度概况

1950年8月11日，当时的政务院制定和颁布了《保障发明权和专利权暂行条例》，同年又由政务院财政经济委员会颁布了该条例的施行细则及《发明审查委员会规程》。依该条例，先后共批准了4项专利权和5项发明权。该暂行条例是针对发明的奖励，将其权利分为“发明权”和“专利权”两类，实行的是双轨制，即发明奖励制度和专利保护制度相结合，规定任何个人或集体对其发明都可以自愿申请发明权或专利权。1954年我国又颁布了《生产品发明、技术改进及合理化建议奖励暂行条例》，规定获得发明证书的，依条例颁发奖金。这是新中国成立初期试行的专利法律保护制度。1963年11月3日，国务院发布了《发明奖励条例》和《技术改进条例》，同时废止了1950年和1954年颁行的《保障发明权和专利权暂行条例》和《生产品发明、技术改进及合理化建议奖励暂行条例》，以发明奖励制度代替了专利保护制度。

三、改革开放至今的专利立法

十一届三中全会以后，为了适应全面改革开放和集中精力进行经济建设的需要，积极引进和利用外国的先进技术，促进经济建设的发展，1980年1月国务院批准成立国家专利局。在认真总结我国在专利制度方面的立法经验并借鉴世界各国专利法有益经验的基础上，开始了我国专利立法的进程。自改革开放至今三十多年的时间里，我国专利立法从零起步，从无到有，形成了比较完整的专利保护体系，在专利立法、专利司法、专利实施及专利行政管理的理论和实践方面都取得了令世人瞩目的成果。

自改革开放至今，我国专利法制定、修改及相关的行政法规、司法解释的制订、修改基本概况如下。

（一）《中华人民共和国专利法》的制定颁行

1984 年 3 月 12 日，经过 5 年草拟、近 30 次修改，六届全国人大四次常委会审议通过了《中华人民共和国专利法》（以下简称《专利法》），自 1985 年 4 月 1 日起正式施行。1985 年 1 月 19 日国务院又批准了《中华人民共和国专利法实施细则》（以下简称《专利法实施细则》），与《专利法》同步实施。《专利法》和《专利法实施细则》的颁布施行，标志着我国真正的专利制度的建立，也是我国对知识产权的保护进入一个新时期的重要标志。

（二）《中华人民共和国专利法》的第一次修改

1992 年 1 月 17 日，中美两国就知识产权保护问题进行正式磋商，本着双边贸易关系协定的合作精神，并根据有关国际协定的原则，共同签署了《关于知识产权保护的谅解备忘录》（以下简称《备忘录》）。为了履行《备忘录》的相关承诺，❶ 进一步促进改革开放，适应国际专利保护制度的发展趋势，1992 年 9 月 4 日，七届全国人大常委会第 27 次会议表决通过《关于修改〈中华人民共和国专利法〉的决定》，我国对《专利法》进行了第一次修改，修改后的《专利法》于 1993 年 1 月 1 日起施行。同年 12 月 12 日经国务院批准，对《专利法实施细则》进行了第一次修正，与修改后的《专利法》同日实施。

《专利法》第一次修改的内容主要包括以下方面：

（1）扩大专利保护的技术范围，对药品、食品、调味品和化学物质提供专利保护；

（2）为专利权人提供进口权，并将对制造方法的保护扩大到包括由该方法所直接获得的产品；

（3）延长了专利权的保护期限，废除了专利权人可以申请续展的规定（发明专利权的保护期限由 15 年延长为 20 年；实用新型和外观设计专利权的保护期限由 5 年延长为 10 年）；

（4）将授权前的异议程序改为授权之后的撤销程序；

（5）完善了给予实施专利的强制许可的条件。

（三）《中华人民共和国专利法》的第二次修改

2000 年 8 月 25 日，根据九届全国人大常委会第 17 次会议《关于修改〈中华人民共和国专利法〉的决定》，我国对《专利法》进行了第二次修改。修改后的《专利法》于 2000 年 7 月 1 日起施行。《专利法》的第二次修改，

❶ 《备忘录》第 1 条规定中国政府应向其立法机关提交提供本条第 1 款规定保护水平的议案，并尽最大努力使修改后的专利法于 1993 年 1 月 1 日前通过并实施。

共涉及五大方面，其中实质性修改35条，是我国根据市场经济发展对专利制度作出的不断完善，是加入世界贸易组织（WTO）前与WTO知识产权协定即TRIPS协议接轨的需要，也是科技进步与完善法制相结合的可喜成果，更是促进我国科技进步与创新的一个重要的法律举措。此次专利法修改，进一步明确了专利立法的指导原则，是促进科学技术进步和创新的保证，确立了更能适应社会主义市场经济基本要求的多项法律规范，增加了更有利于保护专利权和专利实施的法律规定。

《专利法》第二次修改的内容主要包括以下方面。

（1）取消了撤销程序，增加了实用新型、外观设计专利复审、无效决定由法院司法审查的规定。

（2）规定利用本单位物质技术条件完成的发明创造，其专利申请权和专利权可以通过约定确定。

（3）明确专利侵权赔偿数额的计算原则，特别是规定了可以参照专利许可使用费的倍数合理确定赔偿额的方法。

（4）增加规定了专利权人或者利害关系人可以在起诉前向人民法院申请责令停止有关行为、财产保全的诉前临时司法措施。

（5）将发明和实用新型专利权范围扩大到许诺销售。

（6）修改了授予专利强制许可的条件。

（7）取消了专利权所有人与持有人的划分。

（8）规定侵犯实用新型专利权的，人民法院可以要求专利权人出具由国务院专利行政部门作出的检索报告。

（9）对使用或销售不知道是未经许可而制造并售出的侵权产品行为追究一定的侵权责任。

第二次《专利法》修改后体现了如下主要特点。

（1）强调了我国的专利管理体制是集中统一的，明确全国的专利工作统一管理，专利申请统一受理和审查，依法授予专利权。

（2）在明确职务发明和非职务发明的专利权归属的同时，又确立了对专利权的归属可以由当事人约定的规则。

（3）着眼于促进发明创造，规定了对职务发明创造的发明人、设计人不但给予奖励，而且在其实施后要给予报酬，从法律上保障了作出贡献的科技人员的应有权益。

（4）反映了专利事业健康发展的需要和科技人员的愿望，进一步提高了对专利管理工作的要求，规定对专利审查和复审工作过程以及作出的决定都应当是客观、公正、准确、及时的。

（5）加大了对专利权的保护力度，既重视了对专利权的司法保护，确立了侵权赔偿的法律原则，增加了司法保护的措施，又加强了行政保护的作用，确定了专利管理部门保护专利权的职责，并授予了相应的权力。

（6）强调维护专利管理秩序，惩治假冒专利的违法犯罪行为，为激励和保护发明创造者积极性提供良好的社会环境，用法律手段保护专利权人。

（7）专利法在修改中也吸收了国外的行之有效的经验，使我国的专利制度既是合乎国情的，又是与国际通行规则相适应的。

2001 年 6 月 15 日国务院根据《专利法》第二次修正案，修正并公布了新的《专利法实施细则》，并于 2001 年 7 月 1 日施行。国家专利局于 2001 年 6 月 25 日颁布了《施行修改后专利法及其实施细则的过渡办法》，以适应新修订的《专利法》及《专利法实施细则》的实施要求。2002 年 12 月 28 日，国务院颁布《关于修改〈专利法实施细则〉的决定》，对《专利法实施细则》进行了第三次修订。这次修改仅仅是为了适应《专利合作条约》（PCT）的修改，便于世界各国专利申请人向我国提出申请获得专利保护而作出的相应调整，除了对实施细则第 101 条和 108 条作出将国际专利申请进入国家阶段的期限由原来的 20 个月延长至 30 个月的调整之外，对其他任何规定均未作出修改。为执行新修订的《专利法实施细则》，国家知识产权局特别制定了《2002 年 12 月 28 日修改的专利法实施细则的适用办法》，自 2003 年 2 月 1 日起施行。

（四）《中华人民共和国专利法》的第三次修改

为了更好地适应国际专利制度变革需要，及时解决专利制度运作中出现的问题，更有效地发挥专利制度促进我国自主创新和经济社会发展的重要作用，适应增强我国自主创新能力、建设创新型国家的要求，我国于 2005 年 4 月启动了《专利法》第三次修改的准备工作。国家知识产权局组织有关专家对专利法修订的相关问题进行了专题研究，完成了包括优化专利审查条件、加强专利执法等内容的 20 个专门课题研究，并形成了《专利法修订草案》（征求意见稿），广泛征求社会各界意见。[1] 为了提升我国知识产权创造、运用、保护和管理能力，建设创新型国家，实现全面建设小康社会目标，2008 年 6 月 5 日，国务院颁布实施《国家知识产权战略纲要》，2008 年 12 月 27 日，十一届全国人大常委会第六次会议表决通过了《关于修改〈中华人民共和国专利法〉的决定》，自 2009 年 10 月 1 日起施行。这是我国《专利法》的第三次修改。此次专利法的修改充分体现了适应建设创新型国家、实施国家知识产权战略的需要，并在总结我国实施专利法以来的经验、立足我国实际国情及借鉴国际发

[1] 《专利法修订草案》（征求意见稿）于 2006 年 7 月 31 日在国家知识产权局政府网站上予以公布，公开征求社会各界的意见。

展动向的基础上，进一步完善了我国的专利制度。此次修改专利法的立足点由被动变为主动，由外部压力变为自主动力，比前两次专利法的修改目标更长远、意义更重大。

《专利法》第三次修改的幅度较大，内容很多，整体结构由69条扩充为76条，共涉及实质性内容修改和补充的条款有36处，突出体现了鼓励创新能力提高、加强专利权保护的重要特点。《专利法》第三次修改的主要内容包括以下方面。

（1）完善《专利法》立法宗旨，更突出了鼓励创新和强化专利权人利益保护的目标，进一步提升了专利立法促进创新的重大意义和使命。

（2）明确国务院专利行政部门传播专利信息的职能，进一步规范专利信息的传播。规定国务院专利行政部门应当完整、准确、及时发布专利信息，定期出版专利公报。

（3）把《专利法实施细则》规定的发明、实用新型、外观设计的含义直接规定在专利法中，使发明创造的定义更加明确和完备。

（4）简化程序，降低成本，方便申请人获得专利权，使专利权人的合法权益得到及时有效的保护。具体包括：简化了中国单位或个人向外国人、外国企业或其他组织转让专利申请权或专利权的程序，取消了国家知识产权局对涉外专利代理机构的指定，同时取消了中国单位或个人将在中国完成的发明或实用新型向外国申请专利应当先向中国申请专利和必须委托指定专利代理机构的规定。

（5）强调和完善了排除重复专利授权原则，规定同样的发明创造只能授予一项专利权。但是，同一申请人同日对同样的发明创造既申请实用新型专利又申请发明专利，先获得的实用新型专利权尚未终止，且申请人声明放弃该实用新型专利权的，可以授予发明专利权。

（6）完善向外申请专利的保密审查制度，规定任何单位或者个人将在中国完成的发明或者实用新型向外国申请专利的，应当事先报经国务院专利行政部门进行保密审查。违反保密审查规定向外国申请专利，在中国申请专利的，不授予专利权；泄露国家秘密的，由所在单位或者上级主管机关给予行政处分；构成犯罪的，依法追究刑事责任。

（7）增加专利申请权或者专利权的共有人对权利行使的规定。共有人有约定的，从其约定。没有约定的，共有人可以单独实施或者以普通许可方式许可他人实施该专利；许可他人实施该专利的，收取的使用费应当在共有人之间分配。但行使共有的专利申请权或者专利权应当取得全体共有人的同意。

（8）适度提高授予专利权的条件及标准，完善外观设计专利制度。主要内容包括：第一，明确现有技术和现有设计的定义，取消对现有技术和现有设计的地域性限制，实行“绝对新颖性”标准；第二，提高授予外观设计专利权的实质性条件，即授予专利权的外观设计与现有设计或者现有设计特征的组合相比，应当具有明显区别；第三，增加了对平面印刷品申请外观设计专利的限制，规定对平面印刷品的图案、色彩或者二者的结合作出的主要起标识作用的设计，不授予专利权。

（9）增加有关遗传资源保护的规定，建立遗传资源信息披露制度。依赖遗传资源完成的发明创造，申请人应当在专利申请文件中说明该遗传资源的直接来源和原始来源；申请人无法说明原始来源的，应当陈述理由。对违反法律、行政法规的规定获取或者利用遗传资源，并依赖该遗传资源完成的发明创造，不授予专利权。

（10）完善强制实施许可制度。一是完善不实施的强制实施许可的条件；二是增加专利权人滥用专利权构成非法垄断的强制实施许可；三是增加为公共健康目的对药品专利的强制实施许可。同时，对强制实施许可的申请条件、申请程序、限制条件及相关问题进行了补充、细化和完善。

（11）完善计划实施许可制度。缩小了计划实施许可的范围，不再包括中国集体所有制单位和个人的发明专利。

（12）建立实用新型专利权和外观设计专利权评价报告制度。专利侵权纠纷涉及实用新型专利或者外观设计专利的，人民法院或者管理专利工作的部门可以要求专利权人或者利害关系人出具由国务院专利行政部门对相关实用新型或者外观设计进行检索、分析和评价后作出的专利权评价报告，作为审理、处理专利侵权纠纷的证据。

（13）科学规范假冒专利行为，提高行政处罚标准，强化专利行政执法权限。假冒专利的，除依法承担民事责任外，由管理专利工作的部门责令改正并予公告，没收违法所得，可以并处违法所得四倍以下的罚款；没有违法所得的，可以处二十万元以下的罚款。管理专利工作的部门依法行使职权时，当事人应当予以协助、配合，不得拒绝、阻挠。

（14）完善防止专利权滥用的相关制度，增加现有技术抗辩和制止恶意诉讼的规定，即在专利侵权纠纷中，被控侵权人有证据证明其实施的技术或者设计属于现有技术或者现有设计的，不构成侵犯专利权。

（15）完善不视为侵犯专利权的情形。一是完善权利穷竭制度，允许平行进口，规定专利产品或者依照专利方法直接获得的产品，由专利权人或者经其许可的单位、个人售出后，使用、许诺销售、销售、进口该产品的；二是增加药品和医疗器械的审批例外（Bolar 例外），即为提供行政审批所需要的信息，制造、使用、进口专利药品或者专利医疗器械的，以及专门为其制造、进口专利药品或者专利医疗器械的，不视为侵犯专利权；三是扩大免除赔偿责任的生产经营目的使用范围。

（16）加强和完善对专利权人的保护。一是扩大了外观设计专利权人的权利范围，赋予外观设计专利权人许诺销售权；二是完善了专利侵权损害赔偿额的计算，提高法定赔偿金额度至一万元以上一百万元以下，明确将权利人的维权成本纳入侵权赔偿的范围；三是完善诉前禁令申请的有关规定，对诉前责令停止有关行为的规定更为明确和具体；四是增加了诉前证据保全措施，规定为了制止专利侵权行为，在证据可能灭失或者以后难以取得的情况下，专利权人或者利害关系人可以在起诉前向人民法院申请保全证据。

2010 年 1 月 9 日，国务院根据《专利法》第三次修正案，修正并公布了新的《专利法实施细则》，并于 2010 年 2 月 1 日正式施行，这是《专利法实施细则》的第四次修订。《专利法实施细则》第四次修订所涉及的主要内容包括：对专利申请文件的撰写进行补充和细化；细化向外国申请专利保密审查制度；明确遗传资源相关概念的含义，并规定披露遗传资源来源信息的方式；扩大专利申请的初步审查范围；细化专利权评价报告制度；完善强制许可制度；详细规定假冒专利的行为的含义与范围；取消专利申请维持费、中止程序请求费等收费项目；改进职务发明奖励报酬制度，引入了约定优先的规定；调整专利国际申请进入中国国家阶段的有关规定。

国家知识产权局分别于 2009 年 9 月 29 日和 2010 年 1 月 21 日公布了《施行修改后的专利法的过渡办法》（国家知识产权局第 53 号令）和《施行修改后的专利法实施细则的过渡办法》（国家知识产权局第 54 号令），并分别于 2009 年 10 月 1 日和 2010 年 2 与 1 日起施行，以适应新修订的《专利法》及《专利法实施细则》的实施要求。

（五）专利纠纷案件审理的相关司法解释

2001 年 6 月 5 日及 6 月 19 日，为了正确审理专利纠纷案件，最高人民法院审判委员会分别通过了《关于对诉前停止侵犯专利权行为适用法律问题的若干规定》及《关于审理专利纠纷案件适用法律问题的若干规定》，自 2001 年 7 月 1 日起施行。上述两个司法解释的公布与执行，对人民法院正确适用专利法公正审理专利纠纷案件，依法运用诉前临时司法措施加大专利权保护力度，全面切实保护专利权人等民事主体的合法民事权益，促进科技创新和技术广泛传播起到重要作用。这两个司法解释概括了中国法院面对入世对专利权进行司法保护所采取的一些新的措施，标志着我国人民法院对专利权的司法保护在司法机制设置上已经完全达到了世界贸易组织 TRIPS 协议的基本要求。

为了进一步落实建设创新型国家、实施知识产权战略的工作要求，正确贯彻和准确实施《专利法》第三次修订的相关规定精神，2009 年 12 月 21 日，最高人民法院通过了《关于审理侵犯专利权纠纷案件应用法律若干问题的解释》，自2010年1月1日起施行。该司法解释涉及专利侵权审判中的主要法律适用问题，重点包括：发明、实用新型专利权保护范围的确定以及侵权判定原则，外观设计专利侵权的判定原则，现有技术抗辩以及先用权抗辩的适用，确认不侵权诉讼的受理等。对于充分发挥司法保护知识产权的主导作用，妥善处理侵犯专利权纠纷案件，依法保护当事人合法权益有着重要的实践意义。

第四节　专利权的主体

一、专利权主体概述

关于专利权的主体，在学界存在广义和狭义两种不同的认识。广义的专利权主体是指有权申请专利，取得专利权并承担与此相适应的义务的人，包括发明人或设计人[1]、专利申请人及专利权人。狭义的专利权主体仅指专利权人。本书采广义之说。根据我国专利法的规定，专利权的主体具有广泛性，既可以是自然人，也可以是法人或非法人的其他组织，既可以是本国人，也可以是外国人。

在这里，需要注意的是，发明人或者设计人、专利申请人及专利权人是在发明创造活动及专利授权过程中不同法律阶段专利权主体的不同称谓，也是发明创造活动及专利授权过程中专利权主体法律地位变化的具体体现。发明人或者设计人、专利申请人及专利权人发明创造活动及专利授权整个过程中既可能是同一个人，也可能是不同的人。在发明创造活动中，发明人或者设计人处于核心地位，发明人或者设计人必须是直接参加发明创造活动，并对发明创造的实质性特点有创造性贡献的人。一般而言，发明人或者设计人就是专利申请人，但也可能因为合同转让专利申请权，或者通过继承、或者依照法律规定（如职务发明创造的规定）使专利申请人为发明人或者设计人以外的其他人；而依照法律规定，专利申请人申请专利获得授权后，专利申请人即成为专利权人，但专利权申请人以外的其他人也有可能通过转让或继承获得专利权，从而成为专利权人。

二、发明人或者设计人

（一）发明人或者设计人的概念

根据《专利法实施细则》第13条的规定，专利法所称的发明人或者设计人，是指对发明创造的实质性特点作出创造性贡献的人，即在发明创造的过程中，对发明创造的构思以及构思的具体化提出了创造性意见的人为发明人。其

---

[1] 我国《专利法》根据发明创造类型的不同，将发明或者实用新型的完成人称为发明人，将外观设计的完成人称为设计人。

中发明或实用新型的完成人称为发明人，外观设计的完成人称为设计人。

专利法上的发明人或者设计人必须满足以下两个条件。

（1）发明人或者设计人必须是直接参加发明创造活动的人。在完成发明创造过程中，只负责组织工作、仅仅为物质技术条件的利用提供方便的人，不是发明人或者设计人。

（2）发明人或者设计人必须是对发明创造的实质性特点作出创造性贡献的人。仅仅提出发明所要解决的问题，而未对如何解决该问题提出具体建设性意见的人，或者仅仅提出一般性意见的人，或者单纯从事辅助性工作的人，均不能被称为发明人或者设计人。

发明人或者设计人在法律上具有以下两个方面的特征。

（1）发明人或者设计人只能是自然人。由于发明创造行为是具有探索性的智力劳动，需要创造性思维，具有一定的人身属性，只有具体的自然人才能从事发明创造活动，因此发明人或者设计人只能是自然人，而不能是某个单位、团体或者小组。

（2）发明人或者设计人没有民事行为能力的要求。由于发明创造行为是一种事实行为而不是法律行为，因此不论从事发明创造的人作为法律上的主体是否具备完全行为能力，只要具有民事权利能力，不论其年龄大小、智力如何，都可以基于其所完成的发明创造成为发明人或者设计人，依法享有发明人或者设计人应当享有的权利。

（二）发明人或者设计人的权利

根据《专利法》第6、7、16、17条及《中华人民共和国合同法》（以下简称《合同法》）第328条的规定，发明人或者设计人依法享有以下权利。

（1）署名权，即发明人或者设计人有在专利文件中写明自己是发明人或者设计人的权利，并依法享有因此而取得的名誉权和荣誉权，任何单位或者个人不得剥夺。

（2）对于非职务发明创造申请并获得专利的权利，即非职务发明创造，申请专利的权利属于发明人或者设计人；申请被批准后，该发明人或者设计人为专利权人。对发明人或者设计人的非职务发明创造专利申请，任何单位或者个人不得压制。

（3）在职务发明创造中获得奖励和报酬的权利，即被授予专利权的单位应当对职务发明创造的发明人或者设计人给予奖励；发明创造专利实施后，根据其推广应用的范围和取得的经济效益，对发明人或者设计人给予合理的报酬。

实践中，被授予专利权的单位依法可以与发明人、设计人约定或者在其依法制定的规章制度中规定奖励、报酬的方式和数额。

而根据《专利法实施细则》第77条的规定，被授予专利权的单位未与发明人、设计人约定也未在其依法制定的规章制度中规定奖励的方式和数额的，应当自专利权公告之日起3个月内发给发明人或者设计人奖金。一项发明专利的奖金最低不少于3000元；一项实用新型专利或者外观设计专利的奖金最低不少于1000元。如果是由于发明人或者设计人的建议被其所属单位采纳而完成的发明创造，被授予专利权的单位应当从优发给奖金。

同时，根据《专利法实施细则》第78条的规定，被授予专利权的单位未与发明人、设计人约定也未在其依法制定的规章制度中规定报酬的方式和数额的，在专利权有效期限内，实施发明创造专利后，每年应当从实施该项发明或者实用新型专利的营业利润中提取不低于2%或者从实施该项外观设计专利的营业利润中提取不低于0.2%，作为报酬给予发明人或者设计人，或者参照上述比例，给予发明人或者设计人一次性报酬；被授予专利权的单位许可其他单位或者个人实施其专利的，应当从收取的使用费中提取不低于10%，作为报酬给予发明人或者设计人。

（三）共同发明人或者共同设计人

在一个发明创造中，发明人或者设计人既可以是一个人也可以是多个人，如果是两个或两个以上的人对同一发明创造共同构思，并对其实质性特点共同作出创造性贡献的，称为共同发明人或者共同设计人，其所完成的发明创造称为共同发明创造。

共同发明人或者共同设计人依法享有法律所规定的发明人或者设计人所享有的权利。在这里需要特别说明的是，共同发明人或者共同设计人在非职务发明创造中，共同行使专利申请权时应注意以下几点：第一，共同发明创造应由共同发明人或设计人共同提出专利申请，一方不同意申请专利的，另一方或者其他各方不得申请专利，任何人无权单独提出；第二，共同发明人或设计人有协议，明确约定其中一人或数人可以单独申请专利的，可以单独申请；第三，某一或某些共同发明人或者设计人声明放弃专利申请时，其余的共同发明人或设计人可以共同提出申请；申请人取得专利权的，放弃专利申请权的一方可以免费实施该专利。

三、专利申请人

（一）专利申请人概述

专利申请人也称为专利申请权人，是指对某项发明创造根据法律规定或合同约定有权以自己名义申请专利的人。从其定义中可以看出不管是自然人、法人还是其他组织都可以向国家专利行政部门提出专利申请，这一点与只能是自然人作为发明人或者设计人不同。因为专利申请人既可以是非职务发明创造中的发明人或者设计人，也可以是其合法受让人、合法继承人，还可以是职务发明创造中发明人或者设计人所在的单位。也就是说，完成发明创造的发明人与发明创造的申请人可以不是同一人，只要符合专利法的规定，依法享有专利申请权的人就可以提出专利申请。关键的问题是，必须在法律上明确专利申请权的归属，即什么人可以享有就发明创造向国家专利行政部门提出专利申请的权利。

（二）职务发明创造与非职务发明创造申请权的归属

1. 职务发明创造与非职务发明创造的概念及判断标准

职务发明创造是指职工在履行职务的过程中所完成的新发明、新设计，或者是在执行本单位任务的过程中所完成的发明创造。非职务发明创造，也称为自由发明创造，是指发明人完全依靠自己的智力劳动以及设备、资金等外部条件所完成的发明创造。一般而言，除了职务发明创造以外，其余的发明创造皆为非职务发明创造。

根据《专利法》第 6 条及《专利法实施细则》第 12 条的规定，在我国，职务发明创造分为两类，一类是执行本单位的任务所完成的发明创造，另一类为主要是利用本单位的物质技术条件所完成的发明创造。换言之，符合以下标准之一的发明创造为职务发明创造。

（1）执行本单位的任务所完成的发明创造为职务发明创造。在这里，执行本单位的任务所完成的职务发明创造，是指：① 在本职工作中作出的发明创造；② 履行本单位交付的本职工作之外的任务所作出的发明创造；③ 退休、调离原单位后或者劳动、人事关系终止后 1 年内作出的，与其在原单位承担的本职工作或者原单位分配的任务有关的发明创造。其中，本单位既包括正式工作单位，也包括临时工作单位。

（2）主要是利用本单位的物质技术条件所完成的发明创造为职务发明创造。专利法所称的本单位的物质技术条件，是指本单位的资金、设备、零部件、原材料或者不对外公开的技术资料等。在这里，需要注意的是，只有当本单位的物质技术条件在发明创造过程中起到关键性作用时才能认定为“主要是利用本单位的物质技术条件”，即若没有本单位的物质技术条件，发明创造也有可能完成，或者通过其他途径也很容易找到同样物质技术条件用于完成发明创造，则不应认为是专利法所称的“主要是利用本单位的物质技术条件”。

2. 职务发明创造专利申请权的归属

根据《专利法》第 6 条第 1 款的规定，职务发明创造申请专利的权利属于该单位；申请被批准后，该单位为专利权人。

3. 非职务发明创造专利申请权的归属

根据《专利法》第 6 条第 2 款的规定，非职务发明创造，申请专利的权利属于发明人或者设计人；申请被批准后，该发明人或者设计人为专利权人。

在这里，需要特别说明的是，利用本单位的物质技术条件所完成的发明创造，单位与发明人或者设计人订有合同，对申请专利的权利和专利权的归属作出约定的，从其约定，即对于利用本单位的物质技术条件所完成的发明创造，法律允许单位与发明人或者设计人对申请专利的权利和专利权的归属进行约定，并根据当事人的约定最终确定专利申请权和专利权的归属，而不以是否为职务发明创造为标准进行判断。法律之所以这样规定，其目的在于鼓励单位员工进行发明创造的积极性，充分发挥单位物质技术条件的作用。

（三）合作完成的发明创造的专利申请权归属

合作完成的发明创造，指两个以上单位或者个人合作完成的发明创造。在合作进行发明创造的过程中，往往由合作各方就共同进行研究开发事宜签订合作开发合同，以确定各方在合作开发过程中的权利义务关系，特别是明确合作开发所完成的发明创造的权利归属。根据《专利法》第8条的规定，两个以上单位或者个人合作完成的发明创造，如果合作各方就该发明创造的专利申请权的归属作出约定的，依照当事人之间的约定来确定专利申请权的归属；如果当事人之间就专利申请权的归属没有约定或约定不明确的，申请专利的权利属于完成或者共同完成的单位或者个人共有，申请被批准后，申请的单位或者个人为专利权人。

同时，按照我国《合同法》第340条的规定，合作开发的当事人一方转让其共有的专利申请权的，其他各方享有以同等条件优先受让的权利。合作开发的当事人一方声明放弃其共有的专利申请权的，可以由另一方单独申请或者由其他各方共同申请。申请人取得专利权的，放弃专利申请权的一方可以免费实施该专利。合作开发的当事人一方不同意申请专利的，另一方或者其他各方不得申请专利。

（四）委托完成的发明创造的专利申请权归属

委托完成的发明创造，指某一单位或者个人接受其他单位或者个人委托所完成的发明创造。委托进行发明创造的当事人之间形成的是委托开发合同关系。按照《专利法》第8条的规定，一个单位或者个人接受其他单位或者个人委托所完成的发明创造，除另有协议的以外，申请专利的权利属于完成或者共同完成的单位或者个人。即委托开发合同如果明确了专利申请权归属的，按当事人之间的约定来确定专利申请权的归属，如果当事人之间就专利申请权的归属没有约定或约定不明确的，申请专利的权利属于完成或者共同完成的单位或者个人也就是研究开发方所有。而申请被批准后，申请的单位或者个人即为专利权人。在此种情形下，按照我国《合同法》第339条的规定，研究开发人转让专利申请权的，委托人享有以同等条件优先受让的权利。如果研究开发人取得专利权的，委托人可以免费实施该专利。

在这里，需要特别注意的是，《专利法》第 8 条所谓的“完成或者共同完成的单位或者个人”，即发明创造的完成人，是指完成这种发明创造的发明人或者设计人或是发明人或者设计人所在的单位。至于发明创造的“完成人”的认定，法律未有明确的解释，对此应当适用有关发明人或者设计人和共同发明人或者共同设计人的定义以及职务发明创造的界定来进行判断。

（五）专利申请人的继受人

专利申请权是一种财产权，因此依法可以转让、赠予或者继承。专利申请人将该权利有偿转让或无偿赠予给他人的，其合法受让人可以享有申请专利和获得专利的权利。根据《专利法》的规定，转让或赠予专利申请权的，当事人必须订立书面合同，经国务院专利行政部门登记和公告后生效。另外，专利申请人死亡后，其依法享有的专利申请权可以作为遗产，由其合法继承人继承。专利申请人的合法继承人可以依据继承关系并按照我国《继承法》的规定取得专利申请权。继承人应附具证明文件向国务院专利行政部门申报，其专利申请权经国务院专利行政部门登记和公告后生效。

四、专利权人

专利权人是指对某项已经被国务院专利行政部门授予专利权的发明创造在法定期限内享有专有权的个人或者单位。根据专利权取得的方式不同，专利权主体分为原始专利权人和继受专利权人。

所谓原始专利权人，是指通过行使专利申请权，向国务院专利行政部门提出申请，获得国务院专利行政部门批准而享有专利权的个人或者单位。

所谓继受专利权人，是指不是经由专利申请程序，而是通过转让、继承等方式从原始专利权人处获得专利权的个人或者单位。

根据《专利法》的规定，专利权的继受与专利申请权的继受一样，也必须要办理登记和公告手续，否则不具有法律效力，即转让或赠予专利权的，当事人必须订立书面合同，经国务院专利行政部门登记和公告后生效；继承专利权的，继承人应附具证明文件向国务院专利行政部门申报，其专利权经国务院专利行政部门登记和公告后生效。

需要注意的是，依照《专利法》第 10 条的规定，转让专利申请权和专利权时，中国单位或者个人作为受让人的，法律对此不作任何限制，但中国单位或者个人向外国人、外国企业或者外国其他组织转让专利申请权或者专利权的，应当依照有关法律、行政法规的规定办理手续，否则不得转让。

专利申请权或者专利权作为一种民事权利类型，法律允许两个或两个以上的个人或者单位共同拥有并依法共同享有权利和承担义务。一般情况下，共有人行使共有的专利申请权或者专利权应当取得全体共有人的同意，但依照《专利法》第 15 条的规定，专利申请权或者专利权的共有人对权利的行使有约定的，从其约定；没有约定的，共有人可以单独实施或者以普通许可方式许可他人实施该专利，而许可他人实施该专利的，收取的使用费应当在共有人之间分配。

五、外国人

外国人是指具有外国国籍的自然人和依据外国法律成立并在外国登记注册的外国公司、企业和其他组织。根据外国人在我国境内是否有住所为标准，可将外国人分为在我国有经常居所或营业地的外国人和在我国没有经常居所或者营业地的外国人两种。

我国《专利法》原则上承认外国自然人和法人在我国申请专利和取得专利的权利，但依照国际惯例具体按以下两种情况处理。

1. 在我国有经常居所或者营业所的外国人

这主要是指在我国境内长期居住、生活、工作的外国自然人和在我国设有机构、长期营业的外国公司、企业和其他组织。依照《巴黎公约》规定的国民待遇原则，我国《专利法》对这部分外国人给予国民待遇，即享有与中国的单位和个人完全相同的待遇，不附加任何条件和限制。

2. 在我国没有经常居所或者营业所的外国人

《专利法》第18条规定，在中国没有经常居所或者营业所的外国人、外国企业或者外国其他组织在中国申请专利的，依照其所属国同中国签订的协议或者共同参加的国际条约，或者依照互惠原则办理。

因此，在我国没有经常居所或者营业所的外国人申请专利的情形，具体分为以下三种情况。

第一，外国自然人或者外国法人所属国与我国签订了共同承认申请并取得专利权的双边协议，按照协议的规定办理。如我国与美国签订的《中美贸易关系协定》第6条规定，双方同意设法给予对方法人或自然人的专利保护。

第二，外国自然人或者外国法人所属国与我国共同参加了相互承认申请并取得专利权的国际条约，按照共同参加的国际条约的规定办理。如我国1985年3月19日正式加入《巴黎公约》，根据该公约规定，参加公约的成员国应当给予其他成员国的自然人和法人以国民待遇。所以，《巴黎公约》成员国的自然人和法人都有权在我国申请专利并取得专利权。

第三，外国自然人或者外国法人所属国与我国既未签订共同承认申请并取得专利权的双边协议，也未共同参加相互承认申请并取得专利权的国际条约，但其所属国允许我国自然人或者法人去该国申请专利并获得专利权的，依照互惠原则，我国也允许该外国自然人或者法人在我国申请专利并取得专利权。

第五节 专利权的客体

一、专利权客体概述

专利权的客体，亦即专利法保护的客体，是指专利权人的权利和义务所指向的对象，也就是依法取得专利权并受专利法保护的发明创造。发明创造是专利法的保护对象，这在各国的专利法中是一致的。但是，就发明创造的内涵和外延各国的认识却并不一致，反映在立法上，主要体现为各国专利法中所规定的授予专利权的发明创造的范围、种类不尽相同。有的国家仅以发明为专利法保护的客体；有的国家以专门立法的形式对发明、实用新型和外观设计分别进行规范和调整；有的国家则由专利法对发明、实用新型和外观设计统一规定和保护，我国就属于此类。《专利法》第 2 条规定："本法所称的发明创造是指发明、实用新型和外观设计。"可见，我国专利法保护的客体有三种，即发明、实用新型和外观设计。

二、发明

（一）发明的概念及特征

目前，世界各国对专利法意义上的发明并无统一的解释，各国在专利立法中对发明定义的解释也存在不同的立法例。[1] 有采用列举式定义，也有采用排除式定义，还有直接概括定义式的。如日本专利法规定，发明是"利用自然规律所作出的技术构思的高度创造"；世界知识产权组织发布的《发展中国家发明示范法》（1979 年）认为"发明是发明人的一种构思，是利用自然规律解决实践中各种问题的技术方案"。我国专利立法采用了概括定义与排除式相结合的立法体例。《专利法》第 2 条规定："发明，是指对产品、方法或者其改进所提出的新的技术方案。"而《专利法》第 25 条则又采用排除的方式，列举了不授予专利权的特定情形。

一般而言，专利法上所说的发明是指发明人利用自然规律为解决某一技术领域内存在的问题而提出的具有创造性水平的技术方案。

根据上述关于发明的定义，我们可以看出，发明具有以下基本特征。[2]

第一，发明是一种技术方案。这种技术方案是发明创造人利用自然规律的结果，是发明人将自然规律在特定技术领域的结合和应用。发明不是自然规律本身，也不是单纯地揭示自然规律的理论认识和创新。

第二，发明是一种新的技术方案。发明与现有技术相比较必须是前所未有

---

[1] 唐超华：《知识产权法学》，湖南大学出版社 2004 年版，第 93 页。

[2] 曾文革、陈静熔：《知识产权法学》，重庆大学出版社 2002 年版，第 113－114 页。

的，其所具有的创造性必须达到一定的高度。无论是独立的开拓性的发明，还是在现有技术基础上作出的改进，其与现有技术比较必须有实质性的显著进步。

第三，发明是一种具体的新的技术方案。发明应能解决特定的技术难题，具有一定的实用性。专利法虽不要求发明必须是已经完全实施或已转化为客观存在的产品，但技术方案必须是科学的、行之有效的。

第四，发明是一种符合法律要求的具体的新的技术方案。专利法所保护的发明除具有一般发明的技术属性外，还应具备一定的法律属性。发明作为一种技术方案，其实质内容必须符合专利法的规定，即必须具有专利性。

（二）发明的分类

发明，就其表现形式而言具有多样性，根据不同的划分标准，可以作不同的分类。但就专利法来说，发明可以分为两类，一类是产品发明，一类是方法发明。在专利法中划分产品与方法的意义主要在于产品专利与方法专利的权利范围不同，法律所提供的保护方式也不尽相同。而根据《专利法》第2条第2款的规定，发明可以分为产品发明、方法发明和改进发明三种不同的形式。

1. 产品发明

产品发明，是指以有形形式出现的一切发明，例如机器、仪器、设备、装置、用具和各种物质等。

产品发明可以细分为以下不同形态：① 物品发明，包括各种制成品和用品；② 物质发明，包括化学物质、药品、食品等；③ 材料发明，包括合金、玻璃、陶瓷、水泥等。

2. 方法发明

方法发明，是指用于制造一种产品的包含一系列步骤的新的技术手段。产品发明往往体现为某一具体的有形实体，而方法发明则更具抽象性和无形的特点。它往往体现为某一过程、步骤，是从一个起点到达另一点的过程中所运用的手段。例如，制造普通半导体集成电路的方法就是由氧化、刻蚀、扩散、淀积等多个步骤的反复操作而构成的。专利法中的方法发明涉及物理学方法、化学方法、生物学方法、测量方法、通信方法、分析方法等。

方法与产品是紧密相连的，又是可以区分的。如果说方法是做一件事的方式，那么这种做事方式可能因其新颖性、创造性和实用性而获得专利；但是，所做的这件事本身亦即方法的结果却不一定同样具有新颖性、创造性和实用性，因而创造性方法的结果本身不一定也属于发明的范围。当然，一个创造性的方法也可能产生一个创造性的结果。这时，方法和产品都属于发明的范围，均可以获得专利权，这实际上使发明人可以因此就其发明创造构思获得完全的专利保护。[1]

3. 改进发明

专利保护的发明也可以是对现有产品或方法的改进，即改进发明。改进发明也是一种发明创造，与产品发明和方法发明之间存在着既相互区别又相互联系的关系，它指对已知或者现有的物品或者方法作出实质性革新的技术方案。例如对某些技术特征进行新的组合，对某些技术特征进行新的选择等。只要这种组合或选择产生了新的技术效果，就是可获得专利的发明。日常生活中的大多数发明多是对现有技术的改造，即大多数属于改进发明的范畴。

三、实用新型

（一）实用新型的概念及特征

根据《专利法》第2条第3款的规定，实用新型，是指对产品的形状、构造或者其结合所提出的适于实用的新的技术方案。

实用新型相较于发明其最显著的特点在于，它是对产品的形状、结构或者将形状与结构结合起来所作的革新或设计。因此，它往往并不涉及产品制造原理的变革，也不涉及方法发明或技术设计，而只是在原有产品的基本原理的基础上对产品的形状、构造所作的局部性革新。《专利法》所称的实用新型，具有以下特点。[2]

1. 实用新型是具有一定的形状、构造或者其结合的产品

产品的形状，是指基于可以观察到的某一产品的外部形象，申请实用新型专利的产品必须具有固定的空间外形。产品的构造，也即产品的结构，是指组件或者零件的有机结合。产品的结构不论是内部或外部，原则上应限于产品的机械构成，且为立体结构。化学构成一般不能成为实用新型专利所指的构造。产品的组合是指为了解决某一技术难题，达到某一技术目的，将原本具有独立使用价值的数个独立产品进行组合安装，形成一个具有独立形态的产品。

2. 实用新型必须能够适用于工业上的应用

该特性也可以之称为工业实用性。《专利法》不仅要求实用新型能够用于工业制造或使用，而且还要求能够产生一定的效果，也即能够取得某种技术的、经济的或者社会的良好效果。

3. 实用新型还须基于一定的技术思想而创作产生

实用新型是基于人的智力活动所产生的一种技术思想，技术思想是实用新型专利的核心要素。产品的形状、构造或其结合只不过是这种创造性技术思想的表现形式，并非保护的实质。但该实用新型的技术思想又须依赖于一定的产

---

[1] 丁丽瑛：《知识产权法》，厦门大学出版社2002年版，第187页。

[2] 马治国：《知识产权法学》，西安交通大学出版社2004年版，第141－143页。

品形状、构造及其组合所产生的具有一定形状的物体才会受到保护，两者是内容与形式的关系。

（二）实用新型与发明的区别

在我国，实用新型和发明专利都是受专利法保护的客体，二者均属于发明创造，均是一定智力劳动的成果。在此意义上，它们是没有什么区别的，但作为专利法保护的不同客体，二者也存在以下差异。

1. 实用新型所包含的范围小于发明

发明是对产品、方法或其改进所作出的新的技术方案，因此如前所述，它可以是产品发明、方法发明，可以是这两类技术方案的全新发明也可以是改进发明。除专利法有特殊的禁止性规定外，任何发明都可以获得专利权。对于实用新型而言，由于它是对产品形状、构造所作的新设计，因此申请实用新型专利的产品必须有确定的形状、固定的结构，也即并非所有的产品都可以申请实用新型，这是两者的显著区别。

2. 实用新型的创造性低于发明

我国专利法对实用新型和发明的创造性要求是不同的。创造性，是指同申请日以前已有的技术相比，该发明有突出的实质性特点和显著的进步，该实用新型有实质性特点和进步。其中对发明强调了“突出的实质性的”特点和“显著的进步”，而对实用新型只提出了“实质性特点和进步”。显而易见，发明的创造性程度要高于实用新型。因此，实用新型也常常被称之为“小发明”。

3. 实用新型专利的申请审批程序相对于发明专利的申请更为简单、快捷

根据《专利法》第40条规定，国务院专利行政部门在收到实用新型专利申请之后，经初步被查，没有发现驳回理由的，就作出授予实用新型专利权的决定，并同时予以登记和公告，不再进行实质审查。实用新型专利权自公告之日起生效。而对于发明专利，不论审查的程序还是审查的时间，都要比实用新型复杂得多、长得多。这是因为实用新型多为一些简单技术，其创新性较低，在市场上也往往只能流通较短的时间，如果对其进行长时间的实质性审查后再授予专利权，也许这种技术早已被淘汰。

4. 实用新型专利的保护期限短于发明专利

我国专利法规定实用新型专利的保护期为10年，发明专利的保护期为20年，都是自申请之日开始计算。可见，我国专利法规定的实用新型专利保护期比发明专利保护期要短得多。这是由于在一般情况下，实用新型专利比发明专利的创造性程度要低一些，申请专利的过程也要简单一些，与之相应，其发挥效益的时间也快得多。因此我国专利法对实用新型规定了较短的保护期。

四、外观设计

（一）外观设计的概念及特征

外观设计即工业品外观设计的简称。《专利法》第2条第4款规定："外观设计，是指对产品的形状、图案或者其结合以及色彩与形状、图案的结合所作出的富有美感并适于工业应用的新设计。"

根据上述定义，外观设计具有以下特点。

第一，外观设计必须以产品为载体。外观设计是产品的外观设计，其载体应当是产品。不能重复生产的手工艺品、农产品、畜产品、自然物不能作为外观设计的载体。

第二，构成外观设计的是产品的外观设计要素或要素的结合，即构成外观设计的是产品的形状、图案或者其结合以及色彩与形状、图案的结合。

在这里，形状是指对产品造型的设计，也就是指产品外部的点、线、面的移动、变化、组合而呈现的外表轮廓，即对产品的结构、外形等同时进行设计、制造的结果。图案是指由任何线条、文字、符号、色块的排列或组合而在产品的表面构成的图形。图案可以通过绘图或其他能够体现设计者的图案设计构思的手段制作。产品的图案应当是固定、可见的，而不应是时有时无的或者需要在特定的条件下才能看见的。色彩是指用于产品上的颜色或者颜色的组合，制造该产品所用材料的本色不是外观设计的色彩。需要注意的是，形状、图案、色彩三要素是相互依存的，有时其界限是难以界定的，如多种色块的搭配即成图案。通常，产品的色彩不能独立构成外观设计，除非产品色彩变化的本身已形成一种图案。

第三，外观设计应当是适于工业应用的富有美感的新设计。

所谓适于工业应用，是指该外观设计能应用于产业上并形成批量生产。使用该外观设计的产品必须是可以进行成批量制造、生产和销售的，并且用于满足工农业生产或者人们生活上的实际需要，这是产品外观设计与纯美术作品的主要区别所在。

所谓富有美感，是指在判断是否属于外观设计专利权的保护客体时，关注的是产品的外观给人的视觉感受，而不是产品的功能特性或者技术效果。至于"美感"的标准则是一个抽象的概念。从美学上分析，对于同一事物是否"美"，因不同的审美观而产生不同的结论。因而，我们在判定某一产品的外观设计是否具有美感时，依据的不是艺术效果上的认识，而是一种笼统的、广泛意义的理解。一般认为，只要产品的外观设计不违背法律、法规、社会公德和公共秩序，可以为公众普遍接受，与同类产品相比具有自己个性的，这种设计就被认为符合专利法规定的"富有美感"的要求。[1] 所谓新设计，是指对一

[1] 丁丽瑛：《知识产权法》，厦门大学出版社2002年版，第191页。

种产品作出的新的设计方案。作为能够授予专利权的外观设计，应当不属于现有设计，即申请日以前在国内外不为公众所知的设计；也没有任何单位或者个人就同样的外观设计在申请日以前向国务院专利行政部门提出过申请，并记载在申请日以后公告的专利文件中。

（二）外观设计与实用新型、商标及著作权作品的区别

1. 外观设计与实用新型的区别

外观设计是产品的外形、图案、色彩或它们的结合的新颖设计，而实用新型则只指产品、构造及其结合的技术方案，两者都涉及产品的外形设计，但外观设计专利保护的范围是产品形状的美感效果，而实用新型则保护的是技术构思方面的创造；外观设计基本上不包括产品内部结构的设计，而实用新型的设计对象则往往不包括图案、色彩的设计；外观设计产品既可以是立体的，也可以是平面的，而实用新型产品则是以立体形态存在的。需要注意的是，当实用新型和外观设计都以产品的外表形状、外部结构为设计要点时，则有可能会出现交叉保护的情况，即既可以就此提出实用新型专利申请也可以就此提出外观设计专利申请。

2. 外观设计与注册商标的区别

外观设计是产品的形状、图案、色彩及其组合所组成的富于美感的新设计，外观设计专利保护的是该产品设计的新颖性，而注册商标则只是一种区别与其他商品的标记，以显著区别性为其根本目的。外观设计不能脱离产品而存在，仅仅是一个商标，无论其颜色、图案、形状如何，都不能成为外观设计，只有当这样的一个或若干个商标组成预定的图案，对产品外形起到富于美感的作用并适于工业上的应用，可以进行成批量制造、生产和销售并且用于满足工农业生产或者人们生活上的实际需要时，这样特定的商标或组合，才可作为外观设计专利予以保护。而从设计内容上来看，商标中以文字为主体的文字商标占大多数，但外观设计中除高度装饰性文字外，其他普通文字均不能构成外观设计主体。应当注意的是，实践中外观设计与商标交叉保护的情形也是存在的，特别是外观设计作为立体商标时，一般都可以获得双重保护。

3. 外观设计与著作权作品的区别

外观设计与著作权作品都涉及图案、色彩、形状，但外观设计专利要求的是新颖性，即这种形状、图案、设计与同申请日前在国内外出版物上公开发表过或公开使用过的外观设计不相同或不相近似，而著作权对作品的要求只是独创性与原创性，即使与以往的他人作品相雷同，只要是作者自己创作的，就应当受到著作权法保护，要求比外观设计低；而且外观设计专利强调形状、图案、色彩的工业实用性，即必须适于工业应用，与工业产品紧密相连；作品更强调形状、图案、颜色的艺术性。一般而言，纯美术范畴的作品与外观设计之间存在原则性区别，不能成为外观设计，但著作权作品中的实用美术作品即工

艺美术作品，因为其能利用工业方法重复制作，形成批量生产，也可以受到外观设计专利保护。[1]

（三）不给予外观设计专利保护的客体

根据我国专利审查的实践，以下情形属于不符合《专利法》第2条第4款规定的外观设计的定义而不给予外观设计专利保护的客体实例。

（1）取决于特定地理条件、不能重复再现的固定建筑物、桥梁等。

（2）因其包含有气体、液体及粉末状等无固定形状的物质而导致其形状、图案、色彩不固定的产品。

（3）产品的不能分割、不能单独出售或使用的部分，如袜跟、帽檐、杯把等。

（4）对于由多个不同特定形状或图案的构件组成的产品而言，如果构件本身不能成为一种有独立使用价值的产品，则该构件不属于可授予专利权的客体。例如，不能用相同的插接件插接成具有特定形状或图案的组件的插接件不能单独使用，不能构成独立产品，不给予外观设计专利保护，仅仅当这样的插接件和其他可与其插接的插接件一起作为插接组件玩具，以一件外观设计专利申请提出，才能给予外观设计专利保护。

（5）不能作用于视觉或者肉眼难以确定其形状、图案、色彩的物品。

（6）要求保护的外观设计不是产品本身常规的形态，如手帕扎成动物形态的外观设计。

（7）以自然物原有形状、图案、色彩作为主体的设计。

（8）纯属美术范畴的作品。

（9）仅以在其产品所属领域内司空见惯的几何形状和图案构成的外观设计。

（10）一般文字和数字的字型以及字音、字义不能作为要求保护的外观设计的具体内容。

（11）产品通电后显示的图案，如电子表表盘显示的图案、手机显示屏显示的图案、软件界面等。

第六节　专利权的取得

一、授予专利权的条件

（一）专利授权条件概述

专利权是专利权人依法享有的一项独占权，发明创造是否能够被授予专利

---

[1] 参见曾文革、陈静熔：《知识产权法学》，重庆大学出版社2002年版，第117－118页；文希凯：《专利法教程》，知识产权出版社2003年版，第38－41页。

权，取决于其是否能够满足专利法的有关要求。各国对授予专利权的条件均作出了严格的规定。一般而言，授予专利的条件可以分为形式条件和实质条件两个方面。形式条件是指发明创造在申请专利的过程中必须遵守的程序上的要求，主要涉及专利申请文件的提交和审查，申请文件的撰写规则、内容和种类等。实质条件是指发明创造应满足专利法所规定的基本条件。实质条件又可细分为消极条件和积极条件两方面。消极条件是指在专利法中所规定的不能授予专利的限制性规定。积极条件是指发明创造要取得专利权所必须具备的条件。对于发明和实用新型而言，应当具备新颖性、创造性和实用性三个实质性条件才能授予专利权，对于授予外观设计专利的实质性条件主要是具备新颖性、富有美感并具有显著区别性、适于工业上应用并不得与他人在先取得的合法权利相冲突。

（二）授予专利权的消极条件

根据《专利法》第5条、第25条，授予专利权的消极条件规定主要包括以下三个方面：一是违反法律、社会公共秩序的发明创造不授予专利权；二是违反法律、行政法规的规定获取或者利用遗传资源，并依赖该遗传资源完成的发明创造，不授予专利权；三是不能授予专利权的客体限制。

1. 违反法律、社会公共秩序的发明创造不授予专利权

对发明创造授予专利权，必须考虑国家和社会的利益，并不是任何发明创造都能被授予专利权。《专利法》第5条第1款明确规定："对违反国家法律、社会公德或者妨害公共利益的发明创造，不授予专利权。"即发明创造的公开、使用、制造违反了国家法律、社会公德或者妨害了公共利益的，即使其具备取得专利的实质条件，也不能被授予专利权。

根据国家知识产权局2010年发布的《专利审查指南》，《专利法》第5条第1款规定的不能授予专利权的发明创造包括以下三个方面。

（1）违反国家法律的发明创造。发明创造本身的目的与国家法律相违背的，不能被授予专利权。例如，用于赌博的设备、机器或工具，吸毒的器具，伪造国家货币、票据、公文证件、印章、文物的设备等都属于违反国家法律的发明创造，不能被授予专利权。发明创造本身的目的并没有违反国家法律，但是由于被滥用而违反国家法律的，则不属此列。例如，以医疗为目的的各种毒药、麻醉品、镇静剂、兴奋剂和以娱乐为目的的棋牌等。

应当指出的是，《专利法》第5条第1款中规定的国家法律是指由全国人民代表大会或者全国人民代表大会常务委员会依照立法程序制定和颁布的法律，不包括行政法规和规章。

需要注意的是，根据《专利法实施细则》第10条的规定，违反国家法律的发明创造，不包括仅其实施为国家法律所禁止的发明创造，即如果仅仅是发

明创造的产品的生产、销售或使用受到国家法律的限制或约束，则该产品本身及其制造方法并不属于违反国家法律的发明创造。例如，以国防为目的的各种武器的生产、销售及使用虽然受到国家法律的限制，但这些武器本身及其制造方法仍然属于可给予专利保护的客体。

(2) 违反社会公德的发明创造。社会公德，是指公众普遍认为是正当的、并被接受的伦理道德观念和行为准则。它的内涵基于一定的文化背景，随着时间的推移和社会的进步不断地发生变化，而且因地域不同而各异。我国专利法中所称的社会公德限于中国境内。发明创造在客观上与社会公德相违背的，不能被授予专利权。例如，带有暴力凶杀或者淫秽的图片或者照片的外观设计，非医疗目的的人造性器官或者其替代物，人与动物交配的方法，克隆人或克隆人的方法等发明创造因违反社会公德，不能被授予专利权。

(3) 妨害公共利益的发明创造。妨害公共利益，是指发明创造的实施或使用会给公众或社会造成危害，或者会使国家和社会的正常秩序受到影响。例如：发明创造以致人伤残或损害财物为手段的，如一种目的在于使盗窃者双目失明的防盗装置及方法，不能被授予专利权；发明创造的实施或使用会严重污染环境、破坏生态平衡的，不能被授予专利权；专利申请的文字或者图案涉及国家重大政治事件或宗教信仰、伤害人民感情或民族感情或者宣传封建迷信的，不能被授予专利权。但是，如果因为对发明创造的滥用而可能造成妨害公共利益的，或者发明创造在产生积极效果的同时存在某种缺点的，例如对人体有某种副作用的药品，则不能以“妨害公共利益”为理由拒绝授予专利权。

以上方面是专利申请完全违反《专利法》第 5 条第 1 款规定的情形。如果一件专利申请中含有违反国家法律、社会公德或者妨害公共利益的内容，而其他部分是合法的，则该申请在实践中被称为部分违反《专利法》第 5 条第 1 款的申请。对于这样的申请，由国家专利局在审查时通知专利申请人进行修改，删除违反《专利法》第 5 条第 1 款的部分。如果专利申请人不同意删去违法的部分，就不能被授予专利权。例如，一项“投币式弹子游戏机”的发明创造。游戏者如果达到一定的分数，机器则抛出一定数量的钱币。国家专利局应当通知专利申请人将抛出钱币的部分删除或修改，使之成为一个单纯的投币式游戏机。否则，它即使是一项新的有创造性的技术方案，也不能被授予专利权。

2. 违反法律、行政法规的规定获取或者利用遗传资源，并依赖该遗传资源完成的发明创造，不授予专利权

根据《专利法》第 5 条第 2 款及《专利法实施细则》第 26 条的规定，所谓遗传资源，是指取自人体、动物、植物或者微生物等含有遗传功能单位并具有实际或者潜在价值的材料，例如器官、组织、血液、体液、细胞、基因组、

基因、D. A 或者 R. A 片段等；而依赖遗传资源完成的发明创造，是指利用了遗传资源的遗传功能，对遗传功能单位进行分离、分析、处理，并实现其遗传资源价值所完成的发明创造。

违反法律、行政法规的规定获取或者利用遗传资源，是指遗传资源的获取或者利用未按照我国有关法律、行政法规的规定事先获得有关行政管理部门的批准或者相关权利人的许可。例如，按照《中华人民共和国畜牧法》和《中华人民共和国畜禽遗传资源进出境和对外合作研究利用审批办法》的规定，向境外输出列入中国畜禽遗传资源保护名录的畜禽遗传资源应当办理相关审批手续，某发明创造的完成依赖于中国向境外出口的列入中国畜禽遗传资源保护名录的某畜禽遗传资源，未办理审批手续的，该发明创造不能被授予专利权。

3. 不授予专利权的客体

《专利法》第25条规定了不授予专利权的领域，即专利申请要求保护的主题如果属于该条款所列不授予专利权的客体范围的，不能被授予专利权。根据《专利法》第25条的规定，对下列各项，不授予专利权。

（1）科学发现。科学发现，是指对自然界中客观存在的现象、变化过程及其特性和规律的揭示。科学理论是对自然界认识的总结，是更为广义的发现。它们都属于人们认识的延伸。这些被认识的物质、现象、过程、特性和规律不同于改造客观世界的技术方案，不是专利法意义上的发明创造，因此不能被授予专利权。如从自然界找到一种以前未知的以天然形态存在的物质，仅仅是一种发现，不能被授予专利权。应当指明，发明和发现虽有本质不同，但两者关系密切。通常，很多发明是建立在发现的基础之上的，进而发明又促进了发现。发明与发现的这种密切关系在化学物质的“用途发明”上表现最为突出，当发现某种化学物质的特殊性质之后，利用这种性质的“用途发明”则应运而生。例如，发现卤化银在光照下有感光特性，这种发现不能被授予专利权，但是根据这种发现制造出的感光胶片以及此感光胶片的制造方法则可以被授予专利权。

（2）智力活动。智力活动，是指人的思维运动，它源于人的思维，经过推理、分析和判断产生出抽象的结果，或者必须经过人的思维运动作为媒介才能间接地作用于自然产生结果，它仅是指导人们对信息进行思维、识别、判断和记忆的规则和方法，由于其没有采用技术手段或者利用自然法则，也未解决技术问题和产生技术效果，因而不构成技术方案。因此，指导人们进行这类活动的规则和方法不能被授予专利权，如组织、生产、商业实施和经济等管理的方法及制度、图书分类规则、字典的编排方法、情报检索的方法、专利分类法、乐谱、食谱、棋谱、计算机程序本身等。

（3）疾病的诊断和治疗方法。疾病的诊断和治疗方法，是指以有生命的人体或者动物体为直接实施对象，进行识别、确定或消除病因或病灶的过程。出于人道主义的考虑和社会伦理的原因，医生在诊断和治疗过程中应当有选择各种方法和条件的自由。另外，这类方法直接以有生命的人体或动物体为实施对象，无法在产业上利用，不属于专利法意义上的发明创造。因此疾病的诊断和治疗方法不能被授予专利权。但是，用于实施疾病诊断和治疗方法的仪器或装置，以及在疾病诊断和治疗方法中使用的物质或材料属于可被授予专利权的客体。

（4）动物和植物品种。动物和植物是有生命的物体，不是专利法意义上的技术方案，因此不能被授予专利权。但动物和植物品种可以通过专利法以外的其他法律保护，例如，植物新品种可以通过《植物新品种保护条例》给予保护。需要注意的是，动物和植物品种虽然不能授予专利权，但对动物和植物品种的生产方法，可以授予专利权。这里所说的生产方法是指非生物学的方法，不包括生产动物和植物主要是生物学的方法。

（5）原子核变换方法。原子核变换方法，是指使一个或几个原子核经分裂或者聚合，形成一个或几个新原子核的过程，例如，完成核聚变反应的磁镜阱法、封闭阱法以及实现核裂变的各种类型反应堆的方法等。用原子核变换方法所获得的物质，主要是指用加速器、反应堆以及其他核反应装置生产、制造的各种放射性同位素等。原子核变换方法以及用该方法所获得的物质关系到国家的经济、国防、科研和公共生活的重大利益，不宜为单位或私人垄断，因此不能被授予专利权。但是，为实现原子核变换而增加粒子能量的粒子加速方法（如电子行波加速法、电子驻波加速法、电子对撞法、电子环形加速法等）以及为实现核变换方法的各种设备、仪器及其零部件等，则不属于原子核变换方法的范畴，均属于可授予专利权的客体范围。

（6）对平面印刷品的图案、色彩或者二者的结合作出的主要起标识作用的设计。实践中，如果一件外观设计专利申请同时满足下列三个条件，则认为所述申请属于专利法规定的不授予专利权的情形。

第一，使用外观设计的产品属于平面印刷品。审查一件使用外观设计的产品是否属于平面印刷品，主要是根据申请的图片或者照片以及简要说明来综合进行判断。

第二，该外观设计是针对图案、色彩或者二者的结合而作出的。一般情况下，由于不考虑形状要素，所以任何二维产品的外观设计均可认为是针对图案、色彩或者二者的结合而作出的，但壁纸、纺织品则不属于此类对象。

第三，该外观设计主要起标识作用。所谓主要起标识作用是指所述外观设计的主要用途在于使公众识别所涉及的产品、服务的来源等。[1]

---

[1] 参见国家知识产权局《专利审查指南》（2010）。

（三）发明或实用新型授予专利权的实质性条件

《专利法》第22条规定，授予专利权的发明和实用新型，应当具备新颖性、创造性和实用性。由此可见，申请专利的发明和实用新型必须同时具备新颖性、创造性和实用性才具备被授予专利权的实质性条件。习惯上，新颖性、创造性和实用性三者统称为专利的三性或专利性。

1. 新颖性

所谓新颖性是指发明或实用新型必须是前所未有的或是新的。各国对此规定的标准有三种：一是绝对新颖性，又称世界新颖性，即要求发明或实用新型在申请日前未在国内外出版物上公开发表过或未在国内外公开使用过，或以其他方式为公众所知。二是相对新颖性或本国新颖性，即要求该发明或实用新型申请日前未在本国任何出版物上公开发表过，也未在国内公开使用过，或以其他方式为公众所知。三是两者结合的混合新颖性，即对出版物要求在世界范围内未公开发展过，对使用等要求未在国内公开使用或以其他方式为公众所知，也即对专利文献和印刷出版物采用世界新颖性，对于出售、使用和公众知情采用国内新颖性。例如美国专利法规定，一个发明要想获得专利，它必须具有世界新颖性。欧洲专利公约采用绝对新颖性，法国等也实行绝对新颖性。而日本专利法规定的是混合新颖性，即申请日前已在日本国内外公开发行，或申请日前已在日本国内为公众所知或公开实施的发明不具有新颖性。❶

申请专利的发明和实用新型具备新颖性是授予其专利权的必要条件之一。我国专利法所规定的新颖性是指该发明或者实用新型不属于现有技术，也没有任何单位或者个人就同样的发明或者实用新型在申请日以前向国务院专利行政部门提出过申请，并记载在申请日以后公布的专利申请文件或者公告的专利文件中。由此可见，《专利法》第三次修订后，针对发明和实用新型专利申请新颖性的判断，我国采用的是绝对新颖性的判断标准。

在这里，同样的发明或者实用新型，是指前后两份申请要求保护的发明创造相同，即申请发明或者实用新型的发明创造所公开的技术内容、所属技术领域、所要解决的技术问题和技术方案实质上相同、预期效果相同。

根据我国专利法的规定，具备新颖性的发明和实用新型不仅应当不属于现有技术，而且还应当不同于申请日以前由他人向国家专利局提出的、并且在申请日以后（含申请日）公布的专利申请（抵触申请）。所以，发明和实用新型专利申请是否具备新颖性与现有技术和抵触申请有关，即既不属于现有技术也不存在抵触申请，是发明和实用新型专利申请具备新颖性的充分必要条件。

（1）现有技术。专利法意义上的现有技术是指申请日以前在国内外为公

❶ 黄勤南：《新编知识产权法教程》，法律出版社2003年版，第218页。

众所知的技术，包括在申请日（有优先权的，指优先权日）以前在国内外出版物上公开发表、在国内外公开使用或者以其他方式为公众所知的技术。换句话说，现有技术应当在申请日以前处于能够为公众获得的状态，并包含有能够使公众从中得知实质性的技术知识的内容。应当注意的是，处于保密状态的技术内容由于公众不能得知，因此不属于现有技术。然而，负有保密义务的人违反协议或者默契泄露秘密，导致技术内容的公开，使公众能得知这些技术，这些技术也就构成了现有技术的一部分。

正确理解现有技术的内涵，需要把握现有技术的时间界限和公开方式两个要素。

现有技术的时间界限是申请日，享有优先权的，则指优先权日。广义上说，申请日以前公开的技术内容都属于现有技术，但申请日当天公开的技术内容不包括在现有技术范围内。

现有技术公开方式包括出版物公开、使用公开和以其他方式公开三种，均无地域限制。

专利法意义上的出版物是指记载有技术或设计内容的独立存在的有形传播载体，并且应当表明其发表者或出版者以及公开发表或出版时间。出版物的印刷日为公开日，印刷日只写明年月或者年份的，以所写月份的最后一日或者所写年份的 12 月 31 日为公开日。

由于使用导致一项或者多项技术方案的公开，或者导致该技术方案处于公众中任何一个人都可以得知的状态，这种公开方式称为使用公开。即使所使用的产品或者装置需要经过破坏才能得知其结构和功能，也仍然属于使用公开。使用公开不仅包括通过制造、使用、销售或者进口，而且还包括通过模型演示使公众能够了解其技术内容的情况。但是，未给出任何有关技术内容的说明，以致所属技术领域的技术人员无法得知其结构和功能或材料成分的产品展示，不属于使用公开。使用公开是以公众能够得知该产品或者方法之日为公开日。

为公众所知的其他方式，主要是指口头公开等。例如，口头交谈、报告、讨论会发言、广播或者电视等能使公众得知技术内容的方式。口头交谈、报告、讨论会发言以其发生之日为公开日。公众可接收的广播、电视和电影的报道，以其播放日为公开日。其他还包括公众可阅览的在展台上、橱窗内放置的情报资料及直观资料，如招贴画、图纸、照片、模型、样本、样品等，以其公开展出之日为公开日。

（2）抵触申请。抵触申请是指申请日以前由他人向国家专利局提出的、并且在申请日以后（含申请日）公布的同样的发明或者实用新型专利申请。抵触申请的存在将会损害专利申请的新颖性。由于一项发明创造只能授予一项专利权，因此，为避免对同样的发明或者实用新型专利申请重复授权，国家专利局在进行新颖性审查时，应当检索是否存在损害该发明或者实用新型专利申请新颖性的抵触申请。需要注意的是，抵触申请仅指由他人在申请日以前提出的，不包含由他人在申请日提出的及申请人本人提出的同样的发明或者实用新型。

（3）不丧失新颖性的公开。根据《专利法》第24条的规定，申请专利的发明创造在申请日以前六个月内，有下列情形之一的，不丧失新颖性，即下述三种情况不构成影响该申请的现有技术。该条款所规定的六个月期限，在实践中被称为宽限期，或者称为优惠期。

第一，在国际展览会上首次展出。申请专利的发明创造在申请日以前六个月内，在中国政府主办或者承认的国际展览会上首次展出的，不丧失新颖性。所谓国际展览会，是指展出的展品除了举办国的产品以外，还应当有来自外国的展品。中国政府主办的国际展览会，包括国务院、各部委主办或者国务院批准由其他机关或者地方政府举办的国际展览会。中国政府承认的国际展览会，是指国际展览会公约规定的在国际展览局注册或者由其认可的国际展览会。

第二，在学术或者技术会议上首次发表。申请专利的发明创造在申请日以前六个月内，在规定的学术会议或者技术会议上首次发表的，不丧失新颖性。规定的学术会议或者技术会议，是指国务院有关主管部门或者全国性学术团体组织召开的学术会议或者技术会议，不包括省以下或者受国务院各部委或全国性学会委托或者以其名义组织召开的学术会议或者技术会议。在后者所述的会议上的公开导致丧失新颖性，除非这些会议本身有保密约定。

第三，他人违反申请人本意的公开。申请专利的发明创造在申请日以前六个月内，他人未经申请人同意而泄露其内容的，不丧失新颖性。他人未经申请人同意对发明创造所作的公开，包括他人未遵守明示的或者默示的保密信约而将发明创造的内容公开，也包括他人用威胁、欺诈或者间谍活动等手段从发明人或者申请人那里得知发明创造的内容而后造成的公开。这两种情况的公开都是违反申请人的本意的。

关于不丧失新颖性的公开的规定，需要注意以下两个问题：

其一，发生《专利法》第24条规定的任何一种情形之日起六个月内，申请人提出申请之前，再次将其发明创造公开的，只要该公开不属于上述三种情况，则该申请将由于此在后公开而丧失新颖性；而再次公开属于上述三种情况的，该申请不会因此而丧失新颖性，但是，宽限期应当自该发明创造的第一次公开之日起计算。

其二，宽限期和我们后面章节要介绍的优先权的效力是不同的。实际上，发明创造公开以后已经成为现有技术，宽限期仅仅是把符合法律规定的某些公开认为是在一定期限内对申请人的专利申请来说不视作影响其新颖性和创造性的现有技术，并不是把发明创造的公开日看做是专利申请的申请日，这正是宽限期与优先权日的根本不同。所以，从公开之日至提出申请的期间，如果第三人独立地作出了同样的发明创造，而且在申请人提出专利申请以前提出了专利申请，那么根据先申请原则，申请人就不能取得专利权。当然，由于申请人（包括发明人）的公开，使该发明创造成为现有技术，故第三人的申请没有新颖性，也不能取得专利权。

2. 创造性

创造性即发明高度，又称进步性或先进性，是发明和实用新型被授予专利权的必要条件之一。创造性因申请专利的发明创造类型不同而存在判断标准的差异。根据《专利法》第 22 条的规定，具备创造性的发明同现有技术相比，应当具有突出的实质性特点和显著的进步；具备创造性的实用新型同现有技术相比，应当具有实质性特点和进步。

（1）发明创造性的审查。发明创造性，是指同现有技术相比，该发明有突出的实质性特点和显著的进步。

发明有突出的实质性特点，是指发明相对于现有技术，对所属技术领域的技术人员来说，是非显而易见的。如果发明是其所属技术领域的技术人员在现有技术的基础上通过逻辑分析、推理或者有限的试验可以得到的，则该发明是显而易见的，也就不具备突出的实质性特点。

发明有显著的进步，是指发明与最接近的现有技术相比能够产生有益的技术效果；比如，发明克服了现有技术中存在的缺点和不足，或者为解决某一技术问题提供了一种不同构思的技术方案，或者代表某种新的技术发展趋势。

创造性并不是一个可以用尺子来衡量的客观标准。对发明创造性的判断往往会因人而异，不同水平的人可能得出不同的结论。所以，从法律上引入了“所属技术领域的技术人员”的概念。发明是否具备创造性，应当基于所属技术领域的技术人员的知识和能力进行评价。所属技术领域的技术人员，也可称为本领域的技术人员，是指一种假设的“人”，假定他知晓申请日或者优先权日之前发明所属技术领域所有的普通技术知识，能够获知该领域中所有的现有技术，并且具有应用该日期之前常规实验的手段和能力，但他不具有创造能力。如果所要解决的技术问题能够促使本领域的技术人员在其他技术领域寻找技术手段，他也应具有从该其他技术领域中获知该申请日或优先权日之前的相关现有技术、普通技术知识和常规实验手段的能力。国家专利局审查员在判断发明创造性时，应当参照这样一个人的认识水平来衡量而不能完全由自己主观来判断。

（2）实用新型创造性的审查。实用新型创造性，是指同现有技术相比，该实用新型有实质性特点和进步。

所谓实质性特点是指申请专利的实用新型同现有技术相比有实质上的区别，即具有区别的技术特征。

所谓进步是指申请专利的实用新型同现有技术相比，具有优点和良好的效果。

由此可见，实用新型创造性与发明创造性相比，只是创造性程度上的差别，即从法律上对实用新型创造性的要求稍低于发明创造性。需要注意的是，我国《专利法》对实用新型专利申请的审查采用形式审查制，即对实用新型专利申请不进行实质审查，所以对实用新型创造性的评定，只有在对实用新型专利权提出无效宣告请求时才进行审查。当然，由于发明和实用新型创造性的标准不同，以及对发明和实用新型的保护客体的定义不同，实用新型的创造性审查与发明创造性相比仍然存在一些需要特殊考虑的问题，比如，因为实用新型是对产品的形状、构造或者其结合所提出的适于实用的新的技术方案，因此在进行实用新型创造性审查时，如果技术方案中的非形状、构造技术特征导致该产品的形状、构造或者其结合产生变化，则只考虑该技术特征所导致的产品形状、构造或者其结合的变化，而不考虑该非形状、构造技术特征本身。

3. 实用性

实用性，是指发明或者实用新型申请的主题必须能够在产业上制造或者使用，并且能够产生积极效果。

授予专利权的发明或者实用新型，必须是能够解决技术问题，并且能够应用的发明或者实用新型。换句话说，如果申请的是一种产品（包括发明和实用新型），那么该产品必须在产业中能够制造，并且能够解决技术问题；如果申请的是一种方法（仅限发明），那么这种方法必须在产业中能够使用，并且能够解决技术问题。只有满足上述条件的产品或者方法专利申请才可能被授予专利权。由此不难看出，如果说新颖性、创造性仅仅是授予专利权的条件，那么实用性不仅作为条件而存在，同时也是发明创造的目的。

所谓产业，它包括工业、农业、林业、水产业、畜牧业、交通运输业以及文化体育、生活用品和医疗器械等行业。

具备实用性的发明创造应当能够制造或者使用，即具备可实施性。在专利法中，能够制造或者使用的技术方案，是指符合自然法则、具有技术特征的任何可实施的技术方案。这些方案并不一定意味着使用机器设备，或者制造一种物品，而且还可以包括例如驱雾的方法，或者将能量由一种形式转换成另一种形式的方法。

具备实用性的发明创造应当能够带来积极效果，即具有有益性。所谓能够产生积极效果，是指发明或者实用新型专利申请在提出申请之日，其产生的经济、技术和社会的效果是所属技术领域的技术人员可以预料到的。这些效果应当是积极的和有益的。

在专利申请审查实践中，存在以下情形之一的发明或实用新型申请被认为不具有实用性。

（1）无再现性的发明或者实用新型专利申请主题不具备实用性。所谓再现性，是指所属技术领域的技术人员，根据公开的技术内容，能够重复实施专利申请中为解决技术问题所采用的技术方案。

（2）违背自然规律的发明或者实用新型专利申请由于不可能实施，因此，不具备实用性。如永动机等违背能量守恒定律的发明或者实用新型专利申请的主题。

（3）利用特定的自然条件建造的自始至终都是不可移动的唯一产品不具备实用性。但需要注意的是，不能因为上述利用独一无二的自然条件的产品不具备实用性，而认为其构件本身也不具备实用性。

（4）人体或者动物的非治疗目的的外科手术方法不具有实用性。外科手术方法包括治疗目的或非治疗目的的手术方法。以治疗为目的的外科手术方法属于《专利法》第25条规定的不授予专利权的客体；对于非治疗目的的外科手术方法，由于是以有生命的人或动物为实施对象，无法在产业上使用，因此不具备实用性。例如，为美容而实施的外科手术方法，或者采用外科手术从活牛身体上摘取牛黄的方法，以及为辅助诊断而采用的外科手术方法，如实施冠状造影之前采用的外科手术方法等。

（5）明显无益、脱离社会需要、严重污染环境、严重浪费能源或者资源、损害人身体健康的发明或者实用新型专利申请的无积极效果的技术方案不具备实用性。

（6）测量人体在极限情况下的生理参数的方法不具备实用性。测量人体在极限情况下的生理参数需要将被测者置于极限环境中，这会对人的生命构成威胁，并且不同的人所可以耐受的极限条件是不同的，需要有经验的测试人员根据被测者的情况来确定其耐受的极限条件，因此这类方法无法在产业上使用，不具备实用性。比如：通过逐渐降低人或动物的体温，以测量人或动物对寒冷耐受程度的测量方法；利用降低吸入气体中氧气分压的方法逐级增加冠状动脉的负荷，并通过动脉血压的动态变化观察冠状动脉的代偿反应，以测量冠状动脉代谢机能的非侵入性的检查方法等。[1]

（四）外观设计授予专利的实质性条件

《专利法》第23条规定，外观设计授予专利权的实质性条件包括以下三个方面的要求，即新颖性、显著区别性和权利非冲突性。

---

[1] 参见国家知识产权局《专利审查指南》（2010）。

1. 新颖性

外观设计的新颖性是指授予专利权的外观设计必须是前所未有的。根据《专利法》第23条第1款的规定，授予专利权的外观设计，应当不属于现有设计；也没有任何单位或者个人就同样的外观设计在申请日以前向国务院专利行政部门提出过申请，并记载在申请日以后公告的专利文件中。由此可见，外观设计专利申请是否具备新颖性同样与现有设计和抵触申请有关，即既不属于现有设计也不存在抵触申请，是外观设计专利申请具备新颖性的充分必要条件。

在这里，现有设计是指申请日以前在国内外为公众所知的设计。对于现有设计的判断，我国专利法采用的也是绝对新颖性的判断标准。需要注意的是，与发明和实用新型专利申请一样，一项申请专利的外观设计如果在申请日以前6个月内在我国政府主办或者承认的国际展览会上首次展出，或在规定的学术会议或技术会议上首次发表，或者第三人未经申请人同意而泄露的，该外观设计申请不丧失新颖性。

2. 显著区别性

《专利法》第23条第2款规定，授予专利权的外观设计与现有设计或者现有设计特征的组合相比，应当具有明显区别。所谓现有设计特征，是指现有设计的部分设计要素或者其结合，如现有设计的形状、图案、色彩要素或者其结合，或者现有设计的某组成部分的设计，如整体外观设计产品中的零部件的设计。一般情况下，外观设计存在以下情形时通常会被认为与现有设计或者现有设计特征的组合相比不具有明显区别：① 外观设计与相同或者相近种类产品现有设计相比不具有明显区别；② 外观设计是由现有设计转用得到的，二者的设计特征相同或者仅有细微差别，且该具体的转用手法在相同或者相近种类产品的现有设计中存在启示；③ 外观设计是由现有设计或者现有设计特征组合得到的，所述现有设计与涉案专利的相应设计部分相同或者仅有细微差别，且该具体的组合手法在相同或者相近种类产品的现有设计中存在启示。需要注意的是，外观设计如果具有独特视觉效果，则与现有设计或者现有设计特征的组合相比具有明显区别。

3. 权利非冲突性

《专利法》第23条第3款规定，授予专利权的外观设计不得与他人在申请日以前已经取得的合法权利相冲突。所谓他人，是指专利权人以外的民事主体，包括自然人、法人或者其他组织。所谓合法权利，是指依照法律享有并且在外观设计专利申请日仍然有效的权利或者权益，包括商标权、著作权、企业名称权（包括商号权）、肖像权以及知名商品特有包装或者装潢使用权等。所谓在先取得，是指在先合法权利的取得日在外观设计专利申请日之前。所谓相冲突，是指未经权利人许可，外观设计专利使用了在先合法权利的客体，从而导致专利权的实施将会损害在先权利人的相关合法权利或者权益。

二、专利的申请

（一）专利申请的原则

1. 书面申请原则

《专利法实施细则》第 2 条的规定："专利法和本细则规定的各种手续，应当以书面形式或者国务院专利行政部门规定的其他形式办理。"即以口头、电话、实物等非书面形式办理的各种手续，或者以电报、电传、传真、胶片等直接或间接产生印刷、打字或手写文件的通信手段办理的各种手续均视为未提出，不产生法律效力。该原则的确立有利于专利管理机关对专利申请文件的利用和管理。但随着技术的发展，除了书面形式以外，《专利法》和《专利法实施细则》所规定的各种手续，也可以采用国务院专利行政部门规定的其他形式办理。所谓其他形式是指除以纸张为载体之外的其他能够固定申请手续的载体。目前，根据国家知识产权局 2010 年发布实施的《关于专利电子申请的规定》，发明、实用新型和外观设计专利申请均可采用电子文件形式提出，但提出专利电子申请的，应当事先与国家知识产权局签订《专利电子申请系统用户注册协议》后方可办理。

2. 单一性原则

单一性是指一件专利申请仅限于一项发明创造，即一件发明专利申请仅限于一项发明；一件实用新型专利申请仅限于一项实用新型；一件外观设计专利申请仅限于一种产品所使用的一项外观设计。按照单一性原则的要求，不可将两项以上的发明创造放到一件专利申请中提出，而应分别提出专利申请。一件专利申请如果存在不符合单一性情况的，申请人应当对申请文件进行修改(包括分案处理)，使其符合单一性要求，否则不能授予专利权。专利申请应当符合单一性的要求主要有两个方面原因：第一，经济上的原因，即为了防止申请人只支付一件专利的费用而获得几项不同发明或者实用新型专利的保护；第二，技术上的原因，即为了便于专利申请的分类、检索和审查。这一原则在世界上所有实行专利制度的国家均适用。

《专利法》第 31 条及《专利法实施细则》第 34 条、第 35 条在规定单一性的同时，也规定了下列情况的单一性例外：① 属于一个总的发明构思的两项以上的发明或者实用新型，可以作为一件申请提出。但上述发明或者实用新型应当在技术上相互关联，包含一个或者多个相同或者相应的特定技术特征，其中特定技术特征是指每一项发明或者实用新型作为整体考虑，对现有技术作出贡献的技术特征；② 同一产品两项以上的相似外观设计，或者用于同一类别并且成套出售或者使用的产品的两项以上外观设计，可以作为一件申请提出。在此，应当注意以下两个问题，一是将同一产品的多项相似外观设计作为一件申请提出的，对该产品的其他设计应当与简要说明中指定的基本设计相似，并且一件外观设计专利申请中的相似外观设计不得超过10项；第二，所谓同一类别并且成套出售或者使用的产品的两项以上外观设计，是指各产品属于分类表中同一大类，习惯上同时出售或者同时使用，而且各产品的外观设计具有相同的设计构思。

3. 禁止重复授权原则

禁止重复授权是专利制度的基本原则，即同样的发明创造只能授予一项专利权。禁止对同样的发明创造授予多项专利权，其目的是为了防止权利之间存在冲突。禁止重复专利授权原则不仅适用于不同申请人针对同样的发明创造提出的申请，即使对于同一申请人就同样的发明创造提出两件以上的专利申请，并且上述申请符合授予专利权的其他条件的，同样也适用禁止重复专利授权原则，申请人应当就这两件以上的申请进行选择或者修改。

《专利法》第9条在规定禁止重复授权的同时还规定了禁止重复授权原则适用的特别处理，即同一申请人同日对同样的发明创造既申请实用新型专利又申请发明专利，先获得的实用新型专利权尚未终止，且申请人声明放弃该实用新型专利权的，可以授予发明专利权。如申请人不同意放弃的，国务院专利行政部门应当驳回该发明专利申请；申请人期满未答复的，视为撤回该发明专利申请。需要注意的是，同一申请人在同日（指申请日）对同样的发明创造既申请实用新型专利又申请发明专利的，应当在申请时分别说明对同样的发明创造已申请了另一专利；未作说明的，根据禁止重复授权原则处理，即同样的发明创造只能授予一项专利权的规定处理。

4. 先申请原则

所谓先申请原则是指两个以上的申请人分别就同样的发明创造申请专利的，专利权授予最先申请的人。与先申请原则相对应的是先发明原则，即两个以上的申请人分别就同样的发明创造申请专利的，专利权授予最先完成发明创造的人。先发明原则保护最先完成发明创造的人，从鼓励发明创造的角度看，这一原则优于先申请原则。但这一原则有以下不足之处：其一，它可能助长发明人长期保守其发明创造的秘密，不利于发明创造的尽早公开和传播；其二，当两个以上的人就同样的发明创造申请专利时，判断谁是最先完成发明创造的人是一件非常困难的事情；其三，获得专利授权后，由于仍有存在更早在先发明的可能，使得专利权利处于相对不稳定的状态。因此，我国同世界上绝大多数国家一样都采用先申请原则。《专利法》第9条规定："两个以上的申请人分别就同样的发明创造申请专利的，专利权授予最先申请的人。"而依据《专利法实施细则》第41条的规定，两个以上的申请人同日（指申请日；有优先权的，指优先权日）分别就同样的发明创造申请专利的，应当在收到国务院专利行政部门的通知后自行协商确定申请人；协商不成的，专利权不授予其中任何一个申请人。

需要说明的是，先申请原则实质上是禁止重复授权原则在程序上的一个特殊适用，换言之，禁止重复专利授权原则在一定意义上可以称之为先申请原则的上位原则，在先申请是禁止重复授权原则具体形式，其根本目的也在于禁止对同样的发明创造授予多项专利权，以防止权利之间存在冲突。

5. 优先权原则

优先权是《巴黎公约》所确定的一项重要原则。《巴黎公约》规定，在一个缔约国提出发明专利、实用新型或者外观设计注册申请的任何人，为了在其他国家提出申请，在规定的期限内享有优先权。优先权包括外国优先权和本国优先权。申请人就其发明创造第一次在某国提出专利申请后，在优先权期限内，就相同主题的发明创造向另一国提出专利申请，并且依照有关国家法律规定享有优先权的，被称为外国优先权，即国际优先权。申请人就其发明创造第一次在某国提出专利申请后的一定期限内，就相同主题的发明创造又向该国提出后一申请的，并依法享有优先权的，被称为本国优先权，即国内优先权。

优先权制度的意义主要体现在两个方面：一是在优先权期限内，发明创造不因任何将同样的发明创造公之于世的行为而丧失新颖性；二是可以排除他人在优先权日后就同样的发明创造提出专利申请。

《专利法》第 29 条规定，申请人自发明或者实用新型在国外第一次提出专利申请之日起 12 个月内，或者自外观设计在国外第一次提出专利申请之日起 6 个月内，又在中国就相同主题提出专利申请的，依照该外国同中国签订的协议或者共同参加的国际条约，或者依照互相承认优先权的原则，可以享有优先权。如果申请人自发明或者实用新型在中国第一次提出专利申请之日起 12 个月内，又向国务院专利行政部门就相同主题提出专利申请的，可以享有优先权。需要注意的是，根据《专利法》第 29 条的规定，发明、实用新型或者外观设计的专利申请都可以要求外国优先权，只是优先权期限不同，而对于本国优先权而言，发明和实用新型专利申请可以要求，外观设计专利申请则不能要求本国优先权。

申请人要求优先权的，依法应在申请的时候提出书面声明，并且在 3 个月内提交第一次提出的专利申请文件的副本；未提出书面申明或者逾期未提交专利申请文件副本的，视为未要求优先权。

6. 保密审查原则

《专利法》第 20 条第 1 款规定，任何单位或者个人将在中国完成的发明或者实用新型向外国申请专利的，应当事先报经国务院专利行政部门进行保密审查。由此可见，我国专利法对将在中国完成的发明或者实用新型（技术方案的实质性内容在中国境内完成的发明或者实用新型）向外国申请专利的实行保密审查制度。对违反保密审查规定向外国申请专利的发明或者实用新型，在中国申请专利的，不授予专利权。

任何单位或者个人将在中国完成的发明或者实用新型向外国申请专利的，应当按照下列方式之一请求国务院专利行政部门进行保密审查：① 直接向外国申请专利或者向有关国外机构提交专利国际申请的，应当事先向国务院专利行政部门提出请求，并详细说明其技术方案；② 向国务院专利行政部门申请专利后拟向外国申请专利或者向有关国外机构提交专利国际申请的，应当在向外国申请专利或者向有关国外机构提交专利国际申请前向国务院专利行政部门提出请求；③ 向国务院专利行政部门提交专利国际申请的，视为同时提出了保密审查请求。

（二）专利申请文件

1. 发明或实用新型专利申请文件

申请专利前的工作中心就是准备专利申请文件。《专利法》第26条规定，申请发明或者实用新型专利的，应当提交请求书、说明书及其摘要和权利要求书等文件。

（1）请求书。请求书是专利申请必备文件之一，是申请人就其发明创造向国务院专利行政部门申请授权的正式请求书面文件，用于表明请求授予专利的愿望。请求书由国务院专利行政部门统一印制，是格式化表格，使用时按表格后面的要求填写即可。

根据《专利法》第26条第2款及《专利法实施细则》第16条的规定，请求书应当写明发明或者实用新型的名称，发明人的姓名，申请人姓名或者名称、地址，并应当写明下列事项：① 申请人是中国单位或者个人的，其名称或者姓名、地址、邮政编码、组织机构代码或者居民身份证件号码；申请人是外国人、外国企业或者外国其他组织的，其姓名或者名称、国籍或者注册的国家或者地区；② 申请人委托专利代理机构的，受托机构的名称、机构代码以及该机构指定的专利代理人的姓名、执业证号码、联系电话；③ 要求优先权的，申请人第一次提出专利申请（以下简称在先申请）的申请日、申请号以及原受理机构的名称；④ 申请人或者专利代理机构的签字或者盖章；⑤ 申请文件清单；⑥ 附加文件清单；⑦ 其他需要写明的有关事项。特别需要注意的是，依赖遗传资源完成发明创造申请专利的，申请人应当在请求书中予以说明，并填写国务院专利行政部门制定的表格。申请人同时还应当在专利申请文件中说明该遗传资源的直接来源和原始来源；无法说明原始来源的，应当陈述理由。

（2）说明书及其摘要。说明书及说明书摘要是发明或者实用新型专利申请必须提交的文件。

说明书是指详细清楚记载发明或者实用新型技术方案及其相关技术内容的专利申请文件，它也是专利申请的必备文件之一。说明书是一份技术文件，即依法披露发明或者实用新型实质性技术内容的公开文件。说明书又是一份法律文件，权利要求书要以说明书为依据。说明书的作用在于充分公开发明的技术内容，一方面保证为公众提供本发明或实用新型充分的技术信息，另一方面也为权利要求书要求保护的范围提供依据和支持。

《专利法》第 26 条规定，说明书应当对发明或者实用新型作出清楚、完整的说明，以所属技术领域内的技术人员能够实现为准；必要时，应当有附图。

所谓清楚，首先应当主题明确，即说明书应当从现有技术出发，明确地反映出发明或者实用新型想要做什么和如何去做，使所属技术领域的技术人员能够确切地理解该发明或者实用新型要求保护的主题。换句话说，说明书应当写明发明或者实用新型所要解决的技术问题以及解决其技术问题采用的技术方案，并对照现有技术写明发明或者实用新型的有益效果。上述技术问题、技术方案和有益效果应当相互适应，不得出现相互矛盾或不相关联的情形。其次应当用词准确，即说明书应当使用发明或者实用新型所属技术领域的技术术语。说明书的用词应当准确地表达发明或者实用新型的技术内容，不得含糊不清或者模棱两可，以致所属技术领域的技术人员不能清楚、正确地理解该发明。

所谓完整，即说明书应当包括《专利法》及《专利法实施细则》第 17 条规定的内容，不得缺少有关理解、确定发明或者实用新型具有新颖性、创造性和实用性以及再现发明或者实用新型所需的任何技术内容。

所谓所属技术领域的技术人员能够实现，是指所属技术领域的技术人员按照说明书记载的内容，不需要创造性的劳动，就能够再现该发明或者实用新型的技术方案，解决其技术问题，并且产生预期的技术效果。

根据《专利法实施细则》第 17 条规定，说明书应包括以下内容，并应当按照下述方式和顺序撰写，并在每一部分前面写明标题，除非其发明或者实用新型的性质用其他方式或者顺序撰写能够节约说明书的篇幅并使他人能够准确理解发明或者实用新型。

① 名称。发明或者实用新型专利申请的说明书应当写明发明或者实用新型的名称，该名称应当与请求书中的名称一致，一般不超过 25 个字。名称的撰写应当采用所属技术领域通用的技术术语，清楚、简明地反映要求保护的发明或者实用新型技术方案的主题和类型（产品或者方法），全面地反映一件申

请中包含的各种发明类型，不得使用人名、地名、商标、型号或者商品名称等，也不得使用商业性宣传用语。

② 技术领域。说明书应写明要求保护的技术方案所属的技术领域。发明或者实用新型的技术领域应当是要求保护的发明或者实用新型技术方案所属或者直接应用的具体技术领域，而不是上位的或者相邻的技术领域，也不是发明或者实用新型本身。该具体的技术领域往往与发明或者实用新型在国际专利分类表中可能分入的最低位置有关。例如，一项关于挖掘机悬臂的发明，其改进之处是将已有技术中的长方形悬臂截面改为椭圆形截面。其所属技术领域可以写成“本发明涉及一种挖掘机，特别是涉及一种挖掘机悬臂”（具体的技术领域），而不宜写成“本发明涉及一种建筑机械”（上位的技术领域），也不宜写成“本发明涉及挖掘机悬臂的椭圆形截面”或者“本发明涉及一种截面为椭圆形的挖掘机悬臂”（发明本身）。

③ 背景技术。说明书应写明对发明或者实用新型的理解、检索、审查有用的背景技术；有可能的，并引证反映这些背景技术的文件。这一部分是介绍和评述现有技术水平，即截止到申请日已被公开的有关技术领域的知识。说明书必须包括本行业普通技术人员用来理解、检索和审查要求保护的发明的所有信息，特别是要引证反映与本发明创造最有关的技术文件。此类技术文件主要是专利文件，引证时要指出文件的日期和序号，以及发明的名称。引证非专利文件的，要写明这些文件的详细出处。在介绍现有技术水平后，还应说明现有技术的缺陷、不足，并在可能的情况下，说明存在这些问题和缺点的原因以及解决问题遇到的困难。

④ 发明内容。本部分应当清楚、客观地写明以下内容：一是发明或者实用新型所要解决的技术问题，即发明或者实用新型要解决的现有技术中存在的技术问题，并且发明或者实用新型专利申请公开的技术方案应当能够解决这些技术问题；二是发明或者实用新型解决现有技术中存在的技术问题所要采取的技术方案；三是发明或者实用新型与现有技术相比所具有的有益效果，即由构成发明或者实用新型的技术特征直接带来的，或者是由所述的技术特征必然产生的技术效果。

⑤ 附图说明。附图的作用在于用图形补充说明书文字部分的描述，使人能够直观地、形象化地理解发明或者实用新型的每个技术特征和整体技术方案。对于机械和电学技术领域中的专利申请，说明书附图的作用尤其明显。因此，说明书附图应该清楚地反映发明的内容。发明专利申请说明书，用文字足以清楚、完整地描述其技术方案的，可以没有附图；实用新型专利申请说明书应当有表示要求保护的产品的形状、构造或者其结合的附图。说明书有附图的，应当写明各幅附图的图名，并且对图示的内容作简要说明。在零部件较多

的情况下，允许用列表的方式对附图中具体零部件名称说明。

⑥ 具体实施方式。实现发明或者实用新型的优选的具体实施方式是说明书的重要组成部分，它对于充分公开、理解和再现发明或者实用新型，支持和解释权利要求都是极为重要的。因此，说明书应当详细描述申请人认为实现发明或者实用新型的优选的具体实施方式。在适当情况下，应当举例说明；有附图的，应当对照附图。优选的实施方式应当体现申请中解决技术问题所采用的技术方案，并应当对权利要求的技术特征给予详细说明，以支持权利要求。对优选的实施方式的描述应当详细（有附图的，应当对照附图），使发明或者实用新型所属技术领域的技术人员，在不需要创造性劳动的情况下，就能够实现该发明或者实用新型。实施例是对发明或者实用新型的优选的具体实施方式的举例说明。实施例的数量应当根据发明或者实用新型的性质、所属技术领域、现有技术状况以及要求保护的范围来确定。当一个实施例足以支持权利要求所概括的技术方案时，说明书中可以只给出一个实施例。当权利要求（尤其是独立权利要求）覆盖的保护范围较宽，其概括的特征不能从一个实施例中找到依据时，应当给出一个以上的不同实施例，以支持要求保护的范围。

说明书摘要是发明或者实用新型专利申请必须提交的文件之一。需要注意的是，与请求书、说明书及权利要求书不同，说明书摘要不具备法律意义，不能作为修改说明书和权利要求书的根据，也不能作为解释专利权保护范围和判断专利性的依据。摘要的意义在于提供一种技术信息，便于分类和检索，也利于概要了解专利的主要技术内容。

根据《专利法实施细则》第 23 条规定，说明书摘要应当写明发明或者实用新型专利申请所公开内容的概要，即写明发明或者实用新型的名称和所属技术领域，并清楚地反映所要解决的技术问题、解决该问题的技术方案的要点以及主要用途。说明书摘要可以包含最能说明发明的化学式；有附图的专利申请，还应当提供一幅最能说明该发明或者实用新型技术特征的附图。附图的大小及清晰度应当保证在该图缩小到 4 厘米 ×6 厘米时，仍能清晰地分辨出图中的各个细节。摘要文字部分不得超过 300 个字。摘要中不得使用商业性宣传用语。

（3）权利要求书。权利要求书是申请专利的核心文件。权利要求书是申请人就其发明或实用新型技术方案请求国务院专利行政部门审查批准并确认其享有独占权的正式书面文件。权利要求书是确定专利技术保护范围的法律依据。

权利要求书的作用在于：第一，把发明人的独占范围与公众有权使用的技术清楚地划分开来。该文件的权利要求是以发明或实用新型的技术特征为依据，划分发明或实用新型与现有技术之间的区别，清楚和简要地表述请求保护的范围。该发明或实用新型被授予专利权后，专利权的保护范围以权利要求的内容为准。第二，告知受专利保护的发明创造的权利范围。在专利权保护期限内，专利权人对发明专利享有独占实施权，有权阻止他人使用其发明，并对非法使用者追究侵权责任。有了权利要求书的告知，公众和竞争者就可以清楚的知晓专利保护的范围，从而给予必要的注意，以避免和防止侵权行为的发生。如果没有权利要求书的告知，专利权人对他人追究侵权责任是不公正的，也会妨碍自由竞争。

根据《专利法实施细则》第19条的规定，权利要求书应当说明发明或者实用新型的技术特征，清楚、简要地表述请求保护的范围。权利要求书有几项权利要求的，应当用阿拉伯数字顺序编号。权利要求书中使用的科技术语应当与说明书中使用的科技术语一致，可以有化学式或者数学式，但是不得有插图。除绝对必要的外，不得使用“如说明书……部分所述”或者“如图……所示”的用语。权利要求中的技术特征可以引用说明书附图中相应的标记，该标记应当放在相应的技术特征后并置于括号内，便于理解权利要求。附图标记不得解释为对权利要求的限制。

《专利法》第26条第4款规定：“权利要求书应当以说明书为依据，清楚、简要地限定要求专利保护的范围。”这表明，凡在权利要求书提出要求的技术特征，在说明书中都应找到依据，并且这种依据应清楚、完整、充分地支持其权利要求。如果权利要求书记载的专利技术特征在说明书中找不到相应依据，则权利要求书超出了说明书的记载内容范围，专利申请将会被驳回。如果权利要求书没有包括说明书记载的所有新的技术特征，则仅以权利要求书中要求的技术特征为保护对象，而没有记入的其他新技术特征则得不到专利保护。这意味着，当申请文件公开后，那些没有记载在权利要求书中的新技术内容将成为现有技术而为公众所知且共有。所以，权利要求书的撰写至关重要。

权利要求书的撰写应当满足以下要求：其一，以说明书为依据，即权利要求应当得到说明书的支持；其二，应当清楚，即每一项权利要求应当清楚，构成权利要求书的所有权利要求作为一个整体也应当清楚；其三，应当简明，即每一项权利要求应当简明，构成权利要求书的所有权利要求作为一个整体也应当简明，例如，一件申请中不得出现两项或两项以上保护范围实质上相同的同类权利要求。

权利要求书的内容通常包括独立权利要求和从属权利要求两部分。

独立权利要求是指从整体上反映发明或者实用新型的技术方案的权利要求。该方案记载了达到发明或者实用新型目的所必需的全部技术特征。根据专利法实施细则规定，独立权利要求由两部分组成，即前序部分和特征部分。前序部分要写明发明或实用新型要求保护的主题名称和其主题与现有技术共有的必要技术特征。特征部分要写明发明或者实用新型区别于现有技术的全部必要技术特征。前序部分和特征部分所记载的全部或所有的必要技术特征构成发明或实用新型的新技术方案，并据此作为请求法律保护的范围。独立权利要求是一个完全独立和完整存在的权利要求。它不需要其他权利要求来确定其范围和含义。因而一件发明或者实用新型应当只有一项独立权利要求。

从属权利要求是指包括引用一项或几项在前的权利要求的全部技术特征，并对引用的权利要求作进一步限定，或附加新技术特征的权利要求。从属权利要求本身不能独立存在，必须依赖于它所引用的权利要求，是对所引用权利要求的限定或具体化。一件发明或实用新型可以有若干个从属权利要求。其数量由发明或者实用新型技术特征多少而定，法律上并无限定。如果从属权利要求所引用的权利要求为两项或两项以上，则称为多项从属权利要求。引用两项以上权利要求的多项从属权利要求，只能以择一方式引用在前的权利要求，并不得作为另一项多项从属权利要求的基础。从属权利要求也包括两部分，即引用部分和限定部分。引用部分要写明所引用权利要求的编号及其主题名称。限定部分要写明发明或者实用新型附加的技术特征，对引用部分技术特征作进一步限定，使之更加明确或具体。这两个部分包括所引用的权利要求在内构成发明或者实用新型的一个完整的技术方案，并据此作为请求法律保护的范围。

2. 外观设计专利申请文件

根据《专利法》第 27 条的规定，申请外观设计专利的，应当提交请求书、该外观设计的图片或者照片以及对该外观设计的简要说明等文件。可见，外观设计专利申请应当递交的文件包括请求书、图片或照片以及简要说明等文件。

（1）请求书。

外观设计专利请求书的格式及内容与发明或者实用新型专利请求书大致相同。我国的外观设计分类表与国际通用的外观设计分类表相同。

需要注意的是，使用外观设计的产品名称应当在请求书中写明。该名称应当简短、准确地表明请求给予保护的产品。该名称以 1 ~ 7 个字为宜，不得超过 15 个字。产品名称一般应当符合国际外观设计分类表中的名称，并且应当与设计的内容相符合。同时，申请人应当在外观设计专利请求书相应栏目内写明产品所属类别，即该产品在国际外观设计分类表中的类别。申请人不明确该产品所属类别的，可以写明技术领域或使用场所。

（2）图片或照片。

外观设计的图片或照片是外观设计专利请求保护的实质内容，也是判断其新颖性的审查依据。在外观设计专利申请中，图片和照片起着相当于发明或实用新型专利申请中权利要求书的作用。因此，法律规定，图片和照片必须能够清楚地显示请求保护的对象及其特点，即申请人应当就每件外观设计产品所需要保护的内容提交有关图片或照片，申请人提交的有关图片或照片应当清楚地显示要求专利保护的产品的外观设计。同时，申请人请求保护色彩的，应当提交彩色图片或照片。

（3）简要说明。

外观设计的简要说明应当写明外观设计产品的名称、用途，外观设计的设计要点，并指定一幅最能表明设计要点的图片或照片。省略视图或者请求保护色彩的，应当在简要说明中写明。对同一产品的多项相似外观设计提出一件外观设计专利申请的，应当在简要说明中指定其中一项作为基本设计。简要说明不得使用商业性宣传用语，也不能用来说明产品的性能。实践中，一般情况下，存在下述情形时可在简要说明中写明：① 请求保护色彩或者省略视图的情况；② 对同一产品的多项相似外观设计提出一件外观设计专利申请的，应当在简要说明中指定其中一项作为基本设计；③ 对于花布、壁纸等平面产品，必要时应当描述平面产品中的单元图案两方连续或者四方连续等无限定边界的情况；④ 对于细长物品，必要时应当写明细长物品的长度，采用省略画法；⑤ 如果产品的外观设计由透明材料或者具有特殊视觉效果的新材料制成，必要时应当在简要说明中写明；⑥ 如果外观设计产品属于成套产品，必要时应当写明各套件所对应的产品名称。

（三）专利申请的提出和受理

1. 专利申请文件的提交和受理

《专利法》第3条规定："国务院专利行政部门负责管理全国的专利工作，统一受理和审查专利申请，依法授予专利权。"目前在我国，国家知识产权局作为国务院专利行政管理部门，委托国家知识产权局专利局（以下简称国家专利局）受理、审批专利申请，国家专利局以国家知识产权局的名义作出各项决定。国家知识产权局设立专利复审委员会，负责复审及无效宣告请求的审查并作出决定。

《专利法实施细则》第15条规定："以书面形式申请专利的，应当向国务院专利行政部门提交申请文件一式两份。以国务院专利行政部门规定的其他形式申请专利的，应当符合规定的要求。"据此，申请人提出专利申请应向国家专利局提交相关的申请文件，履行申请手续。申请人提交专利申请文件的方式有直接递交和邮寄两种，既可以把申请文件直接递交或邮寄给国家专利局，也可以把申请文件直接递交给国家专利局在各地的专利代办处，但寄给国家专利局其他部门的个人或非受理部门的申请文件和其他有关文件不具备法律效力。需要注意的是，国家专利局受理处负责受理专利申请及其他有关文件；国家专利局设置在若干省、市的代办处仅负责受理专利申请，但不受理其中的涉外申请、分案申请、要求国内优先权的申请，也不受理其他中间文件。申请人在接到国家专利局发出的受理通知书（其中载有申请日、专利申请号等）后，一件申请才算是被正式受理。申请人应当在收到受理通知书后，最迟自申请之日起两个月内缴纳申请费、公布印刷费和必要的附加费；期满未缴纳或者未缴足的，其申请被视为撤回。

申请人递交或邮寄的申请文件，必须是符合专利法要求格式的完整的文件，否则不视为提交；专利申请文件存在《专利法实施细则》第 39 条规定情形之一的，国家专利局不予受理，不予确定申请日。专利申请符合下列条件的，国家专利局应予受理，并予确定申请日，编定申请号。

（1）申请文件中有请求书。该请求书中申请专利的类别明确；写明了申请人姓名或者名称及其地址。

（2）发明专利申请文件中有说明书和权利要求书；实用新型专利申请文件中有说明书、说明书附图和权利要求书；外观设计专利申请文件中有图片或者照片和简要说明。

（3）申请文件是使用中文录入或者印刷的。全部申请文件的字迹和线条清晰可辨，没有涂改，能够分辨其内容。发明或者实用新型专利申请的说明书附图和外观设计专利申请的图片是用不易擦去的笔迹绘制，并且没有涂改。

（4）申请人是外国人的，应符合《专利法》第 19 条第 1 款的有关规定，其所属国应符合《专利法》第 18 条的有关规定。

（5）申请人是香港、澳门或者台湾地区的个人、企业或者其他组织的，应按有关规定办理委托手续。

中国单位或者个人在国内申请专利和办理其他专利事务的，既可以自己办理，也可以委托依法设立的专利代理机构办理。而在中国没有经常居所或者营业所的外国人、外国企业或者外国其他组织在中国申请专利和办理其他专利事务的，应当委托依法设立的专利代理机构办理。需要注意的是，在中国内地没有经常居所或者营业所的香港、澳门或者台湾地区的申请人向国家专利局提出专利申请和办理其他专利事务，或者作为第一署名申请人与中国内地的申请人共同申请专利和办理其他专利事务的，应当委托专利代理机构办理。

2. 专利申请日的确定及其意义

申请日是指国家专利局收到符合法律规定的专利申请文件的日期，也是国家专利局受理申请的标志。在发明人或者设计人完成一项发明创造后，如果经过评估，决定争取专利保护的，应当及早提出专利申请，以便取得一个较早的申请日。《专利法》第 28 条规定："国务院专利行政部门收到专利申请文件之日为申请日。如果申请文件是邮寄的，以寄出的邮戳日为申请日。"信封上寄出的邮戳日不清晰的，除当事人能够提出证明外，以国家专利局实际收到专利申请文件的日期为申请日。

申请日的确定对于专利申请人的利益关系重大，对专利申请有着重要的意义，其法律意义主要体现在以下方面。[1]

（1）申请日是判断同一发明创造最先申请人及确定专利权的归属的根据。我国实行先申请原则，两个以上的申请人分别就同样的发明创造申请专利的，专利权授予最先申请的人，而申请的先后即根据各申请人的申请日（享有优先权的为优先权日）判断。

（2）申请日是要求优先权及确定相应的权利和义务的依据。如专利申请人主张专利申请的优先权，或主张专利申请属于不丧失新颖性的例外的，在有关期限的计算时均应确定申请日；又如发明专利申请自申请日起三年内申请人无正当理由逾期不请求实质审查的，该专利申请即被视为撤回。

（3）申请日判断和审查发明创造新颖性和创造性的时间界限。专利审查中进行的新颖性和创造性检索或判断是以现有技术为参照比较物的，而现有技术则是指申请日以前在国内外为公众所知的技术。申请日以后出现或者发生相同或相近似的技术方案，则不影响前一专利申请的新颖性或创造性。

（4）申请日是确定专利权授予后专利权期限的起算点，也是申请审查等一系列期限的计算起点。如专利权被授予后，发明专利权的期限为 20 年，实用新型专利权和外观设计专利权的期限为 10 年，均自申请日起计算。

（四）专利申请的修改、分案及撤回

1. 专利申请的修改

专利申请文件提出后，常常需要修改，原因是多方面的。有的是因为保护范围过宽，包含了现有技术或者不可能实施的内容；有的是因为申请提出比较仓促，对发明或者实用新型描述不够清楚，措辞不够正确等。为了保证专利申请人的最终专利申请文件能够清楚、完整、详细地描述发明创造的技术特征和充分、准确地界定请求法律保护的权利范围，在符合一定条件的前提下，专利法允许专利申请人在提出专利申请后对相关申请文件进行修改、补正。

专利申请文件的修改必须注意以下事项。

（1）修改的内容。《专利法》第 33 条规定："申请人可以对其专利申请文件进行修改。但是，对发明和实用新型专利申请文件的修改不得超出原说明书和权利要求书记载的范围。对外观设计专利申请文件的修改不得超出原图片或者照片表示的范围。"

（2）修改的时机。申请人主动要求修改专利申请的，应当在规定的时间内进行，即发明专利申请人在提出实质审查请求时以及在收到国家专利局发出的发明专利申请进入实质审查阶段通知书之日起的 3 个月内，可以对发明专利

[1] 丁丽瑛：《知识产权法》，厦门大学出版社 2002 年版，第 225 页。

申请主动提出修改；实用新型或者外观设计专利申请人自申请日起两个月内，可以对实用新型或者外观设计专利申请主动提出修改。申请人在收到国家专利局发出的审查意见通知书后对专利申请文件进行修改的，应当按照通知书的要求进行修改。当然，国家专利局依法也可以自行修改专利申请文件中文字和符号的明显错误，但应当通知申请人。

（3）修改的方式。发明或者实用新型专利申请的说明书或者权利要求书的修改部分，除个别文字修改或者增删外，应当按照规定格式提交替换页。外观设计专利申请的图片或者照片的修改，应当按照规定提交替换页。需要注意的是，违反发明单一性要求的专利申请的修改，必须将原申请分成两个或更多的申请，即专利申请的分案。

2. 专利申请的分案

根据我国专利法的规定，不符合单一性原则的专利申请，应当由申请人自动修正，或根据国家专利局审查员的要求，将该申请分成两件或两件以上的符合单一性规定的专利申请。这就是对发明创造专利申请进行分案。

在专利申请审查实践中，一件专利申请存在下列不符合单一性情况的，专利审查员应当要求申请人对申请文件进行修改（包括分案处理），使其符合单一性要求。[1]

（1）原权利要求书中包含不符合单一性规定的两项以上发明。原始提交的权利要求书中包含不属于一个总的发明构思的两项以上发明的，应当要求申请人将该申请限制至其中一项发明；对于其余的发明，申请人可以提交分案申请。

（2）在修改的申请文件中所增加或替换的独立权利要求与原权利要求书中的发明之间不符合单一性。在审查过程中，申请人在修改权利要求时，将原来仅在说明书中描述的发明作为独立权利要求增加到原权利要求书中或替换原独立权利要求，而该发明与原权利要求的发明之间缺乏单一性。在此情况下，审查员应当要求申请人将后增加的发明从权利要求书中删除。申请人可以对该删除的发明提交分案申请。

（3）独立权利要求之一缺乏新颖性或创造性，其余的权利要求之间缺乏单一性。某一独立权利要求缺乏新颖性或创造性，导致与其并列的其余独立权利要求之间甚至其从属权利要求之间失去相同的或者相应的特定技术特征，即缺乏单一性，因此需要对申请作分案处理。例如，一件包括产品、制造方法及用途的申请，经检索和审查发现，产品是已知的，其余的该产品制造方法独立权利要求与该产品用途独立权利要求之间显然不可能有相同或者相应的特定技

[1] 参见国家知识产权局《专利审查指南》（2010）。

术特征，因此它们需要分案申请。

上述情况的分案，可以是申请人主动要求分案，也可以是申请人按国家专利局要求而分案。需要注意的是，分案后是否提出分案申请，完全由申请人自愿决定。另外，一件申请可以提出一件或者一件以上的分案申请，一件分案申请本身又可以再分出一件或者一件以上的分案申请。

提出分案申请的，应当符合法律所规定的分案申请的时间。按照专利法的相关规定，不论是国家专利局要求的分案还是申请人主动进行的分案，申请人既可以在收到国家专利局发出授予专利权的通知之前提出分案申请，也可以自收到授予专利权的通知之日起两个月内提出分案申请。但是，需要注意的是，专利申请已经被驳回且已生效、或者已经被撤回或者视为撤回但尚未恢复的，就不允许再提出分案申请。

3. 专利申请的撤回

专利申请提出后专利权授予前，专利申请可能由于各种不同的原因而被申请人主动撤回，或被国家专利局视为撤回。

申请人主动撤回其专利申请的，可以在被授予专利权之前随时撤回其专利申请。申请人撤回专利申请的，应当向国家专利局提出声明，写明发明创造的名称、申请号和申请日。撤回专利申请的声明在国家专利局作好公布专利申请文件的印刷准备工作后提出的，申请文件仍予公布；但是，撤回专利申请的声明应当在以后出版的专利公报上予以公告。

专利申请被视为撤回，主要存在下述情形：其一，发明专利申请自申请日起三年内，国家专利局可以根据申请人随时提出的请求，对其申请进行实质审查；申请人无正当理由逾期不请求实质审查的，该申请即被视为撤回；其二，发明专利已经在外国提出过申请的，国家专利局可以要求申请人在指定期限内提交该国为审查其申请进行检索的资料或者审查结果的资料；无正当理由逾期不提交的，该申请即被视为撤回；其三，国家专利局对发明专利申请进行实质审查后，认为不符合专利法规定的，通知申请人在指定的期限内陈述意见或者对其申请进行修改，申请人无正当理由逾期不答复的，该申请即被视为撤回。

无论专利申请是主动撤回还是被视为撤回，将直接导致该申请的处理程序终止。但需要注意的是，该次申请的事实依然存在，如果原申请人是第一次申请，申请人可以就同一主题向我国或者外国申请专利，并以该被撤回的申请为基础，要求享有优先权。在优先权期间经过以后，只要申请内容没有公开过，也仍然可以就同一主题再次提出专利申请。此种情形下，由于没有优先权，该主题有可能被他人抢先提出专利申请或者已经丧失新颖性。[1]

---

[1] 汤宗舜：《专利法解说》（修订版），知识产权出版社 2002 年版，第 239 页。

三、专利申请的审批

（一）专利申请审批概述

各国专利法根据本国国情，都规定了本国的专利审查制度。从世界范围看，专利申请的审批制度可以归纳为两大类，一是不审查制，一是审查制。这两种制度又具体细化为不同的类型。

1. 不审查制

不审查制可以分为形式审查制和文献报告制。

（1）形式审查制。形式审查制又称为登记制，指专利申请受理机关在受理申请后，只就专利申请手续是否完备、是否符合规定的撰写要求等形式问题进行审查，并不就专利申请案所涉及的技术方案是否具备新颖性、创造性和实用性进行实质性审查，形式审查合格的即予以登记授权的制度。采用这种制度的国家主要是受法国 1844 年专利法影响的国家，其中有比利时、卢森堡、意大利、希腊、西班牙、葡萄牙、埃及、土耳其、伊朗、叙利亚、玻利维亚、海地、巴拿马、秘鲁、委内瑞拉以及其他法语非洲知识产权组织成员国。但事实上，许多采用登记制的国家仍是将发明创造是否属于不授予专利权的范围的审查包括在形式审查中。采用登记制虽简易高效，但难以保证所授予的专利权的质量，经常性地导致专利权的宣告无效。

（2）文献报告制。文献报告制指专利申请受理机关受理申请后，除了进行必要的形式审查外，还应当根据当事人的申请就与专利申请有关的技术进行检索，并作出一份以对比文献为基础的检索报告，由申请人根据该文献报告决定是否最终申请专利，若申请人坚持申请专利的，则专利受理机关应当予以登记授权。文献报告制是法国 1968 年专利法修改后建立的一种专利申请审批制度。文献报告制介于形式审查制与实质审查制之间，是一种折中的审查制度，一定限度上兼顾了形式审查制与实质审查制的优缺点，但从性质上仍然属于不审查制范围，因而不能根本上解决登记制所存在的缺陷。❶

2. 审查制

审查制即实质审查制，不仅对申请进行形式上的审查，而且一律进行实质审查，主要对专利申请的新颖性、创造性和实用性进行审查。这种制度的优点是能够保证专利质量，减少纠纷。其缺点是国务院专利行政部门必须设立庞大的审查员队伍，发明公开速度慢，从申请到批准的过程较长。该制度主要包括即时审查制和早期公开延迟审查制❷。

（1）即时审查制。即时审查制是指国家专利行政部门接到专利申请后，

---

❶ 丁丽瑛：《知识产权法》，厦门大学出版社 2002 年版，第 228 页。

❷ 刘春田：《知识产权法》（第二版），中国人民大学出版社 2002 年版，第 226 页。

立即进行形式审查，然后自动转入实质审查程序，通过实质审查的申请案予以公告授权的专利审查制度。目前，世界上大部分国家的专利法都采用这种制度。

（2）早期公开延迟审查制。早期公开延迟审查制是指在申请案通过形式审查后，将申请案的内容公开，待一定期限后再作实质审查，实质审查通过之后再进行授权的专利审查制度。这种审查制度是荷兰于1964年开始采用的一种制度，其原意是用以处理大量的专利申请积案，目前已为日本、德国等不少国家专利法所采纳。[1]

我国《专利法》针对不同的专利类型分别采取了不同的审查制度。对于发明专利采用早期公开延迟审查制，而实用新型和外观设计专利则采用登记制即形式审查制。

（二）发明专利申请的审批程序

我国对发明专利申请实行早期公开、请求审查制。国家专利局收到申请人的发明专利申请后，主要进行包括受理、初步审查、早日公开、实质审查及授权公告等在内的审批程序。

1. 受理

国家专利局收到申请文件后即进行申请文件的项目审查。如申请人交齐了文件（请求书、权利要求书、说明书和附图等），且交纳了申请费后，国家专利局将给予申请日和申请号。

2. 初步审查

初步审查或形式审查是一种非技术性审查。如果不合格，申请人会收到通知，并被要求限期补正。如果申请人没有按期补正，则其申请就被视为撤回。补正后仍不符合要求的，该申请将被驳回。

对发明专利申请的初步审查主要包括下述内容。

（1）是否按照《专利法》第26条提交了请求书、说明书、说明书摘要和权利要求书等符合规定格式的申请文件和其他必要的文件；提交的各种申请文件是否符合《专利法实施细则》第2条、第3条第1款规定的要求。

（2）是否明显属于《专利法》第5条（申请主题违反国家法律、社会公德或者妨害公共利益；违反法律、行政法规的规定获取或者利用遗传资源，并依赖该遗传资源完成的发明创造）、第25条（不授予专利权的技术领域）规定的情形。

（3）是否不符合《专利法》第18条、第19条第1款（外国申请人资格）、第20条第1款（保密审查）及第26条第2款（依赖遗传资源完成的发

[1] 马治国：《知识产权法学》，西安交通大学出版社2004年版，第175页。

明创造说明）的规定。

（4）是否明显不符合《专利法》第 2 条第 2 款（发明的定义）、第 26 条第 5 款（遗传资源的直接来源和原始来源）、第 31 条第 1 款（单一性）、第 33 条（修改）的规定。

（5）是否不符合《专利法实施细则》第 16 条（请求书的填写要求）、是否明显不符合《专利法实施细则》第 17 条至第 21 条（说明书及权利要求书的撰写要求）的规定。

3. 早日公开

国务院专利行政部门收到发明专利申请后，经初步审查认为符合专利法要求的，自申请日起满 18 个月，即行公布。国务院专利行政部门也可以根据申请人的请求早日公布其申请。申请人请求早日公布其发明专利申请的，应当向国务院专利行政部门声明。国务院专利行政部门对该申请进行初步审查后，除予以驳回的外，应当立即将申请予以公布。

自发明专利申请公布之日起至公告授予专利权之日止，任何人均可以对不符合专利法规定的专利申请向国务院专利行政部门提出意见，并说明理由。

4. 实质审查

发明专利申请经初步审查、早日公开后，自申请日起三年内，国务院专利行政部门可以根据申请人随时提出的请求，对其申请进行实质审查。当然，国务院专利行政部门认为必要的时候，依法也可以自行对发明专利申请进行实质审查。需要注意的是，申请人无正当理由逾期不请求实质审查的，该申请即被视为撤回。

发明专利申请的实质审查主要包括下列内容。

（1）申请专利的主题是否符合发明的定义，即是否是对产品、方法或者其改进所提出的新的技术方案。

（2）申请专利的主题是否违反国家法律、社会公德或者妨害公共利益；是否属于违反法律、行政法规的规定获取或者利用遗传资源，并依赖该遗传资源完成的发明创造；是否属于专利法规定的不授予专利权的技术领域。

（3）申请专利的主题是否具备发明专利授权的实质性条件要求，即是否具有新颖性、创造性和实用性。

（4）申请是否符合单一性原则、禁止重复授权原则、先申请原则以及保密审查原则的规定和要求。

（5）说明书是否对发明作出清楚、完整的说明；权利要求书是否以说明书为依据，说明了要求专利保护的范围，独立权利要求是否从整体上反映发明的技术方案，记载解决技术问题的必要技术特征；如涉及依赖遗传资源完成的发明创造，是否在专利申请文件中说明该遗传资源的直接来源和原始来源等。

（6）申请的修改或者分案的申请是否超出了原说明书或权利要求书记载的范围，是否符合规定的要求。实质审查要解决申请专利的发明是否满足授予专利权的实质条件，是否应批准为专利的问题。在实质审查中，国家专利局应当将审查意见通知申请人，要求其在指定的期限内陈述意见或者补正；申请人期满未答复的，其申请被视为撤回。申请人陈述意见或补正后，国家专利局仍然认为发明专利申请存在《专利法实施细则》第53条规定情形，不符合发明专利授权条件的，应当将申请予以驳回。

5. 授权公告

发明专利申请经实质审查没有发现驳回理由的，由国务院专利行政部门作出授予发明专利权的决定，发给发明专利证书，同时予以登记和公告。发明专利权自公告之日起生效。

（三）实用新型和外观设计专利申请的审批程序

我国对实用新型和外观设计专利申请实行的是形式审查制，审批程序包括受理、初步审查、授权公告等审批流程。国家专利局收到申请人的实用新型或外观设计专利申请后即进行申请文件的项目审查。如申请人依法提交了符合规定格式的申请文件和其他必要的文件且按规定缴纳专利申请费后，国家专利局将给予申请日和申请号，即受理该实用新型或外观设计专利申请，并依法进行初步审查。

《专利法实施细则》第44条具体规定了实用新型和外观设计专利申请初步审查的内容要求。

1. 实用新型专利申请初步审查的内容

（1）是否按照《专利法》第26条提交了请求书、说明书（说明书应当有附图）、说明书摘要和权利要求书等符合规定格式的申请文件和其他必要的文件；提交的各种申请文件是否符合《专利法实施细则》第2条、第3条第1款规定的要求。

（2）是否明显属于《专利法》第5条（申请主题违反国家法律、社会公德或者妨害公共利益）、第25条（不授予专利权的技术领域）规定的情形。

（3）是否不符合《专利法》第18条、第19条第1款（外国申请人资格）、第20条第1款（保密审查）的规定。

（4）是否不符合《专利法实施细则》第16条（请求书的填写要求）、第17条至第19条（说明书、说明书附图及权利要求书的撰写要求）、第21条至23条（独立权利要求、从属权利要求及说明书摘要的撰写要求）的规定。

（5）是否明显不符合《专利法》第2条第3款（实用新型的定义）、第22条第2款（新颖性）及第4款（实用性）、第26条第3款（说明书、说明书附图及说明书摘要）及第4款（权利要求书）、第31条第1款（单一性）、

第33条（修改）、《专利法实施细则》第20条（独立权利要求和从属权利要求）及第43条第1款（分案申请的申请日及优先权）的规定。

（6）是否属于依照《专利法》第9条（禁止重复授权原则、先申请原则）规定不能取得专利权的情形。

2. 外观设计专利申请初步审查的内容

（1）是否按照《专利法》第27条提交了请求书、图片或者照片以及简要说明等符合规定格式的申请文件和其他必要的文件；提交的各种申请文件是否符合《专利法实施细则》第2条、第3条第1款规定的要求。

（2）是否明显属于《专利法》第5条（申请主题违反国家法律、社会公德或者妨害公共利益）、第25条第1款第（6）项（对平面印刷品的图案、色彩或者二者的结合作出的主要起标识作用的设计不授予专利权）规定的情形。

（3）是否不符合《专利法》第18条、第19条第1款（外国申请人资格）的规定。

（4）是否不符合《专利法实施细则》第16条（请求书的填写要求）、第27条（图片或者照片）、第28条（简要说明）的规定。

（5）是否明显不符合《专利法》第2条第4款（外观设计的定义）、第23条第1款（新颖性）、第27条第2款（图片或者照片）、第31条第2款（单一性）、第33条（修改）、《专利法实施细则》第43条第1款（分案申请的申请日及优先权）的规定。

（6）是否属于依照《专利法》第9条（禁止重复授权原则、先申请原则）规定不能取得专利权的情形。

在初步审查中，国家知识产权局如果认为实用新型和外观设计专利申请不符合法律规定要求，应当将审查意见通知申请人，要求其在指定的期限内陈述意见或者补正；申请人期满未答复的，其申请被视为撤回。申请人陈述意见或补正后，国家知识产权局仍然认为不符合审查要求的，应当予以驳回。

根据《专利法》第40条的规定，实用新型和外观设计专利申请经初步审查没有发现驳回理由的，由国务院专利行政部门作出授予实用新型专利权或者外观设计专利权的决定，发给相应的专利证书，同时予以登记和公告。实用新型专利权和外观设计专利权自公告之日起生效。

四、专利申请的复审

复审程序是专利申请过程中的一个特别程序，由国家知识产权局专利复审委员会受理和审理。专利申请人对国家专利局驳回申请的决定不服的，可以自收到通知之日起三个月内，向专利复审委员会请求复审。专利复审委员会复审后，作出决定，并通知专利申请人。专利申请人对专利复审委员会的复审决定不服的，可以自收到通知之日起三个月内向人民法院起诉。

应当注意的是，复审程序作为专利审批流程中的一个独立法律程序，其实质上是一种监督程序。复审的主要任务是检查国家专利局或审查员所作出的驳回专利申请的决定是否正确，是否符合专利法的规定，以及当事人的合法权益是否由于国家专利局工作人员违法或处理不当而受到侵犯。专利复审程序设置的根本目的是为了确保国务院专利行政部门审批专利的质量，给予当事人依法申诉的机会，维护申请人和专利权人的正当权益，维护社会公共利益。因此，尽管复审程序是专利审批程序中的一部分，但并非所有的专利申请都需要经过复审程序，只有当申请人对驳回申请的决定不服，依法向专利复审委员会提出专利复审请求后，复审程序才会启动。当然，复审请求人在专利复审委员会作出决定前，可以撤回其复审请求。复审请求人在专利复审委员会作出决定前撤回其复审请求的，复审程序终止。

依照我国专利法的规定，启动专利申请的复审程序需要具备以下条件。

1. 专利复审只能针对专利申请人的专利申请被国家专利局驳回的决定

专利复审只能针对专利申请人的专利申请被国家专利局驳回的决定，而对国家知识产权局或者有关部门作出的其他决定或者通知不服，如对国家知识产权局“不予受理”、“视为撤回”、“视为未提出”的通知或决定不服而请求国家知识产权局复审的，专利复审委员会不予受理。申请人应当依照“国家知识产权局行政复议规程”的规定，请求国家知识产权局对该决定或者通知进行复议。[1]

2. 专利申请人依法提出了复审请求

请求复审的当事人应当提交复审请求书，说明理由，必要时还应当附具有关证据。复审请求书不符合规定格式的，复审请求人应当在专利复审委员会指定的期限内补正；期满未补正的，该复审请求视为未提出。

3. 专利申请人必须在法律规定的期限内提出复审请求

专利申请人对国务院专利行政部门驳回申请的决定不服的，可以自收到通知之日起3个月内，向专利复审委员会请求复审。超过3个月期限不提出复审请求的，国务院专利行政部门驳回申请的决定生效。

五、专利申请的授权与公告

（一）专利权登记手续的办理

申请人在接到国务院专利行政部门发出的授予专利权的通知之后，应当自收到通知之日起2个月内办理专利权登记手续。申请人办理登记手续时，应当缴纳专利登记费、公告印刷费和授予专利权当年的年费；期满未缴纳或者未缴足的，视为未办理登记手续。申请人按期办理登记手续的，国务院专利行政部

---

[1] 黄勤南：《新编知识产权法教程》，法律出版社2003年版，第248页。

门授予专利权，发给相应的专利证书，同时予以登记和公告，专利权自公告之日起生效，专利申请人即成为专利权人；逾期不办理登记手续的，则视为申请人放弃取得专利权的权利。

（二）专利登记簿与专利公报

根据《专利法实施细则》第 89 条的规定，国务院专利行政部门设置专利登记簿，登记下列与专利申请和专利权有关的事项：① 专利权的授予；② 专利申请权、专利权的转移；③ 专利权的质押、保全及其解除；④ 专利实施许可合同的备案；⑤ 专利权的无效宣告；⑥ 专利权的终止；⑦ 专利权的恢复；⑧ 专利实施的强制许可；⑨ 专利权人的姓名或者名称、国籍和地址的变更。专利登记簿的事项具有法律效力，任何人可依法请求国务院专利行政部门出具专利权登记副本，以作为相关法律事务凭证。

同时，专利法规定国务院专利行政部门应当完整、准确、及时发布专利信息，定期出版专利公报，并应当提供专利公报、发明专利申请单行本以及发明专利、实用新型专利、外观设计专利单行本，供公众免费查阅。根据《专利法实施细则》第 90 条的规定，专利公报主要公布或者公告下列内容：① 发明专利申请的著录事项和说明书摘要；发明专利申请的实质审查请求和国务院专利行政部门对发明专利申请自行进行实质审查的决定；发明专利申请公布后的驳回、撤回、视为撤回、视为放弃、恢复和转移；② 专利权的授予以及专利权的著录事项；发明或者实用新型专利的说明书摘要，外观设计专利的一幅图片或者照片；③ 国防专利、保密专利的解密；④ 专利权的无效宣告；专利权的终止、恢复；专利权的转移；⑤ 专利实施许可合同的备案；专利权的质押、保全及其解除；专利实施的强制许可的给予；⑥ 专利权人的姓名或者名称、地址的变更；文件的公告送达；国务院专利行政部门作出的更正以及其他有关事项。

（三）专利权评价报告

专利权评价报告是指在涉及实用新型专利或者外观设计专利的侵权纠纷处理过程中，根据人民法院或者管理专利工作的部门要求，专利权人或者利害关系人请求国务院专利行政部门对相关实用新型或者外观设计进行检索、分析和评价后作出的对该实用新型或者外观设计专利权的有效性进行评价的报告。授予实用新型或者外观设计专利权的决定公告后，符合条件的专利权人或者利害关系人可以请求国务院专利行政部门作出专利权评价报告，作为审理、处理专利侵权纠纷的证据。

专利权人或者利害关系人请求作出专利权评价报告的，应当提交专利权评价报告请求书，写明专利号，每项请求应当限于一项专利权。国务院专利行政部门应当自收到专利权评价报告请求书后 2 个月内作出专利权评价报告。对同一项实用新型或者外观设计专利权，有多个请求人请求作出专利权评价报告的，国务院专利行政部门仅作出一份专利权评价报告。任何单位或者个人可以查阅或者复制该专利权评价报告。

第七节　专利权的消灭

一、专利权的期限

专利权期限，即专利权的保护期限，是指专利权受法律保护的最长期限。专利权与其他知识产权一样具有法定期限性，取得专利权的发明创造仅在专利权期限内享有受法律保护的独占性的专利实施权。专利权期限届满后，该发明创造便不再具有独占的法律性质，进入公有领域，成为人类共同的知识财富，任何单位或者个人均可以自由实施而不需要经过授权和付费。

从世界各国专利法的规定来看，专利权的期限并没有统一的规定。一般各国对发明专利权规定了较长的期限，15 年至 20 年不等；对实用新型和外观设计专利权则规定相对较短的期限，通常不超过 10 年。各国立法对专利权期限的设定一般考虑既要保护和实现专利权人应得的经济利益，又要有利于发明创造的推广应用，同时考虑本国经济和技术的发展水平以及专利权国际保护的一般标准。根据我国现行《专利法》第 42 条的规定，发明专利权的期限为 20 年，实用新型专利权和外观设计专利权的期限为 10 年，均自申请日起计算。

二、专利权的终止

专利权的终止，是指专利权法律效力的消灭。专利权终止后，原专利权人对原专利技术不再享有独占实施的权利，任何单位或者个人均可以自由地、无偿地使用专利权终止的公开技术。专利权的终止包括两种情形，即正常终止和提前终止。

专利权因专利权期限的届满而终止，这是专利权的正常终止。除此之外，有下列情形之一的，专利权在期限届满前终止：一是专利权人没有按照规定缴纳专利年费的；二是专利权人以书面声明放弃其专利权的。专利权在期限届满前终止的，由国务院专利行政部门登记和公告。

三、专利权的无效宣告

（一）专利权无效宣告概述

专利权无效宣告，是指已经授予的专利权因不符合专利法的有关规定，被专利复审委员会宣告自始不具有法律效力。

国家专利局根据专利法授予的专利权，依法推定是有效的。然而，专利权的有效性和稳定性主要取决于对专利申请的审查质量。在专利审查过程中，无论审查员如何谨慎仔细，审查工作难免会有失误。特别是，由于审查制度设置的差异，实用新型和外观设计专利权的授予没有经过实质审查，有些专利的授权很有可能不符合授予专利权的实质性条件，是不应当获得授权的。因此，为了弥补这种因为审查失误或审查程序设置的缺陷，专利法规定了无效宣告程序，赋予有关当事人请求无效宣告的权利。从程序公正的角度而言，专利权的无效宣告程序也可以看做是一种授权后的公众监督程序。《专利法》第45条规定："自国务院专利行政部门公告授予专利权之日起，任何单位或者个人认为该专利权的授予不符合本法有关规定的，可以请求专利复审委员会宣告该专利权无效。"

（二）无效宣告请求的理由

请求宣告专利权无效的，请求人应当向专利复审委员会提交专利权无效宣告请求书和必要的证据，并应当具体说明无效宣告请求的理由。根据《专利法实施细则》第65条第2款的规定，请求宣告专利权无效的理由主要包括以下方面。

（1）被授予专利权的发明创造不符合《专利法》第2条规定的发明、实用新型或者外观设计的定义。

（2）被授予专利权的发明或者实用新型不符合《专利法》第20条第1款规定的保密审查程序。

（3）授予专利权的发明或者实用新型不具备《专利法》第22条规定的新颖性、创造性或者实用性；被授予专利权的外观设计不符合《专利法》第23条规定的授权条件要求。

（4）被授予专利权的发明或者实用新型，其说明书未对发明或者实用新型作出清楚、完整的说明；其权利要求书未能以说明书为依据，清楚、简要地限定要求专利保护的范围；其独立权利要求未能从整体上反映发明或者实用新型的技术方案，记载解决技术问题的必要技术特征。被授予专利权的外观设计的有关图片或者照片未能清楚地显示要求专利保护的产品的外观设计。

（5）被授予专利权的发明或者实用新型，其专利申请文件的修改超出了原说明书和权利要求书记载的范围；被授予专利权的外观设计，其外观设计申请文件的修改超出了原图片或者照片表示的范围。

（6）被授予专利权的发明创造属于保留原申请日（或者优先权日）的分案申请，但是超出原申请记载的范围。

（7）被授予专利权的发明创造属于《专利法》第5条、第25条规定的情形，不能授予专利权。

（8）被授予专利权的发明创造违反《专利法》第9条规定的禁止重复授权原则或者先申请原则，不能取得专利权。

（三）无效宣告请求的提出与审查

请求宣告专利权无效的，请求人应当向专利复审委员会提交专利权无效宣告请求书和必要的证据一式两份。请求书应当结合提交的所有证据，具体说明无效宣告请求的理由，并指明每项理由所依据的证据。在专利复审委员会受理无效宣告请求后，请求人可以在提出无效宣告请求之日起 1 个月内增加理由或者补充证据；逾期增加理由或者补充证据的，专利复审委员会可以不予考虑。需要注意的是，请求人以外观设计专利授权不符合《专利法》第 23 条第 3 款的规定，即以授予专利权的外观设计与他人在申请日以前已经取得的合法权利相冲突为理由请求宣告外观设计专利权无效，但是未提交证明权利冲突的证据的，专利复审委员会不予受理。

专利复审委员会对宣告专利权无效的请求应当及时审查和作出决定，并通知请求人和专利权人。专利复审委员会应当将专利权无效宣告请求书和有关文件的副本送交专利权人，要求其在指定的期限内陈述意见。专利权人和无效宣告请求人应当在指定期限内答复专利复审委员会发出的转送文件通知书或者无效宣告请求审查通知书；期满未答复的，不影响专利复审委员会审理。专利复审委员会根据当事人的请求或者案情需要，可以决定对无效宣告请求进行口头审理。专利复审委员会决定对无效宣告请求进行口头审理的，应当向当事人发出口头审理通知书，告知举行口头审理的日期和地点。当事人应当在通知书指定的期限内作出答复。请求人未在指定的期限内作出答复，并且不参加口头审理的，其无效宣告请求视为撤回；专利权人不参加口头审理的，可以缺席审理。

专利复审委员会经审查，作出宣告专利权无效或者维持专利权的决定。宣告专利权无效的决定，应当由国家知识产权局登记和公告。专利权人或者无效宣告请求人对专利复审委员作出的决定不服的，可以自收到通知之日起 3 个月内向人民法院起诉；人民法院应当通知无效宣告请求程序的对方当事人作为第三人参加诉讼。

需要注意的是，专利复审委员会对无效宣告的请求作出决定前，无效宣告请求人可以撤回其请求。一般情况下，专利复审委员会作出决定之前，无效宣告请求人撤回其请求或者其无效宣告请求被视为撤回的，无效宣告请求审查程序终止。但是，专利复审委员会认为根据已进行的审查工作能够作出宣告专利权无效或者部分无效的决定的，不终止审查程序。

（四）宣告专利权无效的法律效力

根据《专利法》第 47 条的规定，宣告无效的专利权视为自始即不存在。但是，宣告专利权无效的决定，对在宣告专利权无效前人民法院作出并已执行的专利侵权的判决、调解书，已经履行或者强制执行的专利侵权纠纷处理决定，以及已经履行的专利实施许可合同和专利权转让合同，不具有追溯力。

需要注意的是，专利权无效宣告不溯及既往的效力存在以下两种例外情形，一是因专利权人的恶意给他人造成的损失，应当给予赔偿；二是不返还专利侵权赔偿金、专利使用费、专利权转让费，明显违反公平原则的，应当全部或者部分返还。

（五）请求专利权提前终止与请求宣告专利权无效的区别

请求专利权提前终止与请求宣告专利权无效是两个完全不同的概念，主要区别如下。

（1）请求人不同。请求专利权提前终止的请求人必须是专利权人自己；请求宣告专利权无效的人可以是任何单位或者个人，但一般是专利侵权纠纷中的被告。

（2）请求理由和原因不同。请求专利权提前终止的原因主要是专利权人主观上不想要该专利权；请求宣告专利权无效的理由是该专利权的授予不符合专利法的规定。

（3）受理请求的机构不同。请求专利权提前终止的专利权人应向国家专利局提出书面请求，声明其愿意放弃专利权，或专利权人只需向国家专利局停止交付年费即可；请求宣告专利权无效的，请求人应向专利复审委员会提出请求。

（4）请求专利权提前终止和请求宣告专利权无效的效果不同。请求专利权提前终止的，该请求一旦批准和公告，专利权人将对该发明创造自公告之日起不再享有专有权，但其效力不溯及既往。专利权被宣告无效的，产生溯及既往的效力，该专利权被视为自始即不存在。[1]

第八节　专利权的内容与限制

一、专利权内容概述

专利权的内容，是指专利权法律关系中的权利主体与义务主体之间的权利和义务关系，它是构成专利权法律关系的一个重要组成部分。专利权的内容具体表现为专利权人的权利和义务。

专利法的宗旨和目的就是保护专利权人的合法权益，鼓励发明创造，推动发明创造的应用，提高创新能力，促进科学技术进步和经济社会发展。保护专利权人的合法权益首先就是赋予专利权人一种独占排他的专有权利，其主要内容包括独占实施权、许可权、转让权、出质权、标记权及放弃权等，并保证专

[1] 黄勤南：《新编知识产权法教程》，法律出版社2003年版，第260页。

利权人权利的实现。专利权人在享有权利的同时也要履行相应义务，如按期缴纳专利权年费，否则可能要承受专利权在期限届满之前终止的后果。

二、专利权人的权利

专利权与著作权、商标权等知识产权一样，具有财产权利性质。专利权人依法取得与财产所有人一样的法律地位，即任何人实施专利所保护的发明创造，必须征得专利权人的许可。未经专利权人的许可而实施其发明创造，除非存在法律所规定的特别情形，否则即构成对专利权人专利权的侵犯。关于专利权人权利的内容，主要包括以下方面。

（一）独占实施权

《专利法》第11条规定："发明和实用新型专利权被授予后，除本法另有规定的以外，任何单位或者个人未经专利权人许可，都不得实施其专利，即不得为生产经营目的制造、使用、许诺销售、销售、进口其专利产品，或者使用其专利方法以及使用、许诺销售、销售、进口依照该专利方法直接获得的产品。外观设计专利权被授予后，任何单位或者个人未经专利权人许可，都不得实施其专利，即不得为生产经营目的制造、许诺销售、销售、进口其外观设计专利产品。"

该规定是关于专利权人对其专利享有的独占实施权的内容的法律规定。根据该规定，专利权人依法享有的独占实施权具体体现在商品制造和流通领域的每一个环节。就产品而言，独占实施权是指制造、使用、许诺销售、销售、进口其专利产品；就方法而言，是指使用其专利方法以及使用、许诺销售、销售、进口依照该专利方法直接获得的产品。由此可见，专利权人的独占实施权具体包括制造权、使用权、许诺销售权、销售权及进口权。

（1）制造权。制造，是指产品的产业化成批量生产。制造专利产品，是指权利要求书中所说明的专利产品在实践中被实现。制造权，是指专利权人享有独占地制造专利产品，禁止他人未经许可，以生产经营为目的制造相同产品的权利。需要注意的是，制造专利产品的行为是否包括制造与专利产品类似的产品，包括类似产品到什么程度，这是一个难题。原则上，这是权利要求书的解释问题。如果权利要求的内容可以解释为也包括与权利要求中说明的产品类似的产品，则保护范围便可包括类似的产品。❶

（2）使用权。使用权的范围包括为生产经营目的使用专利产品，或者使用专利方法，或者使用依照专利方法直接获得的产品。其中，使用专利产品，是指将专利产品应用在产业制造或经营中，使其技术性能得到发挥和实现；使用专利方法，指将专利方法应用于产业制造中，获得某种特定的产品或实现某

❶ 汤宗舜：《专利法教程》（第三版），法律出版社2003年版，第167页。

种特定的效益；使用依照专利方法直接获得的产品，指将依照专利方法直接获得的产品应用在产业制造或经营中。显然，依照我国现行专利法的规定，就专利产品而言，专利权的范围仅及于专利产品自身；就专利方法而言，专利权的范围不仅及于专利方法，而且延及依照该专利方法直接获得的产品。

（3）许诺销售权。许诺销售，是指以做广告、在商店橱窗中陈列或者在展销会上展出等方式作出销售商品的意思表示。许诺销售权是我国《专利法》2000 年修订时根据世界贸易组织《知识产权协议》第 28 条关于“Offering For Sale”的规定的精神而增设的，其目的在于通过赋予专利权人对其专利产品的许诺销售权，使专利权人在商业交易的早期阶段能够及时扼制侵权行为的发生以及侵权产品的蔓延和传播，从而强化对专利权人权利的保护。同时，我国《专利法》2008 年修订时，增加了外观设计专利权人针对其外观设计专利产品的许诺销售权，扩大了外观设计专利权人的权利范围。

（4）销售权。销售，是指以专利产品所有权转移为目的的交易行为，它是专利产品进入市场进行流通和传播的重要途径。销售权，是指专利权人享有独占销售专利产品或者依照专利方法直接获得的产品的权利，有权禁止他人未经许可销售相关产品。

（5）进口权。进口权，是指专利权被授予后，除法律另有规定的以外，专利权人有权阻止他人未经专利权人许可，为生产经营性的制造、使用、销售用途而进口其专利产品或者进口依照其专利方法直接获得的产品。进口权是我国《专利法》1992 年第一次修订时根据我国的国情和专利权保护的国际发展趋势而增设的一项权利。该权利的规定表明，专利权穷竭原则在我国的适用仅限于所在国国内范围，国际间的与专利权有关的货物贸易仍应当经过专利权人的事先授权。[1]

需要注意的是，专利权人的独占实施权是在法律规定范围内的独占实施权，如存在法律规定的例外情形，则产生对专利权人独占实施权的限制问题。关于这一点，在以下章节中我们再作进一步的探讨。

（二）许可权

专利权人除了享有独占实施权外，还可以依法许可第三人实施其专利，即专利权人可以许可他人在一定期间、一定区域内以排他性或非排他性的方式实施其专利。《专利法》第 12 条规定：“任何单位或者个人实施他人专利的，应当与专利权人订立实施许可合同，向专利权人支付专利使用费。被许可人无权允许合同规定以外的任何单位或者个人实施该专利。”由此可见，专利权人行使许可权以与被许可人签订专利实施许可合同为基本要件。关于专利实施许可

[1] 丁丽瑛：《知识产权法》，厦门大学出版社 2002 年版，第 237 - 239 页。

合同应当注意以下问题。

（1）专利实施许可合同的标的是专利权，是已经授予专利权的技术成果。这是专利实施许可合同和技术秘密转让合同、专利申请权转让合同的区别所在。

（2）专利实施许可合同转让的是专利的实施权，即转移的是部分或者全部的专利使用权，专利权并没有转移，仍属于专利权人。这是专利实施许可合同和专利权转让合同的区别所在。

（3）专利权人和被许可人的权利和义务由合同约定，合同没有特别约定的，被许可人不得允许其他单位或者个人实施专利。

（4）专利实施许可的方式包括独占的实施许可、排他的实施许可及普通的实施许可三种类型。专利实施许可合同应当明确实施许可的类型，没有约定或者约定不明确的，视为普通的实施许可。

（5）专利实施许可合同需要经过备案。《专利法实施细则》第 14 条规定，专利权人与他人订立的专利实施许可合同，应当自合同生效之日起 3 个月内向国务院专利行政部门备案。

（三）转让权

《专利法》第 10 条第 1 款规定："专利申请权和专利权可以依法转让。"因此，发明创造完成后发明人或设计人或者依法享有专利申请权的单位可以依法转让专利申请权；专利权授予后，专利权人可以依法转让专利权。转让专利申请权或者专利权的，当事人应当订立书面转让合同。专利申请权转让合同或者专利权转让合同属于技术转让合同，应当符合《合同法》的规定，转让人与受让人的权利和义务由合同约定。需要注意的是，中国单位或者个人向外国人、外国企业或者外国其他组织转让专利申请权或者专利权的，应当依照有关法律、行政法规的规定办理手续。

1. 专利权转让合同

（1）专利权转让合同的概念及特征。

专利权转让合同是转让方将其所有的发明创造专利权移交受让方，受让方支付约定价款的合同。除具有技术转让合同的一般特征外，专利权转让合同还具有如下特征。

第一，专利权转让合同的标的是专利权。专利权转让合同的标的既不是技术秘密，也不是专利申请权，而是已经授予专利权的技术成果。这是专利权转让合同和技术秘密转让合同、专利申请权转让合同的区别所在。

第二，专利权转让合同转让的是专利的所有权。专利权是发明创造的权利人在一定期限内依法享有的对技术成果的专有权。《专利法》明确赋予了专利权人转让其专利的权利。但与专利实施许可合同不同，专利实施许可合同转让的是实施权，专利权转让合同转让的是专利的所有权。

第三，专利权转让合同必须经过专利行政部门登记方才有效。转让专利权的，当事人应当订立书面合同，并向国务院专利行政部门登记，由国务院专利行政部门予以公告。专利权的转让自登记之日起生效。

（2）专利权转让合同的效力。

专利权转让合同的效力主要涉及让与人和受让人的权利义务。

专利权转让合同中让与人的主要义务，即受让人的主要权利，主要包括以下方面。

① 提供专利技术的有关资料。让与人应当将专利权在合同约定的期限内移交给受让方所有或者持有。在移交专利权时，让与人应当将有关的技术情报和资料提供给受让方，以便受让方能够及时准确地掌握该专利技术，有效地实施其专利权。如果需要，让与人还应提供必要的指导。

② 保证专利的真实、有效。《合同法》第 349 条规定："技术转让合同的让与人应当保证自己是所提供的技术的合法拥有者，并保证所提供的技术完整、无误、有效，能够达到约定的目标。"

受让人的主要义务，即让与人的主要权利，主要包括以下方面。

① 依照合同规定支付价款。专利权转让合同的受让人应向让与人支付专利权转让费。延迟支付价款，应补交使用费并按照约定支付违约金；如果不补交使用费或者支付违约金的，应当返还专利权，交还让与人的技术资料，并赔偿损失。

② 实施专利技术的义务。专利权转让后，受让人即成为专利权人，因而依法负有实施专利的义务，包括自行实施或许可他人实施。这首先是法律规定的义务。其次，在采取提成支付的付款方式时，受让人实施专利的情况直接决定让与人的利益，因此让与人必定要求受让人承担实施专利的义务。

2. 专利申请权转让合同

（1）专利申请权转让合同概述。

专利申请权转让合同，是指让与人将其对特定发明创造申请专利的权利转让给受让人，受让人支付约定价款的合同。专利申请权转让合同除具备技术转让合同的一般特征外，还具有以下法律特征。

① 专利申请权转让合同转让的标的是专利申请权，即转让就特定发明创造向国家专利局申请专利的权利。

② 专利申请权转让合同必须经过特殊的法律程序才能生效，即当事人必须订立书面合同，经国家专利局登记和公告后生效。中国单位或者个人向外国人或者外国组织转让专利申请权的，必须经国务院有关主管部门批准。

（2）专利申请权转让合同的效力。

与专利权转让合同的效力一样，专利申请权转让合同的效力也涉及让与人和受让人的主要权利义务。

专利申请权转让合同中让与人的主要义务，即受让人的主要权利包括以下几个方面。

① 向受让方转移专利申请权。除非合同因受让方违约等原因解除，让与人不能再行使申请专利的权利。让与人违反合同自行申请专利的，应承担违约责任。

② 向受让方提供申请专利和实施发明创造所需要的技术情报和资料。这是为了保证受让方行使申请专利的权利及有效实施受让的技术成果的根本要求。

③ 保密义务。由于在专利申请内容公布之前，提出专利申请的技术成果从本质上属于技术秘密。为保护受让人的合法权益，让与人应对申请专利的技术承担保密义务。让与人违反保密义务的，应向受让方支付违约金或赔偿损失。

专利申请权转让合同中受让人的主要义务（即让与人的主要权利）是向让与人支付合同约定的价款。否则，应按法律规定或合同约定向让与人支付违约金或赔偿损失。

（四）出质权

专利权具有财产权利属性，《中华人民共和国物权法》（以下简称《物权法》）第223条明确规定，专利权可以出质。由此可见，专利权人依法享有出质权。同时，根据《物权法》第227条及《专利法实施细则》第14条第3款的规定，以专利权出质的，当事人应当订立书面质押合同，质押合同可以是单独订立的合同，也可以是主合同中的担保条款。质押合同由出质人和质权人共同向国家知识产权局办理出质登记，质权自办理出质登记时设立。专利权的质押登记依照国家知识产权局2010年10月1日颁行的《专利权质押登记办法》办理。

关于专利权人以专利权出质的，需要注意以下两个问题：其一，以共有的专利权出质的，除全体共有人另有约定的以外，应当取得其他共有人的同意。其二，专利权出质后，出质人不得转让或者许可他人使用，但经出质人与质权人协商同意的除外；出质人转让或者许可他人实施出质的专利权的，出质人所得的转让费、许可费应当向质权人提前清偿债务或者提存。

（五）标记权

《专利法》第17条规定："专利权人有权在其专利产品或者该产品的包装上标明专利标识。"专利标记可以直接标明在专利权人制造、销售或者经专利权人许可制造、销售的专利产品上，或者标明于该产品的包装、产品介绍或者说明上。专利标记的标明意义在于公示相关产品的专利权保护。一方面向消费者提供该产品质量和技术性能的保证，使消费者感到值得信赖，并以此提高产品的信誉和竞争力，促进产品的销售；另一方面提醒同一领域的其他技术人员或者产品开发商、经销商，表明现有技术的发展水平，在一定范围内起到预防侵犯专利权行为发生的作用。

标明专利标记和专利号是专利权人的权利而非义务，这一点与注册商标标记有所不同。注册商标的标记既是商标权人的权利也是商标权人的义务。而作为一种权利，专利权人既有权标记，当然也可以不标记。但需要注意的是，如果专利权人行使标记权的，必须依法标记，即专利权人在其专利产品或者该产品的包装上标明专利标识的，应当按照国务院专利行政部门规定的方式予以标明。专利标识的具体标记办法必须符合国家知识产权局2003年7月1日起颁行的《专利标记和专利号标注方式的规定》的要求，如专利标识不符合规定的，管理专利工作的部门会依法责令改正。

（六）放弃权

放弃专利权，是指某项发明创造的专利权在法定的保护期限内，专利权人以作为或不作为的方式，不再主张其独占权利。专利权作为一项民事权利，依法当然可以放弃，这一点是毫无疑问的。但依据权利不得滥用的民法基本原则，专利权人行使其放弃权时，必须注意两点：第一，如果专利权是两人以上共有，应征得所有共有人同意；第二，专利权人与他人签订许可协议，在有效期间内放弃专利权，必须征得被许可方的同意或者与被许可人作出妥善的安排，否则，应赔偿被许可方由此造成的损失。

根据《专利法》第44条规定，专利权人放弃专利权的方式有两种：其一是没有按规定缴纳年费，自动放弃其专利权；其二是以书面声明的方式宣布放弃专利。专利权人放弃专利后，专利权即终止，该技术进入公有领域，任何个人和单位都可以无偿使用。

三、专利权人的义务

（一）按规定缴纳专利年费

我国《专利法》第43条规定："专利权人应当自被授予专利权的当年开始缴纳年费。"缴纳专利年费是专利权人最基本的义务。专利权人没有按照规定缴纳专利年费的，依照《专利法》第44条的规定，专利权在期限届满前终止。

专利权人应当自被授予专利权的当年开始缴纳年费，一般在办理登记手续时与专利登记费一同缴纳。期满未缴纳当年年费和规定的其他费用的，视为未办理登记手续并视为申请人放弃取得专利权的权利。

授予专利权当年以后的年费应当在上一年度期满前缴纳。专利权人未缴纳或者未缴足年费的，国务院专利行政部门应当通知专利权人自应当缴纳年费期满之日起6个月内补缴，同时缴纳滞纳金；滞纳金的金额按照每超过规定的缴费时间1个月，加收当年全额年费的5%计算；期满未缴纳的，专利权自应当缴纳年费期满之日起终止。

（二）公开发明创造

专利权的取得是以发明创造的公开为代价的。发明人或者设计人或者其所在的单位在获得专利权的同时，有义务将其发明创造对外公开，使同一技术领域的其他人员能够知悉和掌握。发明创造的公开要求清楚、完整、详细，不得对其请求获得专利权保护的技术内容有所保留和隐瞒，但不属于权利要求范围内的技术信息则不在公开之列。

在专利领域中，发明创造的公开是以请求书、说明书及其摘要、权利要求书、相关图片或者照片等专利申请文件的公开为方式的。发明创造公开的程度是否充分不仅影响专利申请是否获得批准，而且影响专利权授予后专利权是否被宣告无效。因而，发明创造的公开也应当视为专利权人的一项义务。

（三）积极实施专利

专利法的立法目的除了保护专利权人的合法权益，鼓励发明创造外，还在于推动发明创造的应用，提高创新能力，促进科学技术进步和经济社会发展。因此，专利权人在专利权授予后应当积极实施其专利技术方案，不得滥用权力限制发明创造的实施。

根据《专利法》第48条规定，专利权人自专利权被授予之日起满三年，且自提出专利申请之日起满四年，无正当理由未实施或者未充分实施其专利的，国务院专利行政部门根据具备实施条件的单位或者个人的申请，可以给予实施发明专利或者实用新型专利的强制许可。有学者认为，正如“禁止权利滥用”是物权法中的一项重要原则一样，在专利法领域中法律的精神是以专利权保护促进发明创造的尽早推广应用，反对过度的技术实施垄断。专利权授予后，专利权人可以自己实施专利，也可以许可他人实施专利。但若专利权人在专利权授予后，自己不实施专利或不具备专利的实施条件，又为垄断专利的实施而提出苛刻、不合理的条件而限制他人获得专利实施许可时，经具备实施条件的单位以合理的条件向国务院专利行政部门申请的，可以给予实施发明专利或者实用新型专利的强制许可。从这一意义上说，实施专利也应当视为专利权人的一项义务。[1]

四、专利权的限制

（一）专利权限制概述

专利权是具有垄断性质的独占排他权，法律赋予专利权人一定期限的垄断

---

[1] 丁丽瑛：《知识产权法》，厦门大学出版社2002年版，第241－243页。

专有权，保护专利权人的合法权益，目的在于鼓励发明创造，推动发明创造的应用，提高创新能力，从而促进科学技术进步和经济社会发展。但是，任何权利都只是相对的，专利权也不例外。专利权人在享有专有权利的同时也应当承担一定的义务。同时，专利法还规定了在特定条件下对专利权人独占实施权进行限制的条款，如《专利法》第 69 条中所规定的不视为侵犯专利权的情形，实际上就是对专利权人独占实施权进行限制的具体表现。对专利权人的独占实施权规定一定的限制，其目的是为了防止专利权人滥用权利，以平衡专利权人的垄断权与社会公众利益。除《专利法》第 69 条之外，《专利法》第 11 条、第 14 条、第 48 条至第 58 条等具体条款也存在涉及专利权人独占实施权例外的规定，以及对专利权人权利限制的规定。专利权的限制从总体而言包括时间限制、地域限制和行使限制三个方面。根据我国现行专利法的规定，对专利权的行使限制主要体现为以下方面，即专利实施的强制许可、专利实施的计划许可、特定情形下不视为侵犯专利权的行为及善意使用或销售行为的赔偿责任免除。

（二）专利实施的强制许可

专利实施的强制许可，即专利的非自愿许可实施，是指由国家专利行政主管机关依照法定条件和程序，以颁发实施专利的强制许可方式允许专利权人以外的其他人实施专利的一种制度。

我国专利法以专章规定了专利实施的强制许可。根据《专利法》第六章的规定，专利实施的强制许可主要有以下几种情形。

1. 滥用专利权的强制许可

《专利法》第 48 条规定，有下列情形之一的，国务院专利行政部门根据具备实施条件的单位或者个人的申请，可以给予实施发明专利或者实用新型专利的强制许可：

第一，专利权人自专利权被授予之日起满三年，且自提出专利申请之日起满四年，无正当理由未实施或者未充分实施其专利的；

第二，专利权人行使专利权的行为被依法认定为垄断行为，为消除或者减少该行为对竞争产生的不利影响的。

由此可见，滥用专利权的强制许可，包括不实施的强制许可和非法垄断的强制许可两种情形。需要注意的是，不实施的强制许可中所称的未充分实施其专利，是指专利权人及其被许可人实施其专利的方式或者规模不能满足国内对专利产品或者专利方法的需求。申请不实施的强制许可的单位或者个人应当提供证据，证明其以合理的条件请求专利权人许可其实施专利，但未能在合理的时间内获得许可。

2. 国家利益或者公共利益目的的强制许可

《专利法》第 49 条规定："在国家出现紧急状态或者非常情况时，或者为了公共利益的目的，国务院专利行政部门可以给予实施发明专利或者实用新型专利的强制许可。”

3. 公共健康目的的强制许可

《专利法》第50条规定：“为了公共健康目的，对取得专利权的药品，国务院专利行政部门可以给予制造并将其出口到符合中华人民共和国参加的有关国际条约规定的国家或者地区的强制许可。”

《专利法》第50条所称的取得专利权的药品，是指解决公共健康问题所需的医药领域中的任何专利产品或者依照专利方法直接获得的产品，包括取得专利权的制造该产品所需的活性成分以及使用该产品所需的诊断用品。需要注意的是，国务院专利行政部门依照《专利法》第50条的规定作出给予强制许可的决定，应当同时符合中国缔结或者参加的有关国际条约关于为了解决公共健康问题而给予强制许可的规定，但中国作出保留的除外。

4. 从属专利的强制许可

《专利法》第51条第1款规定，一项取得专利权的发明或者实用新型比前已经取得专利权的发明或者实用新型具有显著经济意义的重大技术进步，其实施又有赖于前一发明或者实用新型的实施的，国务院专利行政部门根据后一专利权人的申请，可以给予实施前一发明或者实用新型的强制许可。

同时，《专利法》第51条第2款规定，在依照前款规定给予实施强制许可的情形下，国务院专利行政部门根据前一专利权人的申请，也可以给予实施后一发明或者实用新型的强制许可。

申请从属专利的强制许可的单位或者个人应当提供证据，证明其以合理的条件请求从属专利的专利权人许可其实施专利，但未能在合理的时间内获得许可。

关于专利实施的强制许可，需要注意以下问题。

（1）依照专利法的规定，专利实施的强制许可仅适用于发明专利或者实用新型专利，外观设计专利不适用强制许可。

（2）请求给予强制许可的，请求人应当向国务院专利行政部门提交强制许可请求书，说明理由并附具有关证明文件。强制许可涉及的发明创造为半导体技术的，其实施限于公共利益的目的和《专利法》第48条第（2）项规定的不实施的强制许可情形。强制许可的实施应当主要为了供应国内市场，但非法垄断的强制许可和公共健康目的的强制许可除外。

（3）国务院专利行政部门作出的给予实施强制许可的决定，应当及时通知专利权人，并予以登记和公告。给予实施强制许可的决定，应当根据强制许可的理由规定实施的范围和时间。强制许可的理由消除并不再发生时，国务院专利行政部门应当根据专利权人的请求，经审查后作出终止实施强制许可的决定。

(4) 取得实施强制许可的单位或者个人不享有独占的实施权，并且无权允许他人实施。同时，取得实施强制许可的单位或者个人应当付给专利权人合理的使用费，或者依照中华人民共和国参加的有关国际条约的规定处理使用费问题。付给使用费的，其数额由双方协商；双方不能达成协议的，由国务院专利行政部门裁决。

(5) 专利权人对国务院专利行政部门关于实施强制许可的决定不服的，专利权人和取得实施强制许可的单位或者个人对国务院专利行政部门关于实施强制许可的使用费的裁决不服的，可以自收到通知之日起三个月内向人民法院起诉。

(三) 专利实施的计划许可

所谓专利实施的计划许可，是指国家行政部门依照专利法的规定，不经专利权人的同意，通过计划程序许可指定单位推广实施享有专利权的发明创造。《专利法》第14条规定，国有企业事业单位的发明专利，对国家利益或者公共利益具有重大意义的，国务院有关主管部门和省、自治区、直辖市人民政府报经国务院批准，可以决定在批准的范围内推广应用，允许指定的单位实施，由实施单位按照国家规定向专利权人支付使用费。专利实施的计划许可是我国专利法独有的一项对专利权限制的制度，体现了国家利益和公共利益优先的原则。但需要注意的是，专利实施的计划许可只限于中国专利权人，并且只能针对国有企业事业单位的发明专利，而不能适用于外国专利权人，也不能适用于国有企业事业单位以外的单位或者个人；同时，专利实施的计划许可必须依照法定程序，履行严格的报批手续才能实施。

(四) 不视为侵犯专利权的行为

专利权实质上是以公开为代价而获得的专利技术实施的独占性权利，体现为技术实施的垄断。对于这种垄断权利的限制，除了设置专利实施的强制许可和计划许可等反垄断性机制外，还体现为从法律上规定某些未经许可的专利实施行为的合法性，排除这些实施行为经专利权人许可及支付使用费之必要。[1] 各国专利法为了顾及第三人的利益，历来都对专利授予的排他权利规定了一些限制，即未经专利权人许可，第三人在某些情况下使用有关专利，不构成对该专利权的侵犯，因此形成了专利权效力的例外。我国《专利法》第69条就明确规定了以下不视为侵犯专利权的情形。这正是我国《专利法》根据相关国际惯例和专利权的特点对专利权所作出的权利限制的集中体现。

[1] 曾文革、陈静熔：《知识产权法学》，重庆大学出版社2002年版，第140页。

1. 权利用尽

所谓权利用尽，又称权利穷竭原则，是知识产权法上的一个重要原则。这一原则是基于私人利益与社会利益的平衡而产生的。鉴于目前我国的经济实力和科研实力与发达国家相比还有很大差距，高技术领域的专利权绝大多数由外国专利权人掌握，我国的产业发展在相当程度上仍依赖于国外技术和产品及其零部件的引进。因此在2008年《专利法》第三次修改时，充分利用TRIPS协议留给各成员的自由空间，完善了有关权利用尽原则的规定，允许平行进口行为。

《专利法》第69条第1项规定，专利产品或者依照专利方法直接获得的产品，由专利权人或者经其许可的单位、个人售出后，使用、许诺销售、销售、进口该产品的，不视为侵犯专利权。需要注意的是，此处所述的单位、个人，既可以是中国单位或者个人，也可以是外国单位或者个人；对专利产品或者依照专利方法直接获得的产品的“售出”行为，不仅包括专利权人或者经其许可的单位或者个人在我国境内的销售行为，也包括专利权人或者经其许可的单位或者个人在我国境外的销售行为，即此处的所述“售出”行为的范围不限于中国而覆盖全球范围。

2. 先行实施

先行实施也称在先使用，是指在专利申请日前已经实施专利或者已经作好实施的必要准备的其他人有权在原有的范围内继续实施其独立完成的相同的发明创造。这一原则的设置目的，是在专利权取得的禁止重复专利授权原则和申请在先原则前提下，对“一发明一专利”制度下不可避免的不公平的一种弥补，合理保护那些在申请日前独立作出了与申请专利的发明创造相同的发明创造，并仅在原有范围内和原有规模上实施该发明创造，但却没有申请专利保护的发明人的利益，平衡他们与专利权人之间的权利义务关系。《专利法》第69条第2项的明确规定：在专利申请日前已经制造相同产品、使用相同方法或者已经作好制造、使用的必要准备，并且仅在原有范围内继续制造、使用的，不视为侵犯专利权人的权利。

先使用人要想得到继续使用的权利，应当符合下列条件：其一，先使用人必须实际已经制造或者使用一项专利中要求保护的产品或者方法，或者已经为此而进行必要的准备；其二，上述制造、使用或者为制造、使用所作的准备必须开始于申请日（或优先权日）以前，而且在申请日（或优先权日）还在继续进行；其三，上述制造、使用或者为制造、使用所作的准备必须是善意的，即制造、使用或者为制造、使用所作的准备必须是根据使用人本人自己研究开发或者是从合法途径得来的信息而进行的；其四，先使用权只是允许继续原先的使用，不允许延及性质不同的使用或者目的不同的使用，也不延及与原先准备的使用不同的使用，并且仅允许在原有范围、规模内使用。[1]

3. 临时过境

临时过境，是指一国的船只、飞机或者车辆等运输工具暂时地或者偶然地经过他国的领陆、领水、领空的行为。因临时过境的需要而使用有关专利的，不视为侵犯专利权人的权利，这是《巴黎公约》第 5 条之 3 规定的国际惯例，是为了国际交通运输的方便。根据《专利法》第 69 条第（3）项的规定，临时通过中国领陆、领水、领空的外国运输工具，依照其所属国同中国签订的协议或者共同参加的国际条约，或者依照互惠原则，为运输工具自身需要而在其装置和设备中使用有关专利的，不视为侵犯专利权。需要注意的是，不视为侵犯专利权的外国运输工具使用专利产品应当严格限制在下列范围之内：第一，必须是“临时过境”，即暂时的过境或短期的过境，包括定期的和不定期的短暂的过境；第二，必须是“运输工具自身的需要”，即为运输工具自身需要而在其装置和设备中使用有关专利，自身需要以外的利用属于侵权；第三，必须有“其所属国同中国签订的协议或者共同参加的国际条约”或者“互惠原则”作为依据，条约之外的所有国家的交通工具，即使是临时性的过境和运输工具自身需要的，也需经过中国专利权人的许可。[2]

4. 非营利实施

专利权的范围集中于专利技术在产业实施中的垄断而非技术的垄断，因而依据该权利所主张的对他人行为的禁止一般也仅限于为生产经营目的而实施专利，而不能限制为促进科学技术发展的正当的、非营利性的实施使用。《专利法》第 69 条第 4 项规定，专为科学研究和实验而使用有关专利的，不视为侵犯专利权。

所谓“专为科学研究和实验而使用”，应指专为验证某专利发明或利用该专利发明进行科学研究和实验的行为，并不是指把该专利产品作为科学研究机构进行科学研究和实验使用的工具，也不是指把依照专利方法直接获得的专利产品作为科学研究机构进行科学研究和实验使用的材料。专利法如此规定的主要考虑是：① 为科学研究和实验目的利用专利发明是有限的，不会对专利权人的市场利益造成很大损失；② 这样规定有利于科学技术的发展和提高，体现了专利法应当考虑专利权人利益和公众利益合理平衡的原则。

5. 药品和医疗器械的实验例外

《专利法》第 69 条第 5 项规定，为提供行政审批所需要的信息，制造、使用、进口专利药品或者专利医疗器械的，以及专门为其制造、进口专利药品

---

[1] 汤宗舜：《专利法教程》（第三版），法律出版社 2003 年版，第 188 – 189 页。

[2] 曾文革、陈静熔：《知识产权法学》，重庆大学出版社 2002 年版，第 142 页。

或者专利医疗器械的，不视为侵犯专利权。

药品和医疗器械的实验例外（Bloar 例外）是 2008 年《专利法》第三次修改时增加的条款。Bloar 例外是最先在美国产生的一种法律制度[1]，目的是克服药品和医疗器械上市审批制度在专利权期限届满之后对仿制药品和仿制医疗器械上市带来的迟延。美国、加拿大、英国、澳大利亚等国均在其专利法中明确规定了 Bloar 例外，而且这一制度也被世界贸易组织的争端解决机构在对有关纠纷的裁决中所认可，认为采用 Bloar 例外没有违背 TRIPS 协议的规定。作为公共健康问题较为突出的人口大国，我国在《专利法》修改中增加有关 Bloar 例外的规定，可使公众在药品和医疗器械专利权保护期限届满之后及时获得价格较为低廉的仿制药品和医疗器械，这对我国解决公共健康问题具有重要意义。

根据上述规定，不仅药品生产者或者研发机构为提供行政审批所需要的信息而制造、使用、进口专利药品或者专利医疗器械的，不视为侵犯专利权，而且他人专门为药品生产者或者研发机构提供行政审批所需要的信息而制造、进口专利药品或者专利医疗器械并将其提供给药品生产者或者研发机构的行为也不视为侵犯专利权。

（五）善意使用或善意销售行为的赔偿责任免除

《专利法》第 70 条规定，为生产经营目的使用、许诺销售或者销售不知道是未经专利权人许可而制造并售出的专利侵权产品，能证明该产品合法来源的，不承担赔偿责任。该条是关于善意使用或善意销售行为的赔偿责任免除的规定。所谓善意，是指为生产经营目的使用、许诺销售或者销售未经专利权人许可而制造并售出的专利侵权产品时，当事人在主观上并非故意，而是“不知道”。在这里，需要明确的是，善意行为的范围仅限于使用、许诺销售或者销售，为生产经营目的制造或者进口不能构成善意。

上述条款一方面明确规定善意第三人使用、许诺销售或者销售不知道是未经专利权人许可而制造并售出的专利侵权产品的行为属于侵权行为，另一方面也规定当事人能证明该产品的合法来源的，不承担赔偿责任。为此，该规定能在一定程度上杜绝侵权人利用本条合法推销其侵权产品的漏洞，使任何人在已知或有充分理由应知某产品是专利侵权产品时不得继续从事任何经营行为，必须停止侵权行为，从而强化了专利保护的力度，同时也在一定程度上构成对专

---

[1] “Bolar 例外条款”也被称为安全港（Safe Harbor）条款，是由 1983 年美国罗氏公司与 Bolar 案催生的专利侵权例外规定，后被美国 1984 年通过的《药品价格竞争和专利条款修补法案》所确立。其具体涵义是指为了对药品和医疗器械进行临床实验和申报注册的目的而实施相关专利的行为，不视为侵犯专利权。Bolar 例外在很多国家和地区通过立法或判例被广泛认可。

利权人对专利侵权行为要求赔偿的权利限制，适当保护了善意第三人的权益。

第九节 专利权的法律保护

一、专利权的保护范围

（一）专利权保护范围概述

专利权的保护范围是指发明创造专利权的法律效力所及的范围。就发明或者实用新型而言，其专利权的效力范围，实际上就是专利权所保护的技术特征；就外观设计专利权而言，是指专利权所保护的新设计。确定保护范围的重要根据是权利要求书，因为，作为专利权客体的发明创造是无形财产，专利权人不能实际占有，所以不能依发明创造本身来确定专利权的保护范围，而应当以权利要求书界定。只有弄清权利保护范围，才能正确地判断侵权与否。因此，如何理解和解释权利要求的含义便成了确定权利范围的关键。在理解和解释权利要求方法上，各国大体有以下三种做法。❶

（1）周边限定原则。根据这个原则，权利要求书是专利保护的范围，应严格依照其文字内容进行解释。权利要求书记载的范围是专利保护的最大限度，任何扩大解释都是不允许的。在一般情况下，解释保护范围要比权利要求书记载的范围稍窄一些。美国采用此原则。这种做法的优点是通过权利要求书可以相对清晰地了解该专利权的保护范围，而不必作任何带有一定随意性的推测。缺点是对于专利申请人或专利代理人提出了较高的要求，权利要求书的撰写必须再三推敲、斟酌，否则专利权人则可能因其权利要求撰写方面的缺陷，导致其技术不能得到充分的保护。

（2）中心限定原则。根据这个原则，权利要求书是专利保护的范围，但认为在理解和解释权利要求时，完全不应拘泥于权利要求书的文字记载，而应该以权利要求书作为中心，向外作适当的扩大解释，全面考虑发明的目的、性质以及说明书和图纸，将中心四周一定范围内的技术也包括在专利保护范围内。德国采用此原则。此原则的优点是可以有效地防止有人利用权力要求书在撰写方面的缺陷，侵犯专利权人的权利，从而可以达到更充分保护专利权人利益的目的。此原则的缺点是对公众而言似有不公平之嫌。技术人员在开发新产品时，阅读了权利要求书之后仍无法准确地判断该专利的保护范围到底有多大，因为其边界处于模糊状态。

（3）折中原则。欧洲专利公约及参加该公约的各国都采用此原则。这种原则认为，专利的保护范围应根据权利要求的内容来确定，说明书和附图应当

---

❶ 马治国：《知识产权法学》，西安交通大学出版社2004年版，第195－196页。

用来解释权利要求。这个规定既给专利权人以公正的保护，又给第三者以合理的确定性，比较合理。实际上，目前世界上简单、绝对地采用某一种做法的国家并不多见。即使是采用“中心限定”的典型代表德国，如今在其司法实践中也已经开始注重权利要求的文字表述，而不是笼统地完全以权利要求为中心结合发明目的、效果等向外作扩大解释。而采用“周边限定”的国家，如美国等，都通过其他办法加以补救，这种做法实际上已是对周边限定原则的一种折中或修正。

（二）我国专利权的保护范围

1. 发明和实用新型专利权的保护范围

我国《专利法》第59条第1款规定：“发明或者实用新型专利权的保护范围以其权利要求的内容为准，说明书及附图可以用于解释权利要求的内容。”据此可以认为，我国专利法就专利权的保护范围的确定采用的是与欧洲专利公约相同的折中原则。对于该条款的理解和适用，应当注意以下几方面。[1]

（1）确定发明和实用新型专利权的保护范围应当以专利权授予时确定的权利要求的内容为准，这是正确理解权利要求是判定侵犯专利权是否成立的标准的基础。

（2）说明书及附图可以用于解释权利要求，这是法律确定的解释权利要求的规则。由于权利要求是以说明书为依据对请求获得专利权保护的技术特征所作出的概括，因而对权利要求的解释是离不开说明书及附图的。但必须强调的是，无论在任何情况下都只能根据说明书及附图对权利要求作出解释，而不能改写权利要求。

（3）说明书摘要不能作为修改权利要求或者说明书内容的依据，也不能用于解释权利要求的内容。说明书摘要是说明书公开内容的概括，其作用仅是提供一种技术情报，不具有法律效力。说明书摘要与专利权保护范围无关。

（4）发明或者实用新型专利权的保护范围包括与权利要求的必要技术特征相等同的特征所确定的范围。等同特征是指与所记载的技术特征以基本相同的手段，实现基本相同的功能，达到基本相同的效果，并且本领域的普通技术人员无需经过创造性劳动就能够联想到的特征。

（5）不同种类的发明创造的保护范围各有其不同的内涵和外延，必须灵活掌握。发明或者实用新型专利从其技术方案的内涵上讲可以分为产品和方法两种。对于产品发明专利的保护范围，包括具有相同、等同的特征、结构和性能的产品，而不论该产品是采用什么方法制造的；对于方法发明专利的保护范

[1] 丁丽瑛：《知识产权法》，厦门大学出版社2002年版，第257－266页。

围，则包括具有相同、等同的特征、参数和效果的方法，并延及因该方法而直接获得的产品，但不包括采用其他方法而获得的相同产品。

2. 外观设计专利权的保护范围

我国《专利法》第59条第2款规定："外观设计专利权的保护范围以表示在图片或者照片中的该产品的外观设计为准，简要说明可以用于解释图片或者照片所表示的该产品的外观设计。"显然，由于外观设计专利申请应当提交的专利申请文件与发明和实用新型申请所提交的文件要求不同，确定专利权的保护范围的标准也有所不同。同时，外观设计专利保护的客体不是产品本身，而是由产品的形状、图案、色彩等设计要素构成富有美感并适于工业应用的该产品的外观设计，产品只是外观设计的载体。因此，外观设计专利权的保护范围是根据外观设计专利授权时表示在图片或者照片中的该产品的外观设计来确定的，简要说明可以用于解释图片或者照片所表示的该产品的外观设计。

外观设计专利的简要说明记载了对确定外观设计的保护范围可能产生影响的一些因素，例如产品名称、产品用途、产品的设计要点等，必要时还可以写明请求保护色彩、省略视图等情况。因此，规定简要说明可以用于解释图片或者照片所表示的该产品的外观设计，可以使外观设计专利权保护范围的确定更为合理，这与用说明书及其附图对发明和实用新型专利权的权利要求的内容进行解释道理是一样的。需要注意的是，对"该产品"的理解也不应仅仅限于完全相同的产品，在类似产品上采用相同或者相似的外观设计，仍然应当认为落入外观设计专利权的保护范围之内。

二、专利侵权行为的判断

（一）专利侵权行为概述

《专利法》第11条、第12条及第60条规定，任何单位或者个人实施他人专利的，应当与专利权人订立实施许可合同；未经专利权人许可，实施其专利，即侵犯其专利权。可见，专利侵权行为是指在专利权的有效期限内，未经专利权人许可，擅自以生产经营为目的的实施其专利的行为。构成专利侵权行为必须首先符合民事侵权行为的基本构成，即必须具有违反专利法的行为、存在损害专利权人专有权的事实、违法行为与损害事实具有因果关系、行为人具有主观过错；其次，还应当具有专利侵权行为的特别构成要件，具体体现为以下方面。

（1）专利权有效存在，即原告请求保护的必须是一项受专利法保护的有效专利权，而不是已过保护期、被专利复审委员会宣告无效或者已被专利权人放弃的发明创造。

（2）未经专利权人许可，即只有未经专利权人许可而实施其专利的行为才可能构成侵权。凡是经过专利权人同意的实施行为，例如签订了专利实施许可合同等，则属于合法的权利行使，不构成侵权。

（3）以生产经营为目的，只有以生产经营为目的实施他人专利的行为才构成侵权，利用他人专利供自己个人需要不构成侵权行为。

（4）实施行为不属于法律另有规定的情形，即不存在法律对专利权限制的情形，如强制实施许可、不视为侵犯专利权行为等。

（二）专利侵权行为的类型

实践中，专利侵权行为主要有两种表现形式，一是直接侵害专利权行为，另一是间接侵害专利权行为。

1. 直接侵权行为

《专利法》第11条规定，发明和实用新型专利权被授予后，除本法另有规定的以外，任何单位或者个人未经专利权人许可，都不得实施其专利，即不得为生产经营目的制造、使用、许诺销售、销售、进口其专利产品，或者使用其专利方法以及使用、许诺销售、销售、进口依照该专利方法直接获得的产品。外观设计专利权被授予后，任何单位或者个人未经专利权人许可，都不得实施其专利，即不得为生产经营目的制造、许诺销售、销售、进口其外观设计专利产品。

由此可见，直接侵害专利权行为的主要表现形式如下：

（1）当专利权的客体是一项产品时，未经专利权人允许，以生产经营为目的制造、使用、许诺销售、销售或者进口该产品；

（2）当专利权的客体是一项方法时，未经专利权人允许，以生产经营为目的使用该方法，或者使用、许诺销售、销售或者进口用该方法所直接制造的产品；

（3）当专利权的客体是产品的外观设计时，未经专利权人允许，以生产经营为目的制造、许诺销售、销售或进口该外观设计专利产品。

而根据《专利法》第63条的规定，假冒专利的行为亦构成直接侵害专利权行为。根据《专利法实施细则》第84条的规定，下列行为属于《专利法》第63条规定的假冒专利的行为：

（1）在未被授予专利权的产品或者其包装上标注专利标识，专利权被宣告无效后或者终止后继续在产品或者其包装上标注专利标识，或者未经许可在产品或者产品包装上标注他人的专利号；

（2）销售第（1）项所述假冒专利的产品；

（3）在产品说明书等材料中将未被授予专利权的技术或者设计称为专利技术或者专利设计，将专利申请称为专利，或者未经许可使用他人的专利号，使公众将所涉及的技术或者设计误认为是专利技术或者专利设计；

（4）伪造或者变造专利证书、专利文件或者专利申请文件；

(5) 其他使公众混淆，将未被授予专利权的技术或者设计误认为是专利技术或者专利设计的行为。

需要注意的是，专利权终止前依法在专利产品、依照专利方法直接获得的产品或者其包装上标注专利标识，在专利权终止后许诺销售、销售该产品的，不属于假冒专利行为。同时，销售不知道是假冒专利的产品，并且能够证明该产品合法来源的，由管理专利工作的部门责令停止销售，但免除罚款的处罚。

2. 间接侵权行为

间接侵害专利权，是指行为人实施的行为并不构成直接侵犯他人专利权，但却故意诱导、怂恿、教唆别人实施他人专利，发生直接的侵权行为，行为人在主观上有诱导或唆使别人侵犯他人专利权的故意，客观上为别人直接侵权行为的发生提供了必要的条件。我国专利法对间接侵害专利权的行为没有规定，但在审判实践中，人民法院已经受理过间接侵害专利权的纠纷案件。

间接侵害专利权行为具有以下特点：① 行为人的行为并不构成专利法规定的直接侵害专利权，但其行为却导致直接侵权行为的发生；② 行为人有教唆或诱导他人实施直接侵权的故意，客观上为直接侵权行为的发生提供了必要条件或者帮助，并且从其行为获取了一定数额的非法利润。

而审判实践中，间接侵害专利权行为种类主要有以下两种情况：① 制造、出售专门用于专利产品的关键部件或者用于实施专利方法的专用设备或材料；② 未经专利权人授权或者委托，擅自转让其专利技术的行为。

需要注意的是，间接侵权一般应以直接侵权的发生为前提条件，没有直接侵权行为发生的情况下，不存在间接侵权。但发生下列依法对直接侵权行为不予追究或者不视为侵犯专利权的情况，也可以直接追究间接侵权行为人的侵权责任：① 该行为属于《专利法》第 69 条所述的不视为侵犯专利权的行为；② 该行为属于个人非盈利目的的制造、使用专利产品或者使用专利方法的行为。

(三) 专利侵权行为判定的基本步骤

对专利侵权的初步判定，是专利权人提起专利侵权诉讼的基本前提。实践中，专利侵权的判定根据专利权类型的不同，即针对发明专利、实用新型专利及外观设计专利，其判定步骤和判定规则也有所不同。

1. 发明专利或实用新型专利侵权的判定

发明专利和实用新型专利侵权的判定主要遵循以下步骤。

首先，确定发明或者实用新型专利权的保护范围。要判定他人的使用的技术是否构成对自己专利权的侵犯，首先必须明确自己的专利权的保护范围。按照专利法的规定，发明或者实用新型专利权的保护范围以其权利要求的内容为准，说明书及附图可以用于解释权利要求。

在实践中，确定发明或者实用新型专利权的保护范围应当遵循以下原则。

（1）应当坚持以权利要求的内容为准的原则，即以说明书及附图解释权利要求应当采用折中解释原则。既要避免采用“周边限定”原则，即专利的保护范围与权利要求文字记载的保护范围完全一致，说明书及附图只能用于澄清权利要求中某些含糊不清之处；又要避免采用“中心限定”原则，即权利要求只确定一个总的发明核心，保护范围可以扩展到技术专家看过说明书与附图后，认为属于专利权人要求保护的范围。

（2）将专利权利要求中记载的技术内容作为一个完整的技术方案看待的原则，即应当将专利独立权利要求中记载的全部技术特征所表达的技术内容作为一个整体看待，记载在前序部分的技术特征和记载在特征部分的技术特征，对于限定专利保护范围具有相同作用。

其次，确定被控侵权产品的相应技术特征，也就是根据权利要求所记载的必要技术特征，对被控侵权产品的技术特征进行对应的分解。

最后，将经过分解后的权利要求所记载的必要技术特征与被控侵权产品的特征进行一一对应的比较。在进行特征比较时应当注意以下基本原则的适用。

（1）全面覆盖原则的适用。所谓全面覆盖，是指被控侵权物将专利权利要求中记载的技术方案的必要技术特征全部再现，被控侵权物与专利独立权利要求中记载的全部必要技术特征一一对应并且相同。而全面覆盖原则，也称为全部技术特征覆盖原则或字面侵权原则，是指如果被控侵权物的技术特征包含了专利权利要求中记载的全部必要技术特征，则落入专利权的保护范围。

全面覆盖原则是发明或者实用新型专利侵权判定的最基本的原则，实践中，如果存在以下情形，则认为可以适用全面覆盖原则认定被控侵权物落入专利权的保护范围，即构成对发明或者实用新型专利的侵权。

① 当专利独立权利要求中记载的必要技术特征采用的是上位概念特征，而被控侵权物采用的是相应的下位概念特征时，则被控侵权物落入专利权的保护范围。

② 被控侵权物在利用专利权利要求中的全部必要技术特征的基础上，又增加了新的技术特征，即使被控侵权物的技术效果与专利技术不相同，仍然认为落入专利权的保护范围。

③ 被控侵权物对在先专利技术而言是改进的技术方案，并且获得了专利权，则属于从属专利，而未经在先专利权人许可且未获得强制实施许可，实施从属专利也覆盖了在先专利权的保护范围。

（2）等同原则的适用。在现实生活中，完全一模一样地仿制他人专利产品或照搬他人专利方法的侵权行为并不多见。一般认为专利权的保护范围也包括与专利独立权利要求中必要技术特征相等同的技术特征所确定的范围。因此在专利侵权判定中，当适用全面覆盖原则判定被控侵权物不构成侵犯专利权的情况下，应当适用等同原则进行侵权判定。

所谓等同原则，是指被控侵权物中有一个或者一个以上技术特征经与专利独立权利要求保护的技术特征相比，从字面上看不相同，但经过分析可以认定两者是相等同的技术特征。这种情况下，应当认定被控侵权物落入了专利权的保护范围。

等同原则的适用关键是等同特征的认定。等同特征又称等同物，被控侵权物中，同时满足以下两个条件的技术特征的，是专利权利要求中相应技术特征的等同物。

① 被控侵权物中的技术特征与专利权利要求中的相应技术特征相比，以基本相同的手段，实现基本相同的功能，产生了基本相同的效果。

② 对该专利所属领域普通技术人员来说，通过阅读专利权利要求和说明书，无需经过创造性劳动就能够联想到的技术特征。

判断等同物及适用等同原则的时候，应当注意以下事项。

① 适用等同原则判定侵权，仅适用于被控侵权物中的具体技术特征与专利独立权利要求中相应的必要技术特征是否等同，而不适用于被控侵权物的整体技术方案与独立权利要求所限定的技术方案是否等同。

② 判定被控侵权物中的技术特征与专利独立权利要求中的技术特征是否等同，应当以侵权行为发生的时间为界限，以该专利所属领域的普通技术人员的专业知识水平为准。

③ 对于故意省略专利权利要求中个别必要技术特征，使其技术方案成为在性能和效果上均不如专利技术方案优越的变劣技术方案，而且这一变劣技术方案明显是由于省略该必要技术特征造成的，应当适用等同原则，认定构成侵犯专利权。

（3）禁止反悔原则的适用。在侵权判定时必须注意侵权人可能利用禁止反悔原则提出的不构成侵权的抗辩。

所谓禁止反悔原则，是指在专利审批、撤销或无效程序中，专利权人为确定其专利具备新颖性和创造性，通过书面声明或者修改专利文件的方式，对专利权利要求的保护范围作了限制承诺或者部分地放弃了保护，并因此获得了专利权，而在专利侵权诉讼中，法院适用等同原则确定专利权的保护范围时，应当禁止专利权人将已被限制、排除或者已经放弃的内容重新纳入专利权保护范围。

当等同原则与禁止反悔原则在适用上发生冲突时，即原告主张适用等同原则判定被告侵犯其专利权，而被告主张适用禁止反悔原则判定自己不构成侵犯专利权的情况下，应当优先适用禁止反悔原则。

适用禁止反悔原则应当符合以下条件。

① 专利权人对有关技术特征所作的限制承诺或者放弃必须是明示的，而且已经被记录在专利文档中。

② 限制承诺或者放弃保护的技术内容，必须对专利权的授予或者维持专利权有效产生了实质性作用。

③ 禁止反悔原则的适用应当以被告提出请求为前提，并由被告提供原告反悔的相应证据。

2. 外观设计专利侵权的判定

外观设计专利侵权的判定一般遵循以下步骤。

（1）确定外观设计专利产品与侵权产品是否属于相同或者类似商品。外观设计专利侵权判定中，首先应当参照外观设计分类表，并考虑商品销售的客观实际情况，审查被控侵权产品与专利产品是否属于同类产品。不属于同类产品的，不构成侵犯外观设计专利权。但要注意，虽然同类产品是外观设计专利侵权判定的前提，但不排除在特殊情况下，类似产品之间的外观设计亦可进行侵权判定。实践中，应当根据外观设计产品的用途，认定产品种类是否相同或者相近；确定产品的用途，可以参考外观设计的简要说明、国际外观设计分类表、产品的功能以及产品销售、实际使用的情况等因素。

（2）确定外观设计专利权的保护范围。按照专利法的规定，外观设计专利权的保护范围以表示在图片或者照片中的该产品的外观设计为准，简要说明可以用于解释图片或者照片所表示的该产品的外观设计，以进一步理解该外观设计的保护范围。

（3）将外观设计专利与被控侵权产品进行比对，判断被控侵权产品与外观设计专利产品是否构成相同或者相近似，如果相同或者相近似则构成侵权。

将外观设计专利与被控侵权产品进行比对时应当注意以下问题。

第一，专利产品的外观设计与被控侵权产品的外观设计是否构成相同或者相近似，应当从以下方面进行比较：① 如果两者的形状、图案、色彩等主要设计部分（要部）相同，则应当认为两者是相同的外观设计；② 如果构成要素中的主要设计部分（要部）相同或者相近似，次要部分不相同，则应当认为是相近似的外观设计；③ 如果两者的主要设计部分（要部）不相同或者不相近似，则应当认为是不相同的或者是不相近似的外观设计；④ 对要求保护色彩的外观设计，应当先确定该外观设计的形状是否属于公知外观设计，如果是公知的，则应当仅对其图案、色彩作出判定；如果形状、图案、色彩均为新设计，则应当以形状、图案、色彩三者的结合作出判定。

第二，进行外观设计专利侵权判定，即判断被控侵权产品与外观设计专利产品是否构成相同或者相近似，应当以普通消费者（该外观设计专利同类产品或者类似产品的购买群体或者使用群体）的知识水平和认知能力为标准，不应当以该外观设计专利所属领域的专业技术人员的审美观察能力为标准。

第三，认定外观设计是否相同或者近似时，应当根据授权外观设计、被诉侵权设计的设计特征，以外观设计的整体视觉效果进行整体观察与综合判定，看两者是否具有相同的美感；比较的重点应当是专利权人独创的富于美感的主要设计部分（要部）与被控侵权产品的对应部分，看被告是否抄袭、模仿了原告的独创部分。

第四，在原告和被告均获得并实施了外观设计专利权的情况下，如果两个外观设计构成相同或相近似，则可以认定实施在后的获得外观设计专利权的行为，侵犯了在先获得的外观设计专利权。

（四）专利侵权诉讼中的抗辩

在专利侵权诉讼中，作为被告可以采用的不构成专利侵权或不承担赔偿责任的抗辩理由一般有以下情形：① 滥用专利权的抗辩；② 不侵权的抗辩；③ 不视为侵权的抗辩；④ 免赔事由的抗辩；⑤ 已有技术的抗辩；⑥ 合同抗辩；⑦ 诉讼时效抗辩。

1. 滥用专利权抗辩的主要表现

滥用专利权抗辩的情形主要有以下表现。

（1）专利终止抗辩，即被告以原告的专利权已经超过保护期、已经被权利人放弃、已经被国家专利局撤销或者已经被专利复审委员会宣告无效而进行抗辩。当然，依据专利权终止进行抗辩的，被告应当提供相应的证据。

（2）专利无效抗辩，即被告以原告的专利权不符合专利性条件或者其他法律规定，应当被宣告无效进行抗辩。被告以专利无效提出抗辩的，其无效宣告请求应当向专利复审委员会提出。同时应当注意，侵犯实用新型、外观设计专利权纠纷案件的被告请求中止诉讼的，应当在答辩期内对原告的专利权提出宣告无效的请求。此时按照法律的规定，法院一般应中止诉讼。

（3）恶意申请抗辩，即被告以原告恶意取得专利权，并滥用专利权进行侵权诉讼。所谓恶意取得专利权，是指将明知不应当获得专利保护的发明创造，故意采取规避法律或者不正当手段获得了专利权，其目的在于获得不正当利益或制止他人的正当实施行为。被告以恶意申请抗辩的，应当提供相关的证据。

（4）在先权利抗辩，即被告证明自己也获得与原告相同的有效的发明或者实用新型专利权，以此作为抗辩的理由。此种情形下，经过审理，当法院可以认定两个专利的技术内容相同时，应当根据保护在先权利的原则作出判决。

2. 不侵权抗辩的主要表现

不侵权抗辩的情形主要有以下表现。

（1）被控侵权物缺少原告的发明或者实用新型专利权利要求中记载的必要技术特征，不构成侵犯专利权。

（2）被控侵权物的技术特征与原告专利权利要求中对应必要技术特征相比，有一项或者一项以上的技术特征有本质区别，不构成侵犯专利权。所谓的本质区别是指：构成了一项新的技术方案的区别技术特征或者使被控侵权物采用的技术特征在功能、效果上明显优于专利独立权利要求中对应的必要技术特征，并且相同技术领域的普通技术人员认为这种变化具有实质性的改进，而不是显而易见的。

（3）个人非经营目的的制造、使用行为，不构成侵犯专利权，需要注意的是，单位未经许可制造、使用他人的专利产品，则不能以“非经营目的”进行侵权抗辩，而应当承担侵权责任。

3. 不视为侵权抗辩的主要表现

不视为侵权抗辩的情形主要有以下表现。

（1）专利权用尽抗辩。按照专利法的规定，专利产品或者依照专利方法直接获得的产品，由专利权人或者经其许可的单位、个人售出后，使用、许诺销售、销售、进口该产品的，不视为侵犯专利权。实践中还应当注意以下两种情况：① 专利权人制造或者经专利权人许可制造的专利产品部件售出后，使用并销售该部件的行为，应当认为是得到了专利权人的默许；② 制造方法专利的专利权人制造或者允许他人制造了专门用于实施其专利方法的设备售出后，使用该设备实施该制造方法专利的行为。

（2）先用权抗辩。依据专利法，在专利申请日前已经制造相同产品、使用相同方法或者已经做好制造、使用的必要准备，并且仅在原有范围内继续制造、使用的行为，不视为侵犯专利权。

先用权的享有必须具备法律所规定的基本条件。先用权享有的条件主要表现为以下方面。

① 做好了制造、使用的必要准备。所谓必要准备，实践中一般是指已经完成实施发明创造所必需的主要技术图纸或者工艺文件，或者已经制造或购买实施发明创造所必需的主要设备或者原材料。

② 仅在原有范围内继续制造、使用。原有范围，是指专利申请日前所准备的专用生产设备的实际生产产量或者生产能力的范围。超出原有范围的制造、使用行为，构成侵犯专利权。

③ 在先制造产品或者使用的方法，应是先用权人自己独立研究完成或者以合法手段取得的，而不是在专利申请日前抄袭、窃取或者以其他不正当手段从专利权人那里获取的。

④ 先用权人对于自己在先实施的技术不能转让，除非连同所属企业一并

转让。对依据先用权产生的产品的销售行为，也不视为侵犯专利权。

(3) 临时过境抗辩。临时通过中国领土、领水、领空的外国运输工具，依照其所属国同中国签订的协议，或者共同参加的国际条约，或者依照互惠原则，为运输工具自身需要而在其装置和设备中使用有关专利的行为，不视为侵犯专利权。应当注意，临时过境不包括用交通运输工具对专利产品的“转运”(从一个交通运输工具转到另一个交通运输工具上的行为)。

(4) 科学研究与实验性使用。专为科学研究和实验而使用有关专利的行为，不视为侵犯专利权。

在这里，特别需要分清对专利产品进行实验和在实验中使用专利产品这两种不同情形。

① 专为科学研究和实验而使用有关专利中的使用，应当包括专为科学研究和实验而制造有关专利产品的行为。

② 专为科学研究和实验而使用，是指以研究、验证、改进他人专利技术为目的，使用的结果是在已有专利技术的基础上产生新的技术成果。

③ 在科学研究和实验过程中制造、使用他人专利技术，其目的不是为研究、改进他人专利技术，其结果与专利技术没有直接关系，则构成侵犯专利权。

4. 免赔事由抗辩

《专利法》第 70 条规定，为生产经营目的使用、许诺销售或者销售不知道是未经专利权人许可而制造并售出的专利侵权产品，能证明该产品合法来源的，不承担赔偿责任。而《专利法实施细则》第 84 条也规定，销售不知道是假冒专利的产品，并且能够证明该产品合法来源的，由管理专利工作的部门责令停止销售，但免除罚款的处罚。

需要注意的是，根据上述规定，使用者或者销售者能证明其产品合法来源的，依法不承担赔偿责任或免除罚款的处罚，但应当承担停止侵权行为的法律责任。

这里的“合法来源”是指使用者或者销售者通过合法的进货渠道、正常的买卖合同和合理的价格从他人处购买的。

5. 现有技术抗辩

在专利侵权纠纷中，被控侵权人有证据证明其实施的技术或者设计属于现有技术或者现有设计的，不构成侵犯专利权。

实践中，被诉落入专利权保护范围的全部技术特征，与一项现有技术方案中的相应技术特征相同或者无实质性差异的，一般应当认定被诉侵权人实施的技术属于专利法规定的现有技术；被诉侵权设计与一个现有设计相同或者无实质性差异的，一般应当认定被诉侵权人实施的设计属于专利法规定的现有设计。

6. 合同抗辩

合同抗辩，是指专利侵权诉讼的被告，以其实施的技术是通过技术转让合同从第三人处合法取得的为理由进行侵权抗辩。此抗辩理由不属于对抗侵犯专利权的理由，只是承担侵权责任的抗辩理由。

技术转让合同的受让方按照合同的约定实施受让技术，侵犯他人专利权的，合同的转让方与受让方构成共同侵权。在合同双方作为专利侵权诉讼的共同被告时，除合同另有约定外，在确定责任时，应当由转让方首先承担侵权责任，受让方承担一般连带责任。

专利侵权诉讼中的被告在以合同抗辩的同时，要求追加合同的转让方为共同被告的，如果原告同意追加，则应当将合同的转让方追加为共同被告；如果原告坚持不同意追加，在合同的受让方承担侵权责任后，可以另行通过合同诉讼或仲裁解决合同纠纷。

7. 诉讼时效抗辩

侵犯专利权的诉讼时效为两年，自专利权人或者利害关系人得知或者应当得知侵权行为之日起计算。被告可以以专利权人行使权利超过诉讼时效为理由进行抗辩。

被告基于连续并正在实施的专利侵权行为已超过诉讼时效进行抗辩的，人民法院可以根据原告的请求判令被控侵权人停止侵权，但侵权损害赔偿数额应当自原告向人民法院起诉之日起向前推算两年计算。

同时，需要注意的是，根据《专利法》第13条的规定，发明专利申请公布后，申请人可以要求实施其发明的单位或者个人支付适当的费用。而依据《专利法》第68条的规定，发明专利申请公布后至专利权授予前使用该发明未支付适当使用费的，专利权人要求支付使用费的诉讼时效为两年，自专利权人得知或者应当得知他人使用其发明之日起计算，但是，专利权人于专利权授予之日前即已得知或者应当得知的，自专利权授予之日起计算。

三、专利纠纷的解决

《专利法》第60条的规定，未经专利权人许可，实施其专利，侵犯其专利权，引起纠纷的，由当事人协商解决；不愿协商或者协商不成的，专利权人或者利害关系人可以向人民法院起诉，也可以请求管理专利工作的部门处理。管理专利工作的部门处理时，认定侵权行为成立的，可以责令侵权人立即停止侵权行为，当事人不服的，可以自收到通知之日起15日内依照《行政诉讼法》向人民法院起诉；侵权人期满不起诉又不停止侵权行为的，管理专利工作的部门可以申请人民法院强制执行进行处理的管理。专利工作的部门应当事人的请求，可以就侵犯专利权的赔偿数额进行调解；调解不成的，当事人可以依照《民事诉讼法》向人民法院起诉。

据此规定，在我国解决专利侵权纠纷的途径主要有三种，即双方协商解决、请求行政处理和提起民事诉讼。

（一）双方协商解决

专利权是民事权利的一种，当事人依法可以处分自己的民事权利。因此，因专利侵权引起的纠纷，法律允许当事人协商解决。当然，当事人协商解决专利纠纷必须依法进行，不得损害国家的、集体的或者第三人的合法权益，不得违反法律的强制性规定和社会公共利益。

（二）请求行政处理

当事人不愿协商或者协商不成的，专利权人或者利害关系人可以请求管理专利工作的部门处理。在这里，所谓管理专利工作的部门，是指由省、自治区、直辖市人民政府以及专利管理工作量大又有实际处理能力的设区的市人民政府设立的管理专利工作的部门。管理专利工作的部门依请求处理专利纠纷时，认定侵权行为成立的，可以责令侵权人立即停止侵权行为，当事人不服的，可以自收到处理通知之日起十五日内依照《行政诉讼法》向人民法院起诉；侵权人期满不起诉又不停止侵权行为的，管理专利工作的部门可以申请人民法院强制执行。进行处理的管理专利工作的部门应当事人的请求，可以就侵犯专利权的赔偿数额进行调解；调解不成的，当事人可以依照《民事诉讼法》的规定，向人民法院起诉。

（三）提起民事诉讼

对于专利侵权纠纷，当事人不愿协商或者协商不成的，同时也不愿意请求管理专利工作的部门处理的，专利权人或者利害关系人还可以直接向人民法院提起民事诉讼；或者当事人就侵犯专利权的赔偿数额请求管理专利工作的部门进行调解但调解不成的，当事人也可以向人民法院提起民事诉讼。当然，当事人向人民法院提起民事诉讼的，必须符合《民事诉讼法》、《专利法》及相关法律法规、司法解释规定的起诉条件，并且必须向有管辖权的人民法院提出，否则，人民法院将不予受理。

实践中，通过提起民事诉讼解决专利侵权纠纷的，有三个问题需要考虑，一是诉前禁令的申请，二是诉前证据保全的申请，三是特殊举证责任的承担。

1. 诉前禁令的申请

诉前禁令即诉前采取责令停止有关行为的措施。《专利法》第61条规定，专利权人或者利害关系人有证据证明他人正在实施或者即将实施侵犯专利权的行为，如不及时制止将会使其合法权益受到难以弥补的损害的，可以在起诉前向人民法院申请采取责令停止有关行为的措施。

根据《最高人民法院关于对诉前停止侵犯专利权行为适用法律问题的若

干规定》[1]，提出申请的利害关系人，包括专利实施许可合同的被许可人、专利财产权利的合法继承人等。专利实施许可合同被许可人中，独占实施许可合同的被许可人可以单独向人民法院提出申请；排他实施许可合同的被许可人在专利权人不申请的情况下，可以提出申请。

专利权人或者利害关系人向人民法院提出申请，应当递交书面申请状；申请状应当载明当事人及其基本情况、申请的具体内容、范围和理由等事项。申请的理由包括有关行为如不及时制止会使申请人合法权益受到难以弥补的损害的具体说明。

申请人提出申请时，应当提交下列证据。

（1）专利权人应当提交证明其专利权真实有效的文件，包括专利证书、权利要求书、说明书、专利年费缴纳凭证。提出的申请涉及实用新型专利或者外观设计专利的，申请人应当提交国务院专利行政部门出具的专利权评价报告。

（2）利害关系人应当提供有关专利实施许可合同及其在国务院专利行政部门备案的证明材料，未经备案的应当提交专利权人的证明，或者证明其享有权利的其他证据。排他实施许可合同的被许可人单独提出申请的，应当提交专利权人放弃申请的证明材料。专利财产权利的继承人应当提交已经继承或者正在继承的证据材料。

（3）提交证明被申请人正在实施或者即将实施侵犯其专利权的行为的证据，包括被控侵权产品以及专利技术与被控侵权产品技术特征对比材料等。

人民法院接受专利权人或者利害关系人提出责令停止侵犯专利权行为的申请后，应当自接受申请之时起四十八小时内作出裁定；有特殊情况需要延长的，可以延长四十八小时。裁定责令停止有关行为的，应当立即执行。当事人对裁定不服的，可以申请复议一次；复议期间不停止裁定的执行。人民法院执行诉前停止侵犯专利权行为的措施时，可以根据当事人的申请，参照《民事诉讼法》第74条、第92条、第93条的规定，同时进行证据保全和财产保全。

实践中，关于诉前禁令的申请还需要注意以下问题：第一，申请人提出申请时，应当提供担保；不提供担保的，人民法院依法驳回申请；第二，申请人自人民法院采取责令停止有关行为的措施之日起十五日内不起诉的，人民法院应当解除该措施；第三，申请有错误的，申请人应当赔偿被申请人因停止有关行为所遭受的损失。

---

[1] 该司法解释于2001年6月5日由最高人民法院审判委员会第1179次会议通过，自2001年7月1日起正式施行。

2. 诉前证据保全的申请

所谓诉前证据保全，是指依当事人的申请，法院对有可能灭失或者以后难以取得的证据，在当事人起诉前加以固定和保护的制度。在专利侵权案件中，往往会出现如不在起诉前进行证据保全，证据就有可能灭失或者难以取得的情况，例如被控侵权人转移侵权产品等。为了更好地加强专利权人对于侵犯专利权的临时救济，2008 年《专利法》修改时增加了诉前证据保全的措施。《专利法》第 67 条规定，为了制止专利侵权行为，在证据可能灭失或者以后难以取得的情况下，专利权人或者利害关系人可以在起诉前向人民法院申请保全证据。人民法院采取保全措施，可以责令申请人提供担保；申请人不提供担保的，驳回申请。人民法院应当自接受申请之时起四十八小时内作出裁定；裁定采取保全措施的，应当立即执行。申请人自人民法院采取保全措施之日起十五日内不起诉的，人民法院应当解除该措施。

3. 特殊举证责任的承担

特殊举证责任的承担包括以下内容。

（1）举证责任倒置。专利侵权纠纷涉及新产品制造方法的发明专利的，制造同样产品的单位或者个人应当提供其产品制造方法不同于专利方法的证明。

（2）专利权评价报告。专利侵权纠纷涉及实用新型专利或者外观设计专利的，人民法院或者管理专利工作的部门可以要求专利权人或者利害关系人出具由国务院专利行政部门对相关实用新型或者外观设计进行检索、分析和评价后作出的专利权评价报告，作为审理、处理专利侵权纠纷的证据。

四、侵犯专利权的法律责任

（一）侵犯专利权的民事责任

对于侵犯专利权人独占实施权的行为，行为人一般只承担民事责任。依照我国《民法通则》和《专利法》，专利侵权的民事责任主要是停止侵权和赔偿损失。

1. 停止侵权

责令被告停止侵权是一种制止侵权行为继续发生的保护措施。侵权人应停止擅自制造、使用、许诺销售、销售、进口专利产品或使用专利方法，或使用、许诺销售、销售、进口用专利方法直接制造的产品的行为。因为只有在没有侵权行为存在的情况下，专利权人才能真正享受到独占实施权并从中受益。

2. 赔偿损失

专利侵权损害赔偿是专利侵权行为人应当承担的主要民事责任之一，是对侵权人侵权行为的追究与制裁，应当贯彻公正原则，使专利权人因侵权行为受到的实际损失能够得到合理赔偿。赔偿应包括专利权人或其利害关系人因其侵权而所受的直接损失和间接损失。

根据《专利法》第65条的规定，侵犯专利权的赔偿数额按照权利人因被侵权所受到的实际损失确定；实际损失难以确定的，可以按照侵权人因侵权所获得的利益确定。权利人的损失或者侵权人获得的利益难以确定的，参照该专利许可使用费的倍数合理确定。赔偿数额还应当包括权利人为制止侵权行为所支付的合理开支。权利人的损失、侵权人获得的利益和专利许可使用费均难以确定的，人民法院可以根据专利权的类型、侵权行为的性质和情节等因素，确定给予一万元以上一百万元以下的赔偿。

同时，结合《最高人民法院关于审理专利纠纷案件适用法律问题的若干规定》，在司法实践中，一般按照以下方式及标准认定和确定专利侵权的赔偿数额。

（1）权利人因被侵权所受到的损失。权利人因被侵权所受到的损失可以根据专利权人的专利产品因侵权所造成销售量减少的总数乘以每件专利产品的合理利润所得之积计算。该方法一般适用于在某一相对稳定的市场中，专利权人和侵权人是市场唯一竞争者的前提下，权利人因侵权行为造成市场销售量下降的情况。因为，如果不是侵权人制造或销售侵权产品，专利产品都将由专利权人制造或销售。

实践中，如果权利人的专利产品销售量减少的总数难以确定的，侵权产品在市场上销售的总数乘以每件专利产品的合理利润所得之积可以视为权利人因被侵权所受到的损失。

（2）侵权人因侵权所获得的利益。侵权人因侵权所获得的利益可以根据该侵权产品在市场上销售的总数乘以每件侵权产品的合理利润所得之积计算。如果侵权产品在市场上销售的总数难以确定的，可以根据侵权人生产专利产品的设备数量、设备的先进程度、生产工人的数量、生产的时间、原材料的消耗等因素，来推定其生产、销售侵权产品的数量。侵权人因侵权所获得的利益一般按照侵权人的营业利润计算，对于完全以侵权为业的侵权人，可以按照销售利润计算。

实践中，如果已知侵权人销售专利侵权产品的数量，但无法知道其每件专利侵权产品的利润，或其利润明显不合理，或者利润为负数等情况，也可以以侵权人在市场上销售侵权产品的总数乘以权利人每件专利产品的利润。这一计算方法实际上是把权利人销售每件专利产品的利润视为侵权人的利润来进行计算的。

（3）专利许可使用费的合理倍数。被侵权人的损失或者侵权人获得的利益难以确定，有专利许可使用费可以参照的，人民法院可以根据专利权的类别、侵权人侵权的性质和情节、专利许可使用费的数额、该专利许可的性质、范围、时间等因素，参照该专利许可使用费的 1 至 3 倍合理确定赔偿数额。

（4）法定赔偿金。被侵权人的损失或者侵权人获得的利益难以确定，又没有专利许可使用费可以参照或者专利许可使用费明显不合理的，人民法院可以根据专利权的类别、侵权人侵权的性质和情节等因素，一般在人民币 1 万元以上 100 万元以下确定赔偿数额。

（5）其他合理费用。全面认定赔偿的范围应包括专利权人的合理费用，对专利权人的实际损失还应包括其他合理费用的损失。人民法院根据权利人的请求以及具体案情，可以将权利人因调查、制止侵权所支付的合理费用计算在赔偿数额范围之内。

对于所支付费用合理性的判断，应以能否达到权利人制止侵权、调查取证、进行诉讼基本目的为前提。如为制止侵权行为而在媒体上刊登公告，在地区或专业刊物上登载即达到目的的就不一定在更大范围的刊物上登，可以短时间登的就不一定连续多日登，版面够醒目的就不一定要通栏；如为调查取证而出差，可以直接到一地就能查明的不一定要周游数地，可以两人去的就不一定去很多人，可以住一般宾馆的就不一定住高级宾馆；合理费用也可以包括聘请律师的代理费用，此项费用应按司法部有关律师收费规定的标准计算。

实践中，如果存在共同侵权行为的情况，一般由共同侵权人各依其销售量按比例承担权利人产品下降的损失，且承担连带责任。各侵权人的销售量不能查清的，由各侵权人均摊，且承担连带责任。这种方法适用于多个侵权人共同侵权，并造成被侵权人销售量下降的情况。由于共同侵权的危害性远大于单一侵权，因此，在计算赔偿额时，一般应考虑让其承担连带责任，以有效地保护被侵权人的利益。

当然，专利侵权的赔偿数额计算，必须综合考虑各种因素。不管采用何种方式计算专利侵权的赔偿数额，都应当以合法、合理为前提，并应有足够的证据证明和支持相关的赔偿要求和主张。

（二）侵犯专利权的行政责任

根据《专利法》第 63 条的规定，假冒专利的，除依法承担民事责任外，由管理专利工作的部门责令改正并予公告，没收违法所得，可以并处违法所得四倍以下的罚款；没有违法所得的，可以处 20 万元以下的罚款。

管理专利工作的部门根据已经取得的证据，对涉嫌假冒专利行为进行查处时，可以询问有关当事人，调查与涉嫌违法行为有关的情况；对当事人涉嫌违法行为的场所实施现场检查；查阅、复制与涉嫌违法行为有关的合同、发票、账簿以及其他有关资料；检查与涉嫌违法行为有关的产品，对有证据证明是假冒专利的产品，可以查封或者扣押。管理专利工作的部门依法行使前款规定的职权时，当事人应当予以协助、配合，不得拒绝、阻挠。

为了有效处理专利侵权纠纷，查处假冒专利行为，国家知识产权局根据《专利法》、《专利法实施细则》及有关法律法规，制定了《专利行政执法办法》❶，该办法自2011年2月1日起正式施行。

根据《专利行政执法办法》的规定，请求管理专利工作的部门处理专利侵权纠纷的，应当符合下列条件。

（1）请求人是专利权人或者利害关系人。其中，利害关系人包括专利实施许可合同的被许可人、专利权的合法继承人。专利实施许可合同的被许可人中，独占实施许可合同的被许可人可以单独提出请求；排他实施许可合同的被许可人在专利权人不请求的情况下，可以单独提出请求；除合同另有约定外，普通实施许可合同的被许可人不能单独提出请求。

（2）有明确的被请求人。

（3）有明确的请求事项和具体事实、理由。

（4）属于受案管理专利工作的部门的受案范围和管辖。

（5）当事人没有就该专利侵权纠纷向人民法院起诉。

请求管理专利工作的部门处理专利侵权纠纷的，应当提交请求书以及所涉及专利权的专利证书复印件，并且按照被请求人的数量提供请求书副本。必要时，管理专利工作的部门可以向国家知识产权局核实所涉及专利权的法律状态。专利侵权纠纷涉及实用新型或者外观设计专利的，管理专利工作的部门可以要求请求人出具由国家知识产权局作出的专利权评价报告。

请求书应当由请求人签名或盖章，并应记载以下内容。

（1）请求人的姓名或者名称、地址，法定代表人或者主要负责人的姓名、职务，委托代理人的姓名和代理机构的名称、地址。

（2）被请求人的姓名或者名称、地址。

（3）请求处理的事项以及事实和理由。

除当事人达成调解、和解协议，或者请求人撤回请求之外，管理专利工作的部门处理专利侵权纠纷应当制作处理决定书。管理专利工作的部门或者人民法院作出认定侵权成立的处理决定或者判决之后，被请求人就同一专利权再次作出相同类型的侵权行为，专利权人或者利害关系人请求处理的，管理专利工作的部门可以直接作出责令立即停止侵权行为的处理决定。

管理专利工作的部门认定专利侵权行为成立，作出处理决定的，应当责令侵权人立即停止侵权行为，并采取下列制止侵权行为的措施。

（1）侵权人制造专利产品的，责令其立即停止制造行为，销毁制造侵权

---

❶ 该办法2010年12月29日由国家知识产权局（第60号令）发布，自2011年2月1日起施行。2001年12月17日国家知识产权局令第十九号发布的《专利行政执法办法》同时废止。

产品的专用设备、模具，并且不得销售、使用尚未售出的侵权产品或者以任何其他形式将其投放市场；侵权产品难以保存的，责令侵权人销毁该产品。

(2) 侵权人使用专利方法的，责令其立即停止使用行为，销毁实施专利方法的专用设备、模具，并且不得销售、使用尚未售出的依照专利方法所直接获得的产品或者以其他任何形式将其投放市场；侵权产品难以保存的，责令侵权人销毁该产品。

(3) 侵权人销售专利产品或者依照专利方法直接获得产品的，责令其立即停止销售行为，并且不得使用尚未售出的侵权产品或者以任何其他形式将其投放市场；尚未售出的侵权产品难以保存的，责令侵权人销毁该产品。

(4) 侵权人许诺销售专利产品或者依照专利方法直接获得产品的，责令其立即停止许诺销售行为，消除影响，并且不得进行任何实际销售行为。

(5) 侵权人进口专利产品或者依照专利方法直接获得产品的，责令侵权人立即停止进口行为；侵权产品已经入境的，不得销售、使用该侵权产品或者以任何其他形式将其投放市场；侵权产品难以保存的，责令侵权人销毁该产品；侵权产品尚未入境的，可以将处理决定通知有关海关。

(6) 停止侵权行为的其他必要措施。

管理专利工作的部门发现或者接受举报发现假冒专利行为的，应当及时立案，并指定两名或者两名以上案件承办人员进行查处。经调查，假冒专利行为成立的，管理专利工作的部门应当制作处罚决定书，并应当责令行为人采取下列改正措施。

① 在未被授予专利权的产品或者其包装上标注专利标识、专利权被宣告无效后或者终止后继续在产品或者其包装上标注专利标识或者未经许可在产品或者产品包装上标注他人的专利号的，立即停止标注行为，消除尚未售出的产品或者其包装上的专利标识；产品上的专利标识难以消除的，销毁该产品或者包装。

② 销售第①项所述假冒专利产品的，立即停止销售行为。

③ 在产品说明书等材料中将未被授予专利权的技术或者设计称为专利技术或者专利设计，将专利申请称为专利，或者未经许可使用他人的专利号，使公众将所涉及的技术或者设计误认为是他人的专利技术或者专利设计的，立即停止发放该材料，销毁尚未发出的材料，并消除影响。

④ 伪造或者变造专利证书、专利文件或者专利申请文件的，立即停止伪造或者变造行为，销毁伪造或者变造的专利证书、专利文件或者专利申请文件，并消除影响。

⑤ 其他必要的改正措施。

假冒他人专利，涉嫌触犯《中华人民共和国刑法》第 216 条的，由管理专利工作的部门移送司法机关依法追究刑事责任。伪造或者变造专利证书，涉嫌触犯《中华人民共和国刑法》第280条规定的[1]，由管理专利工作的部门移送司法机关追究刑事责任。

（三）侵犯专利权的刑事责任

根据我国《专利法》第58条及《中华人民共和国刑法》第216条的规定，假冒他人专利，情节严重的，构成假冒专利罪，处三年以下有期徒刑或者拘役，并处或者单处罚金。

而根据《最高人民法院、最高人民检察院关于办理侵犯知识产权刑事案件具体应用法律若干问题的解释》[2]，假冒他人专利，具有下列情形之一的，属于《刑法》第216条规定的“情节严重”的情形：① 非法经营数额在二十万元以上或者违法所得数额在十万元以上的；② 给专利权人造成直接经济损失五十万元以上的；③ 假冒两项以上他人专利，非法经营数额在十万元以上或者违法所得数额在五万元以上的；④ 其他情节严重的情形。

思考题

1. 发明人或者设计人的判断标准有哪些？
2. 如何判断职务发明创造的权利归属？
3. 专利申请人和专利权人权利义务有何不同？
4. 如何理解新颖性、创造性及实用性的判断标准？
5. 请求专利权提前终止与请求宣告专利权无效有何区别？
6. 专利保护范围确定所遵循的不同原则有何区别？

---

[1] 该条款规定，伪造、变造、买卖或者盗窃、抢夺、毁灭国家机关的公文、证件、印章的，处三年以下有期徒刑、拘役、管制或者剥夺政治权利；情节严重的，处三年以上十年以下有期徒刑。

[2] 该司法解释于2004年11月2日由最高人民法院审判委员会第1331次会议、2004年11月11日最高人民检察院第十届检察委员会第28次会议通过，自2004年12月22日起施行。

第五章　其他知识产权法律制度

第一节　商业秘密的法律保护

一、商业秘密的概念和特征

（一）商业秘密的概念

商业秘密（Trade Secret）是国际上较为通用的法律术语，但对于什么是商业秘密，却历来众说纷纭。目前国际上对商业秘密还没有统一的定义。

TRIPS 协议将商业秘密界定为“未公开的信息，这些未公开的信息应当具有商业价值”。美国《侵权行为法第一次重述》（1939 年）对商业秘密作了如下界定：商业秘密可以是任何公式、模型、设计或信息汇编，可以是一个化学配方，一道制作、处理或保存的工序，一个机器或其他设计的模型或者一个顾客名单。美国《统一商业秘密法》第 1 条第 4 款则将商业秘密定义为“包括公式、图纸、汇编、装置、方法、技巧或工序的信息”。❶

日本 1990 年修改后的《不正当竞争防止法》指出：商业秘密是指“对于商业活动有用的产品制造方法，市场营销策略或其他技术或企业信息，而这些信息必须以秘密方式保守，并且不易为一般公众所知”。❷

从我国的立法角度看，1993 年 9 月颁行的《反不正当竞争法》第 10 条第 3 款规定：“商业秘密，是指不为公众所知悉、能为权利人带来经济利益、具有实用性并经权利人采取保密措施的技术信息和经营信息”。这一规定分别从内涵和外延两方面界定了商业秘密。国家工商行政管理局《关于禁止侵犯商业秘密行为的若干规定》以及我国刑法第 219 条均采用了这一定义。这一定义与美国《统一商业秘密法》定义的特定信息有相似之处。

商业秘密在不同的产业、部门、技术研发的不同阶段广泛存在，但总的可以将其归为两类：一类是技术信息，另一类是经营信息。

技术信息指处于秘密状态的非公知技术，是人们从生产实践经验或者技艺中得来的具有实用性的技术知识。持有人一般是出于独占考虑而不申请专利。技术信息通常包括制造技术、设计方法、生产方案、产品配方、研究手段、工艺流程、技术规范、操作技巧、测试方法知识和经验，以及技术水平、技术潜

---

❶ 刘春田主编：《知识产权法》，中国人民大学出版社 2000 年版，第 334 页。

❷ 赵秉志主编：《侵犯知识产权犯罪研究》，中国方正出版社 1999 年版，第 255 页。

力、新技术和替代技术的预测、新技术影响的预测等信息。技术信息的载体，可以是文件性载体，如设计图纸等；也可以是实物性载体，如样品、动植物新品种等。

经营信息包括经营秘密和管理秘密。经营秘密主要指具有秘密性质的经营和与经营密切相关的情报和信息，如产品推销计划和市场占有情况，产品的社会购买力情况、产品的区域性分布情况、客户名册、经营战略、广告计划、原材料价格、流通渠道和机构、企业资信状况、资产购置计划、投资计划等。管理秘密指组织生产和经营管理的秘密，如管理的模式、方法、经验等。

（二）商业秘密的特征

商业秘密特征的确定是商业秘密得到保护的基础和前提，是商业秘密侵权受到法律制裁的关键。《知识产权协定》第 39 条第 2 款对商业秘密的特征表述为："（1）属秘密，即作为一个整体或就其各部分的精确排列和组合而言，该信息尚不为通常处理所涉信息范围内的人所普遍知道，或不易被他人获得；（2）因属秘密而具有商业价值；并且（3）由该信息的合法持有人，在此种情况下采取合理的步骤以保持其秘密性质。"❶ 世界知识产权组织 1996 年《关于反不正当竞争保护的示范规定》第 6 条第 3 款对秘密信息的定义与《知识产权协议》的上述规定完全一样。根据我国《反不正当竞争法》的规定，要认定信息是否符合商业秘密应当具备以下特征。

1. 秘密性

秘密性即不为公众所知悉。这是商业秘密区别于其他知识产权客体的显著标志。"商业秘密是一种非公共财产和非公有知识的东西"，所以，"只要该商业秘密在其应用区域内不为公众所知悉就具有秘密性"。❷ 对秘密性的理解应当认定其为相对秘密性，即有关信息构成可受保护的商业秘密不需要绝对地不被所有人所公知，只要求其确切内容不为不负有义务的内行人所公知。❸

2. 价值性

商业秘密必须具有价值性，是指能够使占有者获得经济利益或竞争优势。一般认为，只要可以应用于生产和经营管理，并能给权利人直接带来经济利益，那么无论这种利益是潜在的或实际的，都符合价值性的要求。

3. 实用性

实用性是指商业秘密能在生产经营中具体运用，并可以给权利人带来经济利益，包括现实的或潜在的经济利益和竞争优势。按照这一要求，商业秘密不

---

❶ 吴汉东等著：《知识产权法学》，北京大学出版社 2002 年第 2 版，第 312 页。

❷ 冯晓青、唐超华主编：《知识产权法》，湖南人民出版社 2001 年版，第 460 页。

❸ 张玉瑞：《商业秘密的运用和保护 200 题》，人民法院出版社 1996 年版，第 36 页。

能是一般的原理，也不能是一种仅仅存在于思维的设想，而必须是可以应用于生产或经营中的凝聚了一定人员劳动的智慧结晶。

4. 保密性

人们必须对其所掌握的秘密信息采取相应的保护措施，如指定了保密守则、订立了保密协议、在生产经营中不随便透露等，才可能使之成为法律所保护的商业秘密。权利人也正是通过保密措施向他人表示将有关内容作为自己的商业秘密进行控制，从而主张权利。商业秘密如果失去了这一本质特征，将无存在的价值可言。如果由于自身的保护意识欠缺而导致对所掌握的秘密信息未采取任何措施，那么即使被他人获取或使用也不能请求法院将之认定为商业秘密并予以保护。

二、商业秘密权及其限制

（一）商业秘密的财产权性质

1. 商业秘密具有无形财产权的性质

商业秘密是技术信息和经营信息，是人类智力活动的产物，商业秘密作为一种无形财产，就使得商业秘密的保护具有了财产保护的性质。作为一种智力成果，商业秘密具有明显的财产价值，它能够为权利人带来实际的或潜在经济利益和竞争优势，获得比同行更高的利润。商业秘密一旦被他人非法窃取或公开，会直接给权利人造成经济上的损失。因而商业秘密权也被看做是一种财产权。无论商业秘密是归法人单位，还是归自然人个人所有，作为合法的权利主体，都依法对自己的商业秘密享有占有、使用、收益和处分的权利。

商业秘密的占有权是指权利主体对商业秘密实际上的管理与控制的权利，未经许可他人不得以任何违法手段获取、披露、使用或许可他人使用权利主体的商业秘密。商业秘密的使用权是指权利主体为满足生产和生活的需要，依法按照商业秘密的性能和用途对其进行利用的权利，只要不违反法律、不妨碍他人合法利益或社会公共利益，任何单位或个人都无权干涉这种使用。商业秘密的收益权是指权利主体从商业秘密的占有、使用、处分中取得某种经济利益的权利。商业秘密的处分权是指权利主体对商业秘密进行处置、决定商业秘密命运的权利，权利主体可以在保留所有权的前提下，允许他人有偿使用商业秘密，形成商业秘密的许可使用，也可将商业秘密权整体转让给他人，自己不再所有和使用，还可故意将商业秘密公之于众，使之被消灭。

2. 商业秘密权是一种特殊的知识产权

知识产权是人们对其脑力劳动所创造的智力成果依法享有的专有权利。知识产权的本质属性在于：知识产权的客体是具有创造性的无形的智力成果。商业秘密与专利权、商标权、著作权等传统的知识产权有相同之处，即都是人类智力活动的产物，其标的都是智力成果，都是无体的，都能够产生和创造出经济价值。从专利权、版权、商标权等大多数知识产权的保护来看，也都是在权利人的利益受到侵害时，在主张权利的过程中，才显示出这种无形产权的存在。商业秘密与这些知识产权作为民事权利予以保护，并无本质上的区别。

商业秘密又与专利权、商标权、著作权等传统的知识产权有不同之处，是一种特殊的知识产权。这主要表现在以下几个方面。

（1）专利权、商标权、著作权等传统的知识产权的权利人是以向社会公开其智力成果为条件而换取法律赋予其智力成果专有权，并对该专有权加以保护的。与之相反，商业秘密必须是秘密的，商业秘密权的效力，完全取决于商业秘密的保密程度，一旦秘密公开即丧失权利。

（2）专利权、商标权、著作权等传统的知识产权具有时间性，均有法定的保护期限。而商业秘密没有时间限制，存续时间取决于权利人的保密状况，法律无法预先决定；只要未曾泄密，就由权利人享有，受法律保护。

（3）独占性是公认的专利权、商标权等知识产权的法律特征，知识产权依法获得后，权利人对其享有独占权、排他权，未经权利人同意或法律的特别规定，其他任何人均不得享有或使用这种权利。而商业秘密权不具有严格意义的独占性，权利人无权排斥他人以合法手段取得或使用相同的商业秘密。

正因为商业秘密权是一种特殊的知识产权，因此，在商业秘密的国际保护领域，目前主要是给予其以产权法律保护。20 世纪 60 年代，国际商会（ICC）率先将商业秘密视为知识产权，世界知识产权组织在其成立的公约中亦暗示商业秘密可以包含在知识产权之内；1993 年 12 月于日内瓦结束的关贸总协定乌拉圭回合谈判的文件之一《与贸易（包括假冒商品贸易）有关的知识产权协议》把未披露过的信息（指商业秘密）专有权列入知识产权的范围，明确其属于知识产权范围。英美法系国家一般将商业秘密视为知识产权或无形产权，其立法例以美国 1978 年《统一商业秘密法》和英国 1981 年《保护秘密权利法草案》为代表。大陆法系国家曾长期依据合同法或侵权法理论保护商业秘密，目前也在一定程度上承认商业秘密的产权性质。[1] 我国《刑法》在分则第 3 章第 7 节“侵犯知识产权罪”中，规定了侵犯商业秘密罪。这表明从立法角度我国法律具体规定了商业秘密的法律属性是一种知识产权。

（二）商业秘密权的限制

商业秘密作为一种财产权，与任何财产权一样，权利主体在行使权利时也存在某些限制，即在某些特定情况下，商业秘密的权利人无权主张权利。该特定情况主要有以下几个方面。

---

[1] 吴汉东等著：《知识产权法学》，北京大学出版社 2002 年第 2 版，第 314 页。

1. 他人权利对商业秘密权的限制

商业秘密可以存在若干个平行的权利主体，只要各个权利主体的商业秘密来源正当合法，他们之间的权利就可相抵，其结果只能互不侵犯。具体包括以下内容。

（1）他人独自研究、设计、构思出同样的商业秘密。只要是独立研究、设计、构思的，就应有相应的权利，前一商业秘密权利主体也无权对后者主张权利。

（2）他人从其他合法权利主体处合法受让或取得实施许可。同一商业秘密多个权利并存局面的形成，还可以是他人从其他权利主体那里受让或得到实施许可，这种情况同样不构成对商业秘密权的侵犯。

（3）他人通过反向工程获取商业秘密。反向工程也称逆向工程，是指通过对市售产品或者其他合法渠道取得的产品进行解剖和分析，从而推知其具体技术方案的过程。由于反向工程的产品来源是合法的，且研制者也付出了一定的劳动，因此其行为是合法的。

（4）他人善意取得或披露商业秘密。商业秘密权利主体对他人善意取得的商业秘密无权主张权利，这是因为取得人主观上并非有意去了解该信息，更没有为此专门采取一些非法行动，只是由于权利主体的疏忽，使取得人在无意中了解到该信息，并且他对该商业秘密并无任何的保密义务，因此他对该商业秘密的善意掌握或披露，法律是不禁止的。

（5）商业秘密权利主体的权利用尽。权利主体生产或经其许可生产的体现其商业秘密的产品一经出售，权利主体就失去对该产品的控制权，其只能对无形的信息享有权利，无权对有形产品的进一步转销、分销、零售进行干涉，也不能以未经许可而披露、使用商业秘密为由起诉转销商、分销商或零售商。

2. 公共利益对商业秘密权的限制

商业秘密属于私权范畴，其取得和行使必须符合公共利益。但在社会经济的各个领域中，有许多与公共利益发生冲突、违法或不正当的活动中的秘密信息，很可能具备了“商业秘密”形式上的构成要件。如果给予这类信息以法律保护，就有可能导致影响公共利益的事件发生，就有可能与社会良知相违背，因此这类信息不应受商业秘密的法律保护，这是各国都奉行的共同原则。而且使用或披露这类信息，并不属于侵权行为，不需要负法律责任，相反拥有这类信息的人，其行为可能会受到所触犯法律的追究。

TRIPS 协议第 39 条对商业秘密的权利限制没有具体规定，但该条暗示：如果出于保护公众的需要，则可以对这种权利实行某些限制。[1] 我国《反不正

---

[1] 郑成思著：《知识产权法》，法律出版社 2003 年第 2 版，第 397 页。

当竞争法》第2条第2款规定：“经营者在市场交易中，应当遵循自愿、平等、公平、诚实信用的原则，遵守公认的商业道德。”当商业秘密与这些原则抵触时，当然不受法律保护。《深圳经济特区企业技术秘密保护条例》第7条第1款规定：“凡违反国家法律、法规，损害国家利益、社会公共利益，违背公共道德的技术秘密，不受本条例的保护。”显然，这是不保护违反公共利益的商业秘密的明确规定。

三、侵犯商业秘密行为的表现形式

侵犯商业秘密是指不正当地获取、披露或利用权利人商业秘密的行为，就《反不正当竞争法》第10条的规定来看，侵犯商业秘密的行为有以下几种。

（一）以盗窃、利诱、胁迫或者其他不正当手段获取权利人的商业秘密

所谓盗窃，是以非法占有为目的秘密地占有他人的商业秘密。作案的可能是单位内部职工，也可能是外部人员，甚至是单位盗窃，作案的手法有窃取图纸、配方，窃听客户电话，偷拍图纸等。利诱是指以物质利益（如高薪）或其他利益为诱饵诱使权利人交出商业秘密。胁迫是指给权利人实施精神强制，以损毁其名誉、荣誉、生命健康或财产为要挟，迫使其交出商业秘密的行为。其他不正当手段包括骗取、收买、抢劫、抢夺等。用不正当手段获取权利人的商业秘密的行为范围是无法穷尽的，其关键在于手段的性质属于不正当范畴。[1] 判断得到商业秘密的手段是否正当，应该考虑案件的全部情况，包括获得手段是否符合公共政策的公认原则，以及商业秘密所有人对有关手段是否采取了合理的保密措施。

以不正当手段获取商业秘密，本身就是独立的侵权行为，而不论以后的披露、使用、允许他人使用行为。根据这一规定，盗窃他人商业秘密以出售的，受雇盗窃他人商业秘密的，获取竞争对手商业秘密尚未使用的，均构成侵权。

（二）披露、使用或者允许他人使用以盗窃、利诱、胁迫或其他不正当手段获取的权利人的商业秘密

《反不正当竞争法》第10条第1款第（2）项规定，如果被告使用不正当手段获取他人商业秘密，那么以后披露、使用或者允许使用，亦构成违法。使用、披露行为有独立的侵权后果和社会危害性，有独立的法律后果和责任，因而是独立的侵权行为。

披露商业秘密是指被告将商业秘密向他人公开，商业秘密一旦公开，必将损害商业秘密权利人的权益。披露并不一定出于谋利的动机，有时也可能出于报复泄愤的动机。使用他人商业秘密是指被告在各种有用的方面运用他人商业秘密。使用行为即使从外部不易被察觉，也并不影响其违法性。允许他人使用

---

[1] 颜祥林等编著：《知识产权保护原理与策略》，中国公安大学出版社2001年版，第188页。

商业秘密是指被告将自己或他人以不正当手段获得的商业秘密供给他人使用。这种允许使用可以是有偿或无偿的，即使无偿转让同样构成侵权。

（三）违反约定或者违反权利人有关保守商业秘密的要求，披露、使用或允许他人使用其所掌握的商业秘密

这时的行为人通过合法的手段获得了权利人的商业秘密，但由于对权利人负有明示或默示的义务，因而不得披露、使用或允许他人使用其所掌握的商业秘密。在违反要求或约定披露的诉讼中，判断是否存在保密义务是关键。即使存在商业秘密，如果被告没有保密义务，侵权的诉讼仍然不能成立。

（四）第三人明知或应知上述侵犯权利人商业秘密的违法行为，而获取、使用或者披露他人商业秘密

这种行为不同于上述三种行为之处在于行为者并没有直接侵犯商业秘密，但在明知其为他人的商业秘密并明知或应知侵犯商业秘密的行为的存在的情况下仍获取、使用或者披露他人商业秘密的，被视为侵犯商业秘密，即法律将这种未直接侵犯商业秘密的行为按照侵犯商业秘密的行为对待。

四、保护商业秘密的主要法律途径

商业秘密是一种财产权利，长期以来一直受到法律保护。商业秘密侵权行为危害巨大，涉及的法律关系较为复杂，世界上大多数国家和地区都通过民法、竞争法以及刑法的有关条款予以保护。从世界各国的实际情况看，商业秘密的法律保护主要有以下途径。

（一）合同法保护

利用合同法律保护是指在有关规范各种合同关系的法律法规中，对涉及商业秘密的合同关系都作了严格具体的规定。商业秘密权利人通过合同形式，要求对方当事人对所接触的商业秘密承担某种义务，如竞业禁止、保密等。如果对方违反合同约定，则应当承担相应的违约责任。通过订立合同的方式来保护商业秘密是目前世界各国所普遍采用的一种方法。我国《合同法》在总则第43条规定："当事人在订立合同过程中知悉的商业秘密，无论合同是否成立，不得泄露或者不正当地使用。泄露或者不正当地使用该商业秘密给对方造成损失的，应当承担损害赔偿责任。"从该条中我们可以看出，《合同法》规定了合同对方当事人保守商业秘密的义务，如果对方当事人泄露或者不正当地使用，则应当承担损害赔偿责任。但是，通过合同法保护商业秘密有一个严重缺陷，那就是合同的效力在通常情况下并不及于合同当事人之外的第三人。因此，合同法对商业秘密的保护是极为有限的。

（二）侵权法保护

在侵权法领域，由于商业秘密被视为一种财产，其他人未经权利人许可而获得或者使用商业秘密，往往被认为是盗用权利人的财产，是侵犯权利人合法

权利的行为，权利人可以依据侵权法请求保护。在我国《民法通则》中，对民事主体享有知识产权作了专门的规定。商业秘密是权利人的智力劳动成果，属知识产权范畴，对侵犯商业秘密的侵权行为，就可以根据《民法通则》有关保护知识产权的规定，追究侵权人的民事责任。《民法通则》第118条规定："公民、法人的著作权（版权）、专利权、商标专用权、发现权、发明权和其他科技成果受到窃取、篡改、假冒等侵害时，有权要求停止侵害、消除影响、赔偿损失。"

（三）反不正当竞争法保护

这是当前保护商业秘密的最主要的法律形式。世界各国大都通过反不正当竞争法将以不正当方式获取、泄露或使用他人享有权利的商业秘密行为视为不正当竞争行为予以禁止。《巴黎公约》第10条之2、《知识产权协定》第39条第1款等国际条约都要求各成员国为商业秘密提供反不正当竞争法保护。例如德国《防止不公平竞争法》第18条规定："凡以竞争或图自己私利之目的，无正当理由而利用商业交易中所获悉的模型、技术文件、特别图纸、塑型、式样、配方、制造方法等商业秘密并将其泄漏者，处以两年以下有期徒刑或并科罚金。"瑞士、瑞典、挪威等国均有类似规定。我国在《反不正当竞争法》第10条中禁止经营者采取不正当手段侵犯商业秘密。关于侵犯商业秘密的法律责任，《反不正当竞争法》规定了民事责任。《反不正当竞争法》第20条规定："经营者违反本法规定，给受到侵害的经营者造成损害的，应承担损害赔偿责任，受到侵害的经营者的损失难以计算的，赔偿额为侵权人在侵权期间因侵权所获得的利润；并应当承担被侵害的经营者因调查该经营者侵害其合法权益的不正当竞争行为所支付的合理的费用。"侵权人的民事赔偿责任范围有两部分：一是被侵害人的实际损失或侵权人因侵权所获得的利润；二是补偿权利人因侵权人的行为而花费的其他合理费用。这种赔偿责任是侵权人承担民事责任的最重要的方式。

（四）刑法保护

要求侵害商业秘密的行为人在一定条件下承担刑事责任，是重视商业秘密保护的国家制裁严重侵害商业秘密行为的一种重要手段。侵害商业秘密的行为不仅侵犯了商业秘密权利人的合法权益，而且严重地侵犯了国家对知识产权的管理制度，侵犯了社会主义市场经济秩序，因此，有的国家就对这些行为规定行为人或有关责任人员刑事责任，即以泄露企业秘密罪或者泄漏罪定罪量刑。如法国刑法典规定，公司职员泄露秘密的处以2～5年徒刑，并科以1800～7200法郎的罚金。

我国《刑法》第219条规定："有下列侵犯商业秘密行为之一，给商业秘密的权利人造成重大损失的，处三年以下有期徒刑或者拘役，并处或者单处罚金；造成特别严重后果的，处三年以上七年以下有期徒刑，并处罚金。”刑法规定侵犯商业秘密的具体行为是：① 以盗窃、利诱、胁迫或者其他不正当手段获取权利人的商业秘密的；② 披露、使用或者允许他人使用以前项手段获取的权利人的商业秘密的；③ 违反约定或者违反权利人有关保护商业秘密的要求，披露、使用或者允许他人使用其所掌握的商业秘密的。另外，刑法还特别规定：“明知或者应知前款所列行为，获取、使用或者披露他人的商业秘密的，以侵犯商业秘密论。”

（五）对商业秘密的专项法律保护

由于侵犯商业秘密的行为与其他民事侵权行为和不正当竞争行为不同，除上述法律中进行规定以外，不少国家和地区还制定了保护商业秘密的专项立法，对商业秘密的保护范围、保护措施、处罚手段以及诉讼程序等都可以进行完整的规定。近年来，进行保护商业秘密的专门立法已成为国际立法发展的趋势。如美国已于1979年制定了《统一商业秘密法》。我国的《反不正当竞争法》将侵犯商业秘密的行为列为不正当竞争行为，对商业秘密提供了法律保护，但相对有限。我国还须制定《商业秘密保护法》或者《商业秘密法》，使其成为知识产权法律体系一个组成部分，增强其可操作性及保护力度，唯有如此，才能更好地保护商业秘密，推动国际技术的交流和发展。

第二节　植物新品种权的法律保护

一、植物新品种的概念与立法保护

（一）植物新品种的概念

植物新品种，是指经过人工培育的或者对发现的野生植物加以开发，具备新颖性、特异性、一致性和稳定性并有适当命名的植物品种。植物新品种分为农业植物新品种和林业植物新品种两类。农业植物新品种包括粮食、棉花、油料、麻类、糖料、蔬菜（含西甜瓜）、烟草、桑树、茶树、果树（干果除外）、观赏植物（木本除外）、草类、绿肥、草本药材等植物以及橡胶等热带作物的新品种。食用菌的新品种保护适用农业植物新品种保护的规定。林业植物新品种，是指林木、竹、木质藤木、木本观赏植物（包括木本花卉）、果树（干果部分）及木本油料、饮料、调料、木本药材等植物品种。

随着农业、林业科技的飞速发展，优良的植物新品种不断出现。由于植物新品种具有重大的社会效益和经济效益，有利于促进国民经济的健康发展和社会稳定，因此，对植物新品种的保护就显得极为重要。首先，一种新的植物品种的诞生，需要育种人长期的资金与技术投入。但这种新品种投入市场后，育种技术很容易被他人掌握，如果他人无偿繁育这种新品种，就会使育种人的付出无法得到应有的回报，这样不但会侵害到他们的合法权益，还会挫伤他们育种的积极性；其次，农业、林业科技成果的研制和开发具有很大的风险性，不仅面临着市场风险，还面临更为严峻的自然灾害风险，只有通过对植物新品种予以法律保护才能使这种风险得到有效的平衡；再次，植物新品种提高了农作物和林业的质量，减少了因病虫灾害所产生的损失，因此，保护农林业育种者的权利，促进农林业科技的发展已成为必然。

（二）植物新品种的立法保护

植物新品种是由智力活动所产生的科技成果，来源于人们对植物的人工培育或对野生植物的开发。然而在20世纪30年代以前，植物和植物品种一直是被排除在法律保护之外的。随着农林业生物技术的发展，植物新品种逐渐成为知识产权保护的对象。1930年，美国颁布了植物专利法，但只对无性繁殖的植物新品种进行保护。为了在国际市场上扩大本国植物品种的保护机会，一些西方国家于1961年12月2日在巴黎签订了《保护植物新品种国际公约》，并组成了“保护植物新品种联盟”（UPOV）。1970年，美国国会又制定了植物新品种保护的特别法。1994年通过的《知识产权协议》中也提及了植物新品种的保护问题，为国际范围内植物新品种的保护产生了巨大的推动力。

植物新品种权属于知识产权的范畴，是类似于专利权的一种知识产权，有的国家也叫植物专利，用专利法进行保护。而有的国家则认为植物新品种具有自身生长繁殖的特性，应采用特别法予以保护。《保护植物新品种国际公约》规定，成员国可以自由选择专门法或专利法或二者并用对植物新品种给予保护，《知识产权协议》第27条第3款也规定：“缔约方应以专利方式或者一种专门的制度或两者的结合对植物新品种给予保护。”目前，在对植物品种提供知识产权保护的国家，多数国家制定特别法对植物新品种予以保护，如德国；也有的国家用专利制度来保护植物新品种，如意大利、匈牙利；还有的国家既采用特别法也兼用专利法来保护植物新品种，如美国。

我国专利法对植物新品种本身不授予专利权，而对其生产方法则授予专利权。1997年3月20日国务院发布了《中华人民共和国植物新品种保护条例》（以下简称《条例》），并于1997年10月1日起施行。1999年3月，我国加入《保护植物新品种国际公约》。1999年6月和8月，与《条例》配套的条例实施细则的农业部分和林业部分分别予以发布施行，对符合条件的植物新品种授予品种权并依法予以保护。

二、植物新品种权的取得与归属

（一）植物新品种权的取得条件

植物新品种要受到法律的保护，必须具备以下法定的条件。

（1）申请品种权的植物新品种应当属于国家植物品种保护名录中列举的

植物的属或者种。植物品种保护名录由审批机关确定和公布。

（2）授予品种权的植物新品种应当具备新颖性。新颖性，是指申请品种权的植物新品种在申请日前该品种繁殖材料未被销售，或者经育种者许可，在中国境内销售该品种繁殖材料未超过1年；在中国境外销售藤本植物、林木、果树和观赏树木品种繁殖材料未超过6年，销售其他植物品种繁殖材料未超过4年。

（3）授予品种权的植物新品种应当具备特异性。特异性，是指申请品种权的植物新品种应当明显区别于在递交申请以前已知的植物品种。

（4）授予品种权的植物新品种应当具备一致性。一致性，是指申请品种权的植物新品种经过繁殖，除可以预见的变异外，其相关的特征或者特性一致。

（5）授予品种权的植物新品种应当具备稳定性。稳定性，是指申请品种权的植物新品种经过反复繁殖后或者在特定繁殖周期结束时，其相关的特征或者特性保持不变。

（6）授予品种权的植物新品种应当具备适当的名称，并与相同或者相近的植物属或者种中已知品种的名称相区别。该名称经注册登记后即为该植物新品种的通用名称。

但下列名称不得用于植物品种的命名：① 仅以数字组成的；② 违反社会公德的；③ 对植物新品种的特征、特性或者育种者的身份等容易引起误解的。

（二）植物新品种权的取得程序

植物新品种培育完成后，完成植物新品种的单位或个人或其他的申请权人必须向国家有关部门申请，经审查和批准后，才能取得植物新品种权。植物新品种权的审批机关是国务院农业、林业行政部门，它们按照职责分工共同负责植物新品种权申请的受理和审查并对符合法律规定的植物新品种授予植物新品种权。

1. 申请

（1）中国的单位和个人申请品种权的，可以直接或者委托代理机构向审批机关提出申请。

中国的单位和个人申请品种权的植物新品种涉及国家安全或者重大利益需要保密的，应当按照国家有关规定办理。

（2）外国人、外国企业或者外国其他组织在中国申请品种权的，应当按其所属国和中华人民共和国签订的协议或者共同参加的国际条约办理，或者根据互惠原则，依照《条例》办理。

申请品种权的，应当向审批机关提交符合规定格式要求的请求书、说明书和该品种的照片。申请文件应当使用中文书写。

中国的单位或者个人将国内培育的植物新品种向国外申请品种权的，应当向审批机关登记。

2. 受理

审批机关收到品种权申请文件之日为申请日；申请文件是邮寄的，以寄出的邮戳日为申请日。

申请人自在外国第一次提出品种权申请之日起12个月内，又在中国就该植物新品种提出品种权申请的，依照该国同中华人民共和国签订的协议或者共同参加的国际条约，或者根据相互承认优先权的原则，可以享有优先权。

申请人要求享有优先权的，应当在申请时提出书面说明，并在3个月内提交经原受理机关确认的第一次提出的品种权申请文件的副本；未依照本条例规定提出书面说明或者提交申请文件副本的，视为未要求优先权。

对符合《条例》第21条规定的品种权申请，审批机关应当予以受理，明确申请日、给予申请号，并自收到申请之日起1个月内通知申请人缴纳申请费。对不符合或者经修改仍不符合《条例》第21条规定的品种权申请，审批机关不予受理，并通知申请人。申请人可以在品种权授予前修改或者撤回品种权申请。

3. 审查

（1）初步审查与驳回。申请人缴纳申请费后，审批机关对品种权申请的下列内容进行初步审查：是否属于植物品种保护名录列举的植物属或者种的范围；是否符合《条例》第20条的规定；是否符合新颖性的规定；植物新品种的命名是否适当。

审批机关应当自受理品种权申请之日起6个月内完成初步审查。对经初步审查合格的品种权申请，审批机关予以公告，并通知申请人在3个月内缴纳审查费。对经初步审查不合格的品种权申请，审批机关应当通知申请人在3个月内陈述意见或者予以修正；逾期未答复或者修正后仍然不合格的，驳回申请。

（2）实质审查。申请人按照规定缴纳审查费后，审批机关对品种权申请的特异性、一致性和稳定性进行实质审查。申请人未按照规定缴纳审查费的，品种权申请视为撤回。

审批机关主要依据申请文件和其他有关书面材料进行实质审查。审批机关认为必要时，可以委托指定的测试机构进行测试或者考察业已完成的种植或者其他试验的结果。因审查需要，申请人应当根据审批机关的要求提供必要的资料和该植物新品种的繁殖材料。

4. 登记与公告

审批机关经过实质审查，对符合《条例》规定的品种权申请，应当作出授予品种权的决定，颁发品种权证书，并予以登记和公告。对经实质审查不符合《条例》规定的品种权申请，审批机关予以驳回，并通知申请人。

5. 复审请求

申请人对审批机关驳回品种权申请的决定不服的，可以自收到通知之日起3个月内，向植物新品种复审委员会请求复审。植物新品种复审委员会应当自收到复审请求书之日起6个月内作出决定，并通知申请人。申请人对植物新品种复审委员会的决定不服的，可以自接到通知之日起15日内向人民法院提起诉讼。

（三）植物新品种权的归属

根据我国《条例》的规定，一个植物新品种只能授予一项品种权。两个以上的申请人分别就同一个植物新品种申请品种权的，品种权授予最先申请的人；同时申请的，品种权授予最先完成该植物新品种育种的人。

具体的植物新品种权的归属主要有以下几种规定。

（1）职务育种的权利归属：执行本单位的任务或者主要是利用本单位的物质条件所完成的职务育种，植物新品种的申请权属于该单位。

（2）非职务育种的权利归属：属于非职务育种的情形，植物新品种的申请权属于完成育种的个人。申请被批准后，品种权属于申请人。

（3）委托育种的权利归属：委托育种，品种权的归属由当事人在合同中约定；没有合同约定的，品种权属于受委托完成育种的单位或者个人。

（4）合作育种的权利归属：合作育种，品种权的归属由当事人在合同中约定；没有合同约定的，品种权属于共同完成育种的单位或者个人。

当事人就植物新品种的申请权和品种权的权属发生争议的，可以向人民法院提起诉讼。该诉讼的第一审人民法院为各省、自治区、直辖市人民政府所在地和最高人民法院指定的中级人民法院。

三、植物新品种权的内容与限制

（一）植物新品种权的内容

植物新品种权，又称育种者权利，指的是国家植物新品种审批机关依照法律、法规的规定，赋予品种权所有人对其新品种所享有的各种权利的总称。根据《条例》的规定，完成育种的单位或者个人对其授权品种，享有排他的独占权，主要包括以下两个方面。

（1）任何单位或者个人未经品种权所有人（以下称品种权人）许可，不得为商业目的生产或者销售该授权品种的繁殖材料。

（2）任何单位或者个人未经品种权所有人许可，不得为商业目的将该授权品种的繁殖材料重复使用于生产另一品种的繁殖材料。

以上两种情况在《条例》另有规定的时候除外。

（二）植物新品种申请权和品种权的转让

根据《条例》的规定，植物新品种的申请权和品种权可以依法转让。

（1）中国的单位或者个人就其在国内培育的植物新品种向外国人转让申请权或者品种权的，应当经审批机关批准。

（2）国有单位在国内转让申请权或者品种权的，应当按照国家有关规定报经有关行政主管部门批准。

（3）转让申请权或者品种权的，当事人应当订立书面合同，并向审批机关登记，由审批机关予以公告。

（三）植物新品种权的限制

植物新品种往往与人类的生存和发展紧密相连，因此，各国在对植物新品种的育种者的权利进行保护的同时，也从社会公益的角度出发，对育种者的权利规定了一定的限制。《保护植物新品种国际公约》在序言中明确指出了平衡育种者权利和社会公共利益的原则："（A）各缔约方认为，无论是发展本国农业，还是保护育种者的权利，保护植物新品种至为重要；（B）各缔约方意识到承认和保护育种者的权利所导致产生的若干特殊问题，尤其是出于公共利益的要求对自由行使这种权利的限制。"我国《条例》也规定了植物新品种权的限制情况。

1. 合理使用

《条例》第10条规定，在下列情况下使用授权品种的，可以不经品种权人许可，不向其支付使用费，但是不得侵犯品种权人依照本条例享有的其他权利。

（1）利用授权品种进行育种及其他科研活动。

（2）农民自繁自用授权品种的繁殖材料。

2. 强制许可

为了国家利益或者公共利益，审批机关可以作出实施植物新品种强制许可的决定，并予以登记和公告。取得实施强制许可的单位或者个人应当付给品种权人合理的使用费，其数额由双方商定；双方不能达成协议的，由审批机关裁决。

品种权人对强制许可决定或者强制许可使用费的裁决不服的，可以自收到通知之日起3个月内向人民法院提起诉讼。

四、植物新品种权的期限、终止和无效

（一）植物新品种权的期限

因为植物新品种培育期通常都很长，所以对植物新品种权的保护期也应该较长，才能使得育种者从植物新品种的推广应用中收回成本。为了充分保护植物新品种权人的合法权益，并兼顾社会公共利益，我国《条例》规定，品种权的保护期限，自授权之日起，藤本植物、林木、果树和观赏树木为20年，其他植物为15年。

品种权人应当自被授予品种权的当年开始缴纳年费，并且按照审批机关的要求提供用于检测的该授权品种的繁殖材料。

（二）植物新品种权的终止

有下列情形之一的，品种权在其保护期限届满前终止：

（1）品种权人以书面声明放弃品种权的；

（2）品种权人未按照规定缴纳年费的；

（3）品种权人未按照审批机关的要求提供检测所需的该授权品种的繁殖材料的；

（4）经检测该授权品种不再符合被授予品种权时的特征和特性的。

品种权的终止，由审批机关登记和公告。

（三）植物新品种权的无效

自审批机关公告授予品种权之日起，植物新品种复审委员会可以依据职权或者依据任何单位或者个人的书面请求，对不符合《条例》第14~17条规定的，即不具有新颖性、特异性、一致性、稳定性的植物新品种，宣告品种权无效；对不符合本条例第18条规定的，即不符合名称规定的植物新品种，予以更名。宣告品种权无效或者更名的决定，由审批机关登记和公告，并通知当事人。

对植物新品种复审委员会的决定不服的，可以自收到通知之日起3个月内向人民法院提起诉讼。

被宣告无效的品种权视为自始不存在。宣告品种权无效的决定，对在宣告前人民法院作出并已执行的植物新品种侵权的判决、裁定，省级以上人民政府农业、林业行政部门作出并已执行的植物新品种侵权处理决定，以及已经履行的植物新品种实施许可合同和植物新品种权转让合同，不具有追溯力；但是，因品种权人的恶意给他人造成损失的，应当给予合理赔偿。

依照前款规定，品种权人或者品种权转让人不向被许可实施人或者受让人返还使用费或者转让费，明显违反公平原则的，品种权人或者品种权转让人应当向被许可实施人或者受让人返还全部或者部分使用费或者转让费。

五、植物新品种权的保护

（一）植物新品种权的临时保护

《条例》第33条规定了品种权的临时保护制度，即品种权被授予后，在自初步审查合格公告之日起至被授予品种权之日止的期间，对未经申请人许可，为商业目的生产或者销售该授权品种的繁殖材料的单位和个人，品种权人享有追偿的权利。

（二）侵犯植物新品种权的行为及其法律责任

（1）未经品种权人许可，为商业目的生产或者销售授权品种的繁殖材料。对于此种侵权行为，品种权人或者利害关系人可以请求省级以上人民政府农业、林业行政部门依据各自的职权进行处理，也可以直接向人民法院提起诉讼。

省级以上人民政府农业、林业行政部门依据各自的职权，根据当事人自愿的原则，对侵权所造成的损害赔偿可以进行调解。调解达成协议的，当事人应当履行；调解未达成协议的，品种权人或者利害关系人可以依照民事诉讼程序向人民法院提起诉讼。

省级以上人民政府农业、林业行政部门依据各自的职权处理品种权侵权案件时，为维护社会公共利益，可以责令侵权人停止侵权行为，没收违法所得，并处违法所得5倍以下的罚款。

（2）假冒授权品种。对于此种侵权行为由县级以上人民政府农业、林业行政部门依据各自的职权责令停止假冒行为，没收违法所得和植物品种繁殖材料，并处违法所得1倍以上5倍以下的罚款；情节严重，构成犯罪的，依法追究刑事责任。

省级以上人民政府农业、林业行政部门依据各自的职权在查处品种权侵权案件和县级以上人民政府农业、林业行政部门依据各自的职权在查处假冒授权品种案件时，根据需要，可以封存或者扣押与案件有关的植物品种的繁殖材料，查阅、复制或者封存与案件有关的合同、账册及有关文件。

（3）销售授权品种未使用其注册登记的名称的，由县级以上人民政府农业、林业行政部门依据各自的职权责令限期改正，可以处1000元以下的罚款。

（三）渎职行为及其法律责任

《条例》第44条规定，县级以上人民政府农业、林业行政部门及有关部门的工作人员滥用职权、玩忽职守、徇私舞弊、索贿受贿，构成犯罪的，依法追究刑事责任；尚不构成犯罪的，依法给予行政处分。

第三节　集成电路布图设计权的法律保护

一、集成电路布图设计概述

（一）集成电路的概念与特征

集成电路属于微电子技术的范畴，是现代电子信息的基础，是当代世界新科技革命的先导。1952年，英国科学家达默（G. W. A. Dummer）提出了著名的电路集成化设想，即能否按照电子线路的要求，将一个线路中所包含的晶体管和二极管以及其他必要的元件集合在一块半导体晶片上，从而构成一块具有预定功能的电路。集成电路在此之后不久就诞生了。

按照1989年世界知识产权组织在《关于集成电路的知识产权条约》中的规定，集成电路是指：一种产品，包括最终形态和中间形态，是将多个元件，其中至少有一个是有源元件和部分或全部互连集成在一块半导体材料之中或之上，以执行某种电子功能的中间产品或者最终产品。我国《集成电路布图设计保护条例》对集成电路的定义是：集成电路，是指半导体集成电路，即以半导体材料为基片，将至少有一个是有源元件的两个以上元件和部分或者全部互联线路集成在基片之中或者基片之上，以执行某种电子功能的中间产品或者最终产品。

集成电路是以特殊的技术将一套复杂的电路集成在一块很小的芯片上，因此具有体积小、速度快、能耗低、寿命长、耐振动和可靠性高等特点，在各种电子产品领域当中得到了广泛的应用，同时也创造了巨大的社会效益和经济效益。例如从电视机、音响设备、电子计算机、通信设备到卫星、导弹等几乎所有的电子产品领域都离不开集成电路。

（二）集成电路布图设计的概念与立法保护

集成电路是一种综合性技术成果，包括布图设计和工艺设计。布图设计又称掩膜作品或拓扑图或线路布局，因为它可以以掩膜图形的方式存在于掩膜板上，也可以以图形的方式存在于芯片表面和表面下的不同深处，还可以以编码的方式存在于计算机中或磁盘、磁带等介质中。在《关于集成电路的知识产权条约》中，布图设计指的是集成电路中多个元件，其中至少有一个是有源元件和其部分或全部集成电路互连的三维配置，或者是指为集成电路的制造而准备的这样的三维配置。我国《集成电路布图设计保护条例》对布图设计的定义与《关于集成电路的知识产权条约》的规定大体相同：集成电路布图设计（以下简称布图设计），是指集成电路中至少有一个是有源元件的两个以上元件和部分或者全部互连线路的三维配置，或者为制造集成电路而准备的上述三维配置。

集成电路布图设计的完成需要投入大量的人力、物力，而它的仿造复制却很容易，成本低、时间短。这种行为不仅侵害了研制开发者的合法权益，也伤害了研制者开发的积极性，对集成电路的广泛应用和发展极为不利。因此有必要用法律的形式对集成电路布图设计予以保护。集成电路布图设计作为一种智力劳动成果，实质上是一种图形设计。那么集成电路布图设计是否适用著作权法和专利法的保护呢？

（1）集成电路布图设计是否适用著作权法的保护？

现有的著作权法不能被直接移植来保护集成电路布图设计。这是因为：①著作权法保护的是文学、艺术和科学领域内的作品，这些作品往往是一定思想的表现形式。集成电路布图设计虽然在形态上体现为一种图形设计，但因为它既不表现任何思想，也不具有艺术性，所以不属于著作权法保护的作品范畴。② 著作权的保护期限较长，而集成电路布图设计更新换代很快，为促进电子产业的飞速发展，不适合用著作权法来保护集成电路布图设计。③ 著作权法保护的作品不要求具有工业实用性。而集成电路布图设计具有工业实用性，与著作权法保护的作品是不一样的。

（2）集成电路布图设计是否适用专利法的保护？

用专利法直接对集成电路布图设计进行保护也有弊端：① 集成电路布图设计既不属于专利权客体中的工业品外观设计，也不具备其他客体所要求达到的创造性和对现有技术有实质性改进的程度。因此不适用专利法的保护。② 专利法保护的客体是具有新颖性、创造性和实用性的新的技术方案。而集成电路布图设计虽然也投入了大量的智力劳动，但其主旨是提高集成度和降低能耗，其设计方案不会有太大改变，只达到独创性。

综上所述，由于不能直接运用现有的著作权法和专利法对集成电路布图设计进行保护，世界很多国家纷纷创设法律，确认集成电路布图设计的专有权利，绝大多数是采用制定专门法的形式来保护集成电路布图设计的。美国在1983年由美国国会通过了《半导体芯片保护法》，从而成为世界上最早对集成电路布图设计进行立法保护的国家，日本于1985年以单行法规体例的形式颁布了《半导体集成电路的线路布局法》。之后，瑞典、英国、法国等国家也相继制定了集成电路布图设计保护法。1985年5月，世界知识产权组织在华盛顿召开的专门会议上通过了《关于集成电路的知识产权条约》，1994年达成的《知识产权协议》也设专节规定了集成电路布图设计的保护问题。

我国已在上述两个国际条约上签字，承担了集成电路布图设计保护的国际义务。同时，为了加强对集成电路布图设计专有权的保护，鼓励集成电路技术的创新，促进科学技术的发展，2001年3月28日国务院第36次常务会议通过了《集成电路布图设计保护条例》（以下简称《条例》），2001年9月18日，国家知识产权局公布了《集成电路布图设计保护条例实施细则》，二者均自2001年10月1日起施行。

二、集成电路布图设计专有权法律关系

集成电路布图设计专有权指的是权利人对布图设计进行复制和商业利用的专有权利，是一项独立的知识产权。

（一）集成电路布图设计专有权的主体

布图设计专有权的主体，即布图设计权利人，是指依法对布图设计享有专有权的自然人、法人或者其他组织。

本着“谁创作谁受益”的原则，《条例》第9条规定，布图设计专有权属于布图设计创作者。创作者有两种情况：由自然人创作的布图设计，该自然人是创作者；由法人或者其他组织主持，依据法人或者其他组织的意志而创作，并由法人或者其他组织承担责任的布图设计，该法人或者其他组织是创作者。

在学习的过程中，我们要注意把握以下几种情况。

（1）本国主体：中国自然人、法人或者其他组织创作的布图设计，依照《条例》享有布图设计专有权。

（2）外国主体：外国人创作的布图设计首先在中国境内投入商业利用的；外国人创作的布图设计，其创作者所属国同中国签订有关布图设计保护协议或者与中国共同参加有关布图设计保护国际条约的，依照《条例》享有布图设计专有权。

（3）合作主体：两个以上自然人、法人或者其他组织合作创作的布图设计，其专有权的归属由合作者约定；未作约定或者约定不明的，其专有权由合作者共同享有。

（4）委托主体：受委托创作的布图设计，其专有权的归属由委托人和受托人双方约定；未作约定或者约定不明的，其专有权由受托人享有。

上述主体一般称为集成电路布图设计专有权的原始主体，他们可以通过继承、转让等方式将权利转移给他人。通过以上方式取得集成电路布图设计专有权的人称为集成电路布图设计专有权的继受主体。

（二）集成电路布图设计专有权的客体

根据世界各国立法以及国际条约的有关规定，布图设计专有权的客体是集成电路的布图设计，而且是必须具有独创性的布图设计。

不同的国家对布图设计的称呼是不一样的，在美国称为“mask work”（掩膜作品），在日本称为“集成电路的电路布局”，欧共体国家则称之为“topography”（拓扑图）。为了统一称谓，《关于集成电路的知识产权条约》使用了“layout-design”，即布图设计。我国与国际条约保持一致，沿用了“布图设计”这一称呼。集成电路布图设计受法律保护的前提是其具有独创性。在《关于集成电路的知识产权条约》第3条规定：“（A）第（一）款（A）项所述的义务适用于具有独创性的布图设计（拓扑图），即该布图设计（拓扑图）是其创作者自己的智力劳动成果，并且在其创作时在布图设计（拓扑图）创作者和集成电路制造者中不是常规的设计。（B）由常规的多个元件和互连组合而成的布图设计（拓扑图），只有在其组合作为一个整体符合（A）项所述的条件时才应受到保护。”

我国《条例》第4条对此也作出了明确的规定：受保护的布图设计应当具有独创性，即该布图设计是创作者自己的智力劳动成果，并且在其创作时该布图设计在布图设计创作者和集成电路制造者中不是公认的常规设计；受保护的由常规设计组成的布图设计，其组合作为整体应当符合前款规定的条件；对布图设计的保护，不延及思想、处理过程、操作方法或者数学概念等。

（三）集成电路布图设计专有权的内容

布图设计专有权的内容指的是布图设计权人依法享有的专有权利，即对于权利的客体能够行使的权利。布图设计专有权的内容主要包括以下两种权利。

（1）复制权。复制权指权利人依法对受保护的布图设计的全部或者其中任何具有独创性的部分进行复制的权利。所谓复制，是指重复制作布图设计或者含有该布图设计的集成电路的行为。

（2）商业利用权。商业利用权指权利人将受保护的布图设计、含有该布图设计的集成电路或者含有该集成电路的物品投入商业利用的权利。所谓商业利用，是指为商业目的进口、销售或者以其他方式提供受保护的布图设计、含有该布图设计的集成电路或者含有该集成电路的物品的行为。

三、集成电路布图设计专有权的取得与期限

（一）集成电路布图设计专有权的取得

1. 布图设计专有权的取得方式

从世界各国对布图设计的立法规定来看，布图设计权的取得方式主要有以下几种。

（1）自然取得。布图设计一经创作完成，自动取得布图设计专有权。这与著作权的自动保护制度相似。目前仅英国、瑞典等少数国家采取这种方式。

（2）登记取得。布图设计创作完成后，必须经过有关部门的登记才能取得布图设计专有权。

（3）使用与登记取得。布图设计专有权应通过登记取得；但同时允许布图设计在其首次商业利用后的一段时间内进行登记，超出该期间仍不登记的，法律不再对其保护。荷兰、美国等国采取此种取得方式。

根据我国《条例》的规定，布图设计专有权经国务院知识产权行政部门登记产生，未经登记的布图设计不受该条例保护。同时规定布图设计自其在世界任何地方首次商业利用之日起两年内，未向国务院知识产权行政部门提出登记申请的，国务院知识产权行政部门不再予以登记。

2. 布图设计登记程序

布图设计专有权须经登记申请、初步审查、登记公告等一系列程序才能产生。

（1）登记申请。申请布图设计登记时，应当提交下列文件：布图设计登记申请表；布图设计的复制件或者图样；布图设计已投入商业利用的，提交含有该布图设计的集成电路样品；国务院知识产权行政部门规定的其他材料。申请登记的布图设计涉及国家安全或者重大利益，需要保密的，按照国家有关规定办理。

（2）初步审查。布图设计登记申请经初步审查有下列情形的，国家知识产权局不予受理，并通知申请人：未提交布图设计登记申请表或者布图设计的复制件或者图样的，已投入商业利用而未提交集成电路样品的，或者提交的上述各项不一致的；外国申请人的所属国未与中国签订有关布图设计保护协议或者与中国共同参加有关国际条约；所涉及的布图设计属于《条例》第 12 条规定不予保护的；所涉及的布图设计属于《条例》第 17 条规定不予登记的；申请文件未使用中文的；申请类别不明确或者难以确定其属于布图设计的；未按规定委托代理机构的；布图设计登记申请表填写不完整的。申请文件不符合规定的，申请人应当在收到国家知识产权局的审查意见通知之日起两个月内进行补正。逾期未答复的，该申请视为撤回。国家知识产权局可以自行修改布图设计申请文件中文字和符号的明显错误。国家知识产权局自行修改的，应当通知申请人。

（3）登记公告。布图设计登记申请经初步审查，未发现驳回理由的，由国务院知识产权行政部门予以登记，发给登记证明文件，并予以公告。申请人按照国家知识产权局的审查意见补正后，申请文件仍不符合规定的，国家知识产权局应当作出驳回决定。另外，申请登记的布图设计明显不符合《条例》第 2 条第（1）、（2）项规定的，或明显不符合《条例》第 5 条规定的，国家知识产权局应当作出驳回决定，写明所依据的理由。

（4）复审请求。布图设计登记申请人对国务院知识产权行政部门驳回其登记申请的决定不服的，可以自收到通知之日起 3 个月内，向国务院知识产权行政部门请求复审。国务院知识产权行政部门复审后，作出决定，并通知布图设计登记申请人。布图设计登记申请人对国务院知识产权行政部门的复审决定仍不服的，可以自收到通知之日起 3 个月内向人民法院起诉。

（5）复议请求。当事人对国家知识产权局作出的下列具体行政行为不服或者有争议的，可以向国家知识产权局行政复议部门申请复议：不予受理布图设计申请的；将布图设计申请视为撤回的；不允许恢复有关权利的请求的；其他侵犯当事人合法权益的具体行政行为。

（6）登记的撤销：布图设计获准登记后，国务院知识产权行政部门发现该登记不符合《条例》规定的，应当予以撤销，通知布图设计权利人，并予以公告。布图设计权利人对国务院知识产权行政部门撤销布图设计登记的决定不服的，可以自收到通知之日起 3 个月内向人民法院起诉。

（二）集成电路布图设计专有权的保护期限

由于集成电路技术日新月异，对集成电路布图设计的保护期限不宜过长。《关于集成电路的知识产权条约》规定，布图设计权的保护期至少为 8 年。

《知识产权协议》规定的保护期为10年。我国《集成电路布图设计保护条例》第12条规定，布图设计专有权的保护期为10年，自布图设计登记申请之日或者在世界任何地方首次投入商业利用之日起计算，以较前日期为准。但是，无论是否登记或者投入商业利用，布图设计自创作完成之日起15年后，不再受《条例》保护。

四、集成电路布图设计专有权的行使与限制

（一）集成电路布图设计专有权的行使

布图设计专有权的行使主要有三种方式：权利人自己使用、布图设计权的转让和布图设计权的许可。

（1）权利人自己使用，指权利人自己对其布图设计进行复制或者商业利用的行为。

（2）布图设计权的转让，指权利人将其全部权利转让给受让人所有。布图设计权的转让实际上就是布图设计权的主体发生了变化，布图设计权转让的后果，使得受让人代替原来的权利人而成为该布图设计权的持有人，享有该布图设计的专有权。转让布图设计权，只能就全部权利进行转让，不能只转让部分权利，而保留另一部分权利。

布图设计权的转让应当采取书面的方式进行。《条例》第22条第2款规定，转让布图设计专有权的，当事人应当订立书面合同，并向国务院知识产权行政部门登记，由国务院知识产权行政部门予以公告。布图设计专有权的转让自登记之日起生效。

（3）布图设计权的许可，指权利人通过许可合同，将其权利的一部分或全部授予他人行使。布图设计权许可的被许可人享有的是使用权和其他相关权利，但布图设计权的主体没有变更。我国《条例》规定，许可他人使用其布图设计的，当事人应当订立书面合同。

（二）集成电路布图设计专有权的限制

为了促进集成电路产业的发展，世界各国法律和国际条约在对布图设计专有权予以保护的同时，又基于公共利益之需要而给予适当的限制。

1. 合理使用

为了促进社会科学、文化和技术的进步，世界各国在有关布图设计的立法中一般都规定了合理使用的原则，即为个人学习目的或为教学研究所进行的复制或利用他人布图设计的行为，不视为侵权。我国《条例》第23条第1款也规定了合理使用制度，即为个人目的或者单纯为评价、分析、研究、教学等目的而复制受保护的布图设计的，可以不经布图设计权利人许可，不向其支付报酬。同时也规定，对自己独立创作的与他人相同的布图设计进行复制或者将其投入商业利用的，可以不经布图设计权利人许可，不向其支付报酬。

2. 反向工程

所谓反向工程（reverse engineering），是指对他人的布图设计进行分析、评价，然后根据这种分析评价的结果创作出新的布图设计。[1] 美国最早在《半导体芯片法》中就规定了对因实施反向工程而复制他人受保护的布图设计的豁免。《关于集成电路的知识产权条约》第6条第2款也规定："在第1款所指的第三人在对受保护的布图设计（第一布图设计）进行评价或分析的基础上，创作了符合第3条第2款所指的独创性要求的布图设计（第二布图设计）的情况下，该第三人可以在集成电路中应用第二布图设计，或者实施本条第一款所指有关第二布图设计的任何行为，而无须考虑侵犯第一布图设计的权利持有人的权利。"事实上，若将此行为视为侵权，必定会影响甚至阻碍电子产业的发展与进步。因此我国《条例》第23条第2款规定，在依据前项评价、分析受保护的布图设计的基础上，创作出具有独创性的布图设计的，可以不经布图设计权利人许可，不向其支付报酬。

3. 权利用尽

权利用尽又称权利穷竭、首次销售制度，其含义是指布图设计权利人或经其授权的人将布图设计或含有该布图设计的集成电路产品投放市场后，对与该布图设计有关的商业利用行为，不再享有控制权。从此，他人再销售、分销、进口等行为无须再经过权利人的许可，从而有利于市场中商品的正常流通。我国《条例》也有相关规定：受保护的布图设计、含有该布图设计的集成电路或者含有该集成电路的物品，由布图设计权利人或者经其许可投放市场后，他人再次商业利用的，可以不经布图设计权利人许可，并可以不向其支付报酬。

4. 善意侵权

由于布图设计是嵌入在集成电路芯片内部的，而且非常复杂和微小，因此一般经销商无法辨认自己所经销的集成电路产品中是否含有非法复制的布图设计。为了保护经销商的积极性，维护贸易的正常秩序，世界各国及国际条约中基本都规定了经销商的善意侵权行为不为非法。我国《条例》第33条一方面规定第三人"在获得含有受保护的布图设计的集成电路或者含有该集成电路的物品时，不知道也没有合理理由应当知道其中含有非法复制的布图设计，而将其投入商业利用的，不视为侵权"，同时又规定"前款行为人得到其中含有非法复制的布图设计的明确通知后，可以继续将现有的存货或者此前的订货投入商业利用，但应当向布图设计权利人支付合理的报酬"，从而使二者之间的利益得到平衡。

---

[1] 吴汉东等著：《知识产权法学》，北京大学出版社2002年版，第307页。

5. 非自愿许可

非自愿许可，也称为强制许可，是指国家有关主管部门在不经布图设计权利人许可的情况下，依据法律规定的情形，授权他人使用该布图设计的一种法律制度。非自愿许可的目的是为了维护国家利益和社会公共利益，防止权利人滥用其专有权。《关于集成电路的知识产权条约》对非自愿许可作了详细的规定，而《知识产权协议》对非自愿许可规定了严格的条件。我国《条例》第25条规定，在国家出现紧急状态或者非常情况时，或者为了公共利益的目的，或者经人民法院、不正当竞争行为监督检查部门依法认定布图设计权利人有不正当竞争行为而需要给予补救时，国务院知识产权行政部门可以给予使用其布图设计的非自愿许可。

在学习的过程中注意以下几点：① 国务院知识产权行政部门作出给予使用布图设计非自愿许可的决定，应当及时通知布图设计权利人。给予使用布图设计非自愿许可的决定，应当根据非自愿许可的理由，规定使用的范围和时间。非自愿许可的理由消除并不再发生时，国务院知识产权行政部门应当根据布图设计权利人的请求，经审查后作出终止使用布图设计非自愿许可的决定。② 取得使用布图设计非自愿许可的自然人、法人或者其他组织不享有独占的使用权，并且无权允许他人使用。③ 取得使用布图设计非自愿许可的自然人、法人或者其他组织应当向布图设计权利人支付合理的报酬，其数额由双方协商；双方不能达成协议的，由国务院知识产权行政部门裁决。④ 布图设计权利人对国务院知识产权行政部门关于使用布图设计非自愿许可的决定不服的，布图设计权利人和取得非自愿许可的自然人、法人或者其他组织对国务院知识产权行政部门关于使用布图设计非自愿许可的报酬的裁决不服的，可以自收到通知之日起3个月内向人民法院起诉。

五、集成电路布图设计专有权的保护

（一）侵犯布图设计专有权的行为

侵犯布图设计专有权的行为是指未经布图设计权利人许可，也没有法定理由，使用其布图设计，依法应承担法律责任的行为。主要体现为非法复制和非法进行商业利用。《关于集成电路的知识产权条约》第6条的规定很有代表性。该条规定："任何缔约方对下述未经权利持有人授权的行为，均应认为非法：① 复制行为，不论是以将一个受保护的布图设计的全部或者一部分结合在集成电路中的方法还是其他方法，但复制的该部分不符合第3条第2款所规定的独创性要求的除外；② 对一个受保护的布图设计或者结合有受保护布图设计的集成电路产品而进行的任何进口、出售或者其他商业目的的分销行为。"我国《条例》第30条将侵犯布图设计专有权的行为分为两种：一是未经布图设计权利人许可，复制受保护的布图设计的全部或者其中任何具有独创性的部分的；二是未经布图设计权利人许可，为商业目的进口、销售或者以其他方式提供受保护的布图设计、含有该布图设计的集成电路或者含有该集成电路的物品的。

（二）侵权责任

我国《条例》规定的侵犯布图设计专有权所应承担的法律责任主要有民事责任和行政责任两种。

1. 民事责任

对侵犯布图设计权的行为人，布图设计权利人可要求其承担停止侵权、赔偿损失等民事责任。侵犯布图设计专有权的赔偿数额，为侵权人所获得的利益或者被侵权人所受到的损失，包括被侵权人为制止侵权行为所支付的合理开支。当事人之间可以协商解决，不愿协商或者协商不成的，布图设计权利人或者利害关系人可以向人民法院起诉。应当事人的请求，国务院知识产权行政部门也可以就侵犯布图设计专有权的赔偿数额进行调解；调解不成的，当事人可以依照《中华人民共和国民事诉讼法》向人民法院起诉。

2. 行政责任

根据《条例》第 31 条的规定，国务院知识产权行政部门在处理因布图设计侵权而引起的纠纷时，认定侵权行为成立的，可以责令侵权人立即停止侵权行为，没收、销毁侵权产品或者物品。当事人不服的，可以自收到处理通知之日起 15 日内依照《中华人民共和国行政诉讼法》向人民法院起诉；侵权人期满不起诉又不停止侵权行为的，国务院知识产权行政部门可以请求人民法院强制执行。

（三）临时保护措施

我国《条例》第 32 条规定，布图设计权利人或者利害关系人有证据证明他人正在实施或者即将实施侵犯其专有权的行为，如不及时制止将会使其合法权益受到难以弥补的损害的，可以在起诉前依法向人民法院申请采取责令停止有关行为和财产保全的措施。

（四）渎职行为及其法律责任

我国《条例》第 34 条规定，国务院知识产权行政部门的工作人员在布图设计管理工作中玩忽职守、滥用职权、徇私舞弊，构成犯罪的，依法追究刑事责任；尚不构成犯罪的，依法给予行政处分。

思考题

1. 简述商业秘密的特征。
2. 简述商业秘密权的性质。
3. 简述侵犯商业秘密行为的表现形式。

4. 简述商业秘密权的特殊性。
5. 简述植物新品种的概念。
6. 植物新品种权国际保护的意义有哪些?
7. 如何确认植物新品种权的归属?
8. 集成电路与集成电路布图设计有何区别?
9. 什么是集成电路布图设计专有权?
10. 集成电路布图设计与著作权法保护的作品和专利法保护的客体有什么联系与区别?
11. 如何认定集成电路布图设计的独创性?
12. 集成电路布图设计权的取得方式有几种?
13. 集成电路布图设计专有权的限制及其意义是什么?

第六章　知识产权的国际保护

第一节　知识产权国际保护概述

一、知识产权国际保护的产生

知识产权具有地域性，其法律保护主要通过各国国内立法和司法实践来实现，这是由各国的立法机关所制定的法律只能在其各自的主权范围内具有法律效力这一性质决定的。然而知识产品作为无形智力成果，可以在全球广泛传播，尤其近年来随着科技的不断发展和进步，作品的传播手段越来越先进，使其更容易渗透到其他的国家或地区。知识产权法的地域性使得一国知识产品在其他国家和地区无法得到法律保护，而缺乏有效的法律保护，将会给国际间的经济、文化和技术的交流带来阻碍。

为克服知识产权法的地域性与知识产品的全球传播性之间的矛盾，国际社会经历了一个从双边协调到缔结多边条约的过程，使公约成员基于一定的保护标准，相互保护对方的知识产权。双边条约是知识产权国际公约的起源，目前在未参加知识产权公约的国家之间，以及这种国家与公约成员国之间，甚至公约成员国之间，仍旧采用这种形式，但是知识产权国际保护的主要途径是多边条约。1883 年 2 月，法国、比利时等 11 国在巴黎共同签署了《保护工业产权巴黎公约》，并根据该公约成立了保护工业产权联盟。此后国际社会又先后缔结了《保护文学艺术作品伯尔尼公约》等一系列保护知识产权的国际公约，尤其是 1967 年世界知识产权组织成立以来，一系列新的知识产权国际公约纷纷问世，经过一个多世纪的发展，知识产权国际保护体系已基本形成。

需要注意的是，强调知识产权的国际保护并不是取消其地域性（现实中也无法取消），而是对各国不同的知识产权立法进行必要的协调，求大同存小异。综观现有的知识产权保护的国际公约，虽然一般都只规定了一些原则和基本要求，但这些标准为范围广泛的国家所普遍接受，并通过其国内立法得以实现，所以对各国知识产权保护水平的提高、冲突的降低和国际保护进程的加快起到了不可忽视的作用。

二、知识产权国际保护体制

知识产权国际保护体制主要是通过一系列国际公约的缔结和实施发挥作用的，而其中绝大多数公约都是由世界知识产权组织管理的。可以说，在知识产权领域，世界知识产权组织是最重要的国际组织。但是以众多知识产权国际公约的内容为基础，以世界知识产权组织的工作为中心的知识产权国际保护体制，近年发生了一些变化。传统的知识产权国际保护体制的核心在于加强智力创造性成果在世界范围的保护与广泛传播，而随着国际贸易多元化的发展趋势，在国际贸易中出现了日益严重的知识产权问题，原有的知识产权国际保护体制对此显得力不从心。比如，多数知识产权国际公约都未能提出相应的确保履行规定义务的措施和解决有关争端或纠纷的有效途径，因此无法解决知识产权保护的实质问题，从而在一定程度上，削弱了由世界知识产权组织领导的国际知识产权保护体制的效力。于是以美国为首的发达国家把目光转向了关贸总协定，将知识产权保护问题引入国际性的贸易规则，在关贸总协定范围内以另一种方式重建知识产权国际保护体制，从而打破了由世界知识产权组织单独左右的知识产权国际保护体制。

随着《与贸易有关的知识产权协议》的生效，以及世界贸易组织的成立与运行，世界贸易组织在知识产权国际保护中的地位得以确认，并不断加强。由世界知识产权组织和世界贸易组织共同促进和协调知识产权国际保护的这一新的体制已经确立，这两个国际组织将共同完成世界范围的保护知识产权的使命。

（一）世界知识产权组织及其管理的公约

世界知识产权组织（World Intellectual Property Organization，WIPO），是联合国系统下的专门机构之一，是知识产权领域最重要的国际组织。1883 年签署的《保护工业产权巴黎公约》和 1886 年签署的《保护文学艺术作品伯尔尼公约》，先后成立了分管工业产权和著作权的两个工作机构，1893 年这两个机构合并成立了保护知识产权联合国际局。1967 年国际局提议成立世界知识产权组织，同年 7 月，召开了有 51 个国家参加的斯德哥尔摩会议，签订了《建立世界知识产权组织公约》，并成立了该组织，总部设在日内瓦。截至 2004 年 12 月 31 日，《建立世界知识产权组织公约》缔约国总数为 181 个。我国于 1980 年 3 月正式参加这一条约。

1. 世界知识产权组织的宗旨和职责

根据《建立世界知识产权组织公约》第 3 条和第 4 条的规定，世界知识产权组织的宗旨是：通过国家之间的合作，并在适当的情况下，与其他国际组织进行合作，以促进在全世界范围内保护知识产权，并保证知识产权组织各联盟之间的行政合作。世界知识产权组织的主要职责是：协调各国知识产权的立法；执行巴黎联盟及其有关专门联盟和伯尔尼联盟的行政任务；鼓励缔结旨在促进知识产权保护的国际条约；对请求知识产权法律和技术援助的国家提供帮助，向成员国提供发展法律基础设施、体制框架和人力资源等具有连贯性和针对性的援助；收集和传播有关知识产权保护的情报；提供工业产权国际申请方面的服务；协调和简化各种规则和行为；采取其他适当的行动。

面对新世纪知识产权保护遇到的新挑战，WIPO 还制定了新的目标，那就是与成员国和所有其他利益相关者进行合作，在全世界范围内促进知识产权的有效保护和利用。实现这一目标需要创造一个通过经济、社会和文化发展深入认识知识产权对人类生活所做贡献的环境和基础设施；特别需要帮助发展中国家，以使他们在更大程度上获得并使用知识产权制度。

2. 世界知识产权组织的机构和管理

WIPO 设立了四个机构：大会、成员国会议、协调委员会和国际局。

大会是世界知识产权组织的最高机构，由既是 WIPO 成员国又是其管理的任何一个联盟的成员国的所有国家组成。大会的主要任务是根据协调委员会的提名任命总干事；审议批准 WIPO 的工作报告；通过 WIPO 的财务规则和各联盟共同经费的预算；确定哪些国家和国际组织可以观察员的身份参加 WIPO 召开的会议等。

成员国会议由 WIPO 所有成员国组成。其主要职责是：探讨成员国之间就有关知识产权共同感兴趣的问题，并交换意见和建议；确定发展中国家两年发展合作计划及所需预算；通过修订《建立世界知识产权组织公约》的建议等。

协调委员会由巴黎联盟和伯尔尼联盟执行委员会的成员国组成。它既是一个咨询机构，又是大会和成员国会议的执行机构。其职责是就一切有关行政财务的问题提出意见，拟定大会的议程草案，提出总干事人选；负责组织有关会议；收集知识产权情报，出版有关刊物等。

国际局是 WIPO 的常设办事机构，设总干事一人、副总干事若干人。国际局负责执行在知识产权领域内增进成员国国际合作的计划，并为会议提供必要的资料和其他服务。

3. WIPO 管理的条约

WIPO 管理的知识产权领域的条约，根据其不同作用可分为以下三类。

第一类条约确定了各成员国进行知识产权保护的国际议定的基本标准。其中涉及工业产权的有：《保护工业产权巴黎公约》（1883 年）；《制止商品来源虚假或欺骗性标记马德里协定》（1891 年）；《保护奥林匹克会徽内罗毕条约》（1981 年）；《关于集成电路的知识产权华盛顿条约》（1989 年）；《商标法条约》（1994 年）；《专利法条约》（2000 年）。涉及版权方面的有：《保护文学艺术作品伯尔尼公约》（1886 年）；《保护表演者、录音制品制作者和广播组织罗马公约》（1961 年）；《保护录音制品制作者禁止未经许可复制其录音制品日内瓦公约》（1971 年）；《发送卫星传输节目信号布鲁塞尔公约》（1974 年）；《世界知识产权组织版权条约》（1996 年）以及《世界知识产权组织表演和录音制品条约》(1996 年)。

第二类就是人们所熟知的全球保护体系条约，此类条约确保一项发明、商标和外观设计的国际注册或申请在任何一个缔约国内具有效力，建立了工业产权的多国快速保护机制。世界知识产权组织根据这些条约提供服务，简化了提出单一申请或在对某一知识产权寻求保护的所有国家提出申请的手续并减少了相应费用。这类条约包括:《专利合作条约》(1970 年);《国际承认用于专利程序的微生物保存布达佩斯条约》(1997 年);《商标国际注册马德里协定》(1891 年);《商标国际注册马德里协定有关议定书》(1989 年);《保护原产地名称及其国际注册里斯本协定》(1958 年)和《工业品外观设计国际保存海牙协定》(1925 年)。

第三类为分类条约，该类条约创建了把有关发明、商标和工业品外观设计的信息编排成便于检索的索引式可管理结构，便于查询。属于这类公约的有:《国际专利分类斯特拉斯堡协定》(1971 年);《商标注册用商品和服务国际分类尼斯协定》(1957 年);《建立商标图形要素国际分类维也纳协定》(1973 年)和《建立工业品外观设计国际分类洛迦诺协定》(1968 年)。

(二)世界贸易组织及《与贸易有关的知识产权协议》

世界贸易组织是在关贸总协定的基础上于 1995 年 1 月成立的。关贸总协定原来只是作为《国际贸易组织宪章》实施之前的临时性条约，然而在近半个世纪的历程中，逐渐演变为一个事实上的经济贸易组织。从 1948 年到 1995 年，关贸总协定主持的 8 轮多边贸易谈判取得了丰硕的成果，使其缔约方之间的关税和非关税壁垒水平大幅度下降，极大地促进了世界贸易的自由化。随着国际经济贸易形势的发展，关贸总协定在其法律地位、职能范围和运行机制等方面的局限性，使它的作用难以进一步扩展。在这种情况下，乌拉圭回合多边贸易谈判终于在 1994 年 4 月 15 日达成《建立世界贸易组织协议》，1995 年 1 月 1 日世界贸易组织(World Trade Organization，WTO)正式成立。中国于 2001 年 12 月 11 日正式加入世界贸易组织。截止到 2011 年 12 月底，世界贸易组织的正式成员已经达到 156 个。

世界贸易组织与贸易有关的知识产权协议取代关贸总协定后，协调管理的领域拓宽，规则更严。其目标是建立一个完整的包括货物、服务、与贸易有关的投资及知识产权等更具活力、更持久的多边贸易体系，因此，世界贸易组织与贸易有关的知识产权协议的制度框架主要是以货物贸易、服务贸易、与贸易有关的知识产权为基础进行构建的。其多边贸易协定主要是指三个多边贸易协定，即《货物贸易总协定》、《服务贸易总协定》和《与贸易有关的知识产权协议》及其若干专门协定。为解决有关争端决，还达成了《关于争端解决规则与程序的谅解》和《贸易政策审议机制》。

世界贸易组织多边贸易协定中与知识产权保护有关的是《与贸易有关的知识产权协议》（简称 TRIPS），它是世界上影响最大、内容最全面的知识产权国际保护多边协定。与原有的知识产权国际公约相比，《与贸易有关的知识产权协议》全面规定了知识产权的保护标准，对知识产权执法和救济提出了要求，并且为知识产权国际争端的解决提供了途径。凡参加世界贸易组织的成员，均要承诺遵守《与贸易有关的知识产权协议》，必须使知识产权的国际保护直接与国际贸易挂钩。我国已经加入世界贸易组织，必须完全执行《与贸易有关的知识产权协议》，这就意味着我国有关的法律规定要符合《与贸易有关的知识产权协议》的基本原则和最低要求，而且在执法实践中要采取有效地保护和实施措施。《与贸易有关的知识产权协议》的内容将在后文中详述。

第二节 《保护工业产权巴黎公约》

《保护工业产权巴黎公约》（Paris Convention for Protection of Industrial Property），简称《巴黎公约》，是保护工业产权方面签订最早，成员国数量最多，也是最具重要意义的一个国际公约。

随着 19 世纪国际间技术交往的频繁增加，对一国技术在外国进行有效保护的必要性凸显出来。当时由于缺乏有效的保护手段，阻碍了国家之间的科技交流与合作，也不利于国际经济的发展。1873 年奥地利政府主办的维也纳国际发明展览会，就是因为缺乏对外国发明可靠的国际保护而使许多国家不愿参展。这一事件成为建立工业产权国际公约的直接诱因。此后，以法国为代表的一些国家纷纷对专利制度的改革加以关注并进行了讨论，并敦促各国政府尽快对专利保护达成国际谅解。1883 年在巴黎召开了一次新的外交会议，11 个国家批准签署了《保护工业产权巴黎公约》，1884 年 7 月《巴黎公约》正式生效。《巴黎公约》历经数次修订，通过了 6 个修订本，大多数成员国都采用斯德哥尔摩文本，少数国家仍采用海牙文本、伦敦文本或里斯本文本。截至 2004 年 12 月 31 日，《巴黎公约》缔约国总数为 168 个。中国从 1985 年 3 月 19 日起成为《巴黎公约》的正式成员。[1]

一、《巴黎公约》的基本原则

1. 国民待遇原则

无论是在《巴黎公约》，还是在其他一些重要的保护知识产权的国际公约中，国民待遇原则都是最重要的基本原则。《巴黎公约》的国民待遇原则，是

[1] 《巴黎公约》自 1997 年 7 月 1 日对香港特别行政区生效，自 1999 年 12 月 20 日对澳门特别行政区生效。

指在工业产权保护方面，要求所有巴黎公约成员国必须把它给予本国国民的保护同样给予其他成员国的国民。国民既包括自然人也包括法人。在理解国民待遇时还应注意《巴黎公约》第 2 条第 2 款的规定，即公约并不要求成员国国民在请求保护其工业产权的国家中设有住所或营业所才能享有工业产权。那么对于巴黎公约成员国以外的各国国民，是否能享有巴黎公约提供的国民待遇呢?《巴黎公约》第 3 条规定：“非本同盟成员国的国民，在本同盟一个成员国内有住所或有真实、有效的工商业营业所的，都应享有与本同盟成员国国民同样的待遇。”可见，是否有住所和营业所的要求仅限于非成员国国民。

国民待遇原则不同于对等原则。对等原则的内容是：此国给予彼国国民何种水平的保护，彼国就给予此国国民何种水平的保护。那么，如果此国的保护水平高于彼国，这高出来的差额，彼国国民在此国就享受不到了。而按照国民待遇原则，即使此国的保护水平高于彼国，彼国国民在此国仍旧能够享受到这高出来的差额，因为此国是将彼国国民当做是自己的国民一样对待的。

国民待遇原则也有例外，《巴黎公约》第 2 条第 3 款规定：“本同盟各成员国关于司法和行政程序、管辖权以及选定送达地址和指定代理人的法律规定等，凡属于工业产权法可能有要求的，都可明确地予以保留。”可见，依照公约的规定，工业产权方面的国民待遇主要适用于获得工业产权的条件和手续，享有的工业产权的权利内容以及在遭受侵害时所得到的法律救济。

2. 优先权原则

《巴黎公约》第 4 条 A（1）款规定：“已在一个本同盟成员国正式提出过一项发明专利、一项实用新型、一项工业品式样或一项商标注册的申请人或其权利继承人，在下列规定的期限内在其他本同盟成员国提出同样申请时应享有优先权。”这就是优先权原则。

优先权原则是指一个特定申请人在某一个成员国提出发明、实用新型、外观设计或商标注册正式申请的基础上，可以在特定期限内再向其他成员国提出申请，而在后的申请被视为是在第一个申请的同一日提出的。这意味着如果一项申请在巴黎公约的一个成员国递交，公约给予申请人一定时间在其他成员国递交申请，并保留先前在第一个国家递交申请的申请日。优先权原则的优势是，使申请人在首次提出工业产权申请后有充裕的时间考虑市场状况，从而决定还在哪些国家提出申请；在优先权期限内办好各国要求的手续和做好充分的准备工作，而不会失去在任何国家作为第一个申请人的权利。

优先权的期限，根据《巴黎公约》第 4 条的规定，对于发明和实用新型为 12 个月，对于工业品外观设计和商标为 6 个月。这种期限应自第一次提出申请之日起算，提出申请的当天不计入期限之内。

公约规定了优先权的效力，主要体现在以下几个方面：① 优先权期限届满前，任何在巴黎公约其他成员国内提出的在后申请，都不因在此期间他人所作的任何行为，特别是另一项申请、发明的公布或利用、出售外观设计复制品或使用商标而失效；② 前申请被撤回、驳回或放弃，不丧失其作为优先权基础的效力；③ 在后申请的发明的内容，在优先权期间被公开或公用的，该发明不丧失新颖性或创造性；④ 在优先权期间以前已经依法产生的权利，不受优先权的拘束。

巴黎公约中的优先权原则，并非适用一切工业产权。《巴黎公约》第 4 条明确规定了优先权适用于发明专利、实用新型、工业品外观设计和用于商品上的注册商标，不适用于商号、商誉、地理名称等。

（二）《巴黎公约》对专利保护的最低要求

1. 专利的独立保护

《巴黎公约》第 4 条之 2 第 1 款规定："本同盟成员国的国民向本同盟各成员国申请的专利，与其在本同盟其他成员国或非本同盟成员国为同一发明所取得的专利是相互独立的。"也就是说，公约成员国国民就同一项发明创造在不同国家所获得的专利保护，无论是公约成员国还是非成员国，都是相互独立的。一个成员国批准了一项专利，不能决定其他成员国对同一申请案也予以批准。同理，一个成员国驳回了一项专利，也不会影响其他成员国批准同一申请案。一个成员国撤销了一项专利或宣告其无效，不影响同一专利在其他成员国继续有效。

2. 发明人的署名权

依据《巴黎公约》第 4 条之 3 的规定，发明人有权在专利证书上署名。这是发明人的一项人身权利，或称"精神上的权利"。

3. 防止不合理的拒绝授予专利或使专利无效

《巴黎公约》第 4 条之 4 规定："不得以本国法律禁止或限制出售某项专利产品或以某项专利方法制成的产品为理由，拒绝核准专利或使专利失效。"这一规定有利于保护发明人的利益，例如发明人的一项产品发明恰好是某成员国法律禁止销售的产品，如枪支，但其发明只要符合专利性的要求，就应授予专利权。

《巴黎公约》第 5 条 A（1）款规定："专利权人将在任何本同盟成员国制造的物品输入到核准专利的国家不应导致该项专利的撤销。"

《巴黎公约》第 5 条 A（3）款规定："除非颁发强制许可证还不足以防止上述滥用权利外，否则不应规定撤销专利权。自颁发第一个强制许可证之日起两年内，不得进行取消或撤销专利权的程序。"由于各国会采用强制许可的办法防止专利权的滥用，如果强制许可仍不足以有效控制专利权人滥用权利，最终可能会用撤销专利权的手段使滥用者丧失权利，但是这就有可能出现另一种倾向，即专利管理机关滥用撤销专利权的制裁方法。因此公约通过上述条文对此加以限制。

4. 强制许可

根据公约第5条A（2）款的规定，巴黎公约成员国都有权采取立法措施规定授予强制许可，以防止由于行使专利所赋予的专有权而可能产生的滥用，例如不实施。公约还规定："自申请专利之日起四年内或自核准专利权之日起三年内（取最晚到期日），不得以不实施或未充分实施专利权为理由而申请颁发强制许可证；如果专利权人对其不作为能提出正当的理由，则应拒绝颁发强制许可证。这种强制许可不是独占性的，除与使用该许可证的企业或商誉一起转让外，不得转让。对上述各项规定加以必要的修改后，可适用于实用新型。"

5. 交通工具临时过境

《巴黎公约》第5条之3规定了下面两种不应认为是侵犯专利权的情形：第一，其他成员国的船舶暂时或偶然进入上述成员国的领水时，在该船的船身、机器、滑车装置、传动装置及其他附件上使用构成专利主题的装置设备，但以专为该船的需要而使用这些装置设备为限；第二，其他成员国的飞机或车辆暂时或偶然进入上述成员国时，在该飞机或车辆的构造、操纵或附件中使用构成专利主题的装置设备。

6. 进口权

多数国家专利法不仅保护产品发明，也保护方法发明。涉及方法发明的一个重要的问题是依其方法制造的产品的进口如何规范。《巴黎公约》第5条之4对此作了规定，当一种依某种方法发明专利制造的产品被进口到某一成员国，如果这项方法发明是受到该国法律保护的，那么专利权人有权许可或禁止该产品的进口。

7. 临时保护

《巴黎公约》第11条是关于临时保护的规定，其内容包括：成员国应按本国法律，对在任何一成员国领土上举办的官方的或经官方承认的国际展览会上展出的商品中可申请专利的发明、实用新型、工业品外观设计和可申请注册的商标，给予临时保护。临时保护期，对于发明、实用新型是12个月，对于外观设计、商标是6个月。如果展品所有人在临时保护期限内申请了专利或注册商标，则申请案的优先权日不再从第一次提交申请案时起算，而从展品公开展出之日起算。每一个国家认为必要时，可要求提供证明文件证实其为展品及其展出日期。

（三）《巴黎公约》对商标保护的最低要求

1. 商标的独立保护及例外

《巴黎公约》第6条规定了商标的独立保护，其内容包括：申请和注册商标的条件，由成员国的国内法决定；对成员国国民在任何成员国中所提出的商标注册申请，不能以其未在本国申请注册或续展或被撤销为理由而拒绝批准和使之无效。这与前述的专利独立保护相似。但是商标独立性原则有它的特殊之处，这就是商标所有人在本国的商标注册，对于他就同一商标在其他成员国的注册虽不能有否定性影响，但却可以有肯定性影响。[1]《巴黎公约》第6条之5规定："凡原属国予以注册的商标，本同盟其他成员国也应同样接受申请注册和保护，但本条所规定的保留条件除外。本同盟其他成员国在正式注册前可要求提供原属国主管机关发给的注册证书。这项注册证书不需认证。"之所以这样规定，是由于商标的作用是标识商品，以区别来自不同商品制造者和销售者的同类商品，如果赋予商标像专利那样完全的独立性，就可能导致在不同的国家，来源相同的商品却以不同的商标标识，这不仅不利于商标权人在国际市场上树立自己品牌的统一形象，也不符合消费者的利益。

2. 驰名商标

驰名商标的特别保护是《巴黎公约》的一项重要内容。公约第6条之2规定：

"（1）本联盟各成员国承诺，当某一商标已经为本公约受益人所有且已被有关注册或者使用国主管部门视为在该国驰名时，若另一商标构成对此商标的复制、模仿或者翻译，并用于相同或者类似的商品上足以造成误认的，在其本国立法允许的情况下依职权，或者应有关当事人请求，驳回或者撤销后一商标的注册，并禁止使用。商标的主要部分抄袭驰名商标并足以造成误认时，也应适用本条规定。

（2）自一商标注册之日起至少5年内，应允许提出撤销此种商标注册的请求。允许提出禁止使用请求的期限，可由本联盟各成员国规定。

（3）当一商标的注册或者使用有恶意时，此种撤销注册或禁止使用的请求不应有时间限制。"

3. 禁用标记

依公约第6条之3的规定，联盟各成员国承诺，对于未经联盟其他成员国主管机关许可而将其他国家国徽、国旗和其他国家徽记，用以表明管制和保证的官方标志和检验印章，以及从徽章学的观点来看的任何仿制品申请或注册为商标或商标组成部分的，应拒绝其注册或使注册无效，并采取适当措施禁止其使用。

上述规定也适用于联盟成员国参加的政府间国际组织的徽章、旗帜、其他徽记、缩写和名称。非政府间国际组织则不包括在内。成员国如果希望得到上

---

[1] 参见郑成思：《知识产权法》，法律出版社2003年第2版，第156页。

述保护，应将国家国徽、上述官方标志和检验印章的清单，经由国际局通知联盟各成员国，并在适当的时候将通知的清单公之于众。

4. 商标的转让

按照《巴黎公约》第 6 条的要求，如果商标所有人转让其商标，应将在该成员国的营业连同商标一起转让给受让人，这种转让方为有效。不过，如果受让人使用受让的商标在事实上会对使用该商标的商品的原产地、性质或品质发生误解的，成员国可以不承认这种转让的效力。

5. 不得因商品的性质而影响商标的注册

公约第 7 条规定，在任何情况下，绝不得因使用商标的商品性质妨碍该商标注册。这样规定防止商标注册因法律对某种商品的生产或销售的限制而受影响。

6. 集体商标

公约第 7 条之 2（1）款规定："本同盟成员国受理属于社团的集体商标的注册，并对其加以保护。只要该社团的成立不违反其原属国的法律，即使它们并没有工商企业。"

公约第 7 条之 2（2）款规定："每一个国家得自行审定关于保护集体商标以及其违反公众利益则拒绝给以保护的具体条件。"

公约第 7 条之 2（3）款规定："对任何没有违反原属国法律的社团的商标，不得以该社团不是根据请求保护的国家的法律所组成等为理由，而拒绝予以保护。"

第三节 《专利合作条约》

按照传统的专利保护模式，一项专利要想在几个国家取得专利保护，应该分别在各个国家提出申请。这样，一方面对申请人而言，需要按照每个国家规定的程序和语言，支付各种费用逐一办理，花费大量的人力物力。另一方面，接受申请的各个国家的专利局也要分别进行检索、审查、授予专利，增加工作量的同时也耗时耗力，容易造成专利申请的大量积压。如何妥善解决这一问题？于是一个新的国际公约于 1970 年 6 月在华盛顿召开的外交会议上通过，这就是《专利合作条约》（Patent Cooperation Treaty，PCT）。它是《巴黎公约》下属的专门性国际条约，通过不断修订逐步建立起专利领域中的国际合作制度。PCT 实施以来取得了很好的效果。1978 年 PCT 生效时只有 18 个成员国，截至 2004 年 12 月 31 日，PCT 缔约国总数为 124 个。中国于 1994 年 1 月 1 日成为 PCT 的正式成员国。[1]

[1] 《专利合作条约》自 1997 年 7 月 1 日对香港特别行政区生效，但不适用于澳门特别行政区。

PCT 的方法是申请人向一个受理局以一种语言递交一项国际申请，在申请人指定的 PCT 成员国内都具有相同的效力，最后有可能同时在这些国家获得专利保护。它免除了分别向每一个国家提出国家申请的麻烦，为希望在多个国家获得专利保护的申请人提供了一种更加便利、更加高效的途径，大大简化了成员国国民在成员国范围内申请专利的手续，同时由于设置了国际检索和国际初审程序，也减轻了各成员国专利局的负担，并在一定程度上起到统一专利审批标准的作用，使专利制度国际化的步伐又迈出了重要一步。

《专利合作条约》规定的程序主要分为国际阶段和国内阶段两个阶段。

（一）国际阶段

1. 国际申请

根据《专利合作条约》第 9 条的规定，国际申请的申请人包括：① 缔约国的任何居民或国民；② 由大会决定允许的《巴黎公约》缔约国但不是本条约缔约国的居民或国民。上述申请人按照规定的语言和格式，均可向 PCT 的受理局提出国际申请。中国国家知识产权局是联盟指定的国际申请受理单位。国际申请文件应包括申请书、说明书、权利要求书、附图及摘要。申请人在申请书中必须指定其所希望获得专利保护的国家，即指定国。一项国际申请的效力，等于在申请人指定的 PCT 缔约国中都提出了申请。申请使用的语言主要是中文、英文、法文、德文、日文、俄文和西班牙文。

受理局应按条约和实施细则的规定对国际申请进行检查和处理。根据《实施细则》第 20 条的要求，国际申请的受理程序基本上是：① 注明日期和编号；② 检查；③ 确定国际申请日和国际申请号；④ 对不符之处的处理；⑤ 制作复制件并送交文本；⑥ 国际局及国际检索单位的通知；⑦ 对国际申请中的缺陷的检查。

2. 国际检索

国际检索程序是按条约的规定对国际申请主题进行检索，找出与其相关的文献并指明其相关程度，其目的在于发现有关的现有技术，通过与现有技术比较，找出这些文件与申请中专利的新颖性和创造性的可能的关联，形成国际检索报告。国际检索报告一份送交申请人，一份送交国际局，国际局将国际申请连同国际检索报告按实施细则的规定送达每一指定国的专利主管部门。申请人可以从检索报告中判断取得专利的可能性，从而决定是否撤回申请。

国际检索由国际检索单位进行。目前被成员国大会指定为国际检索单位的有瑞典、澳大利亚、美国、奥地利、西班牙、中国、俄罗斯、日本的专利主管部门和欧洲专利局。国际检索单位必须具备 PCT 规定的最低文献量，即从 1920 年以来主要工业化国家的专利文献和规定的非专利文献。

3. 国际公布

国际公布的目的，主要是向公众公开该项发明和确定可能最终获得的专利的保护范围。国际局自国际申请日（或优先权日）起满 18 个月，将申请连同国际检索报告一并向国际公布，申请人可以要求国际局在上述期限届满之前的任何时候公布其国际申请，国际局应予以办理。用中文、英文、法文、德文、日文、俄文或西班牙文提出国际申请的，用该种语言公布。以其他语言申请的，需翻译成英文公布。条约第 29 条（1）款规定："除（2）至（4）项另有规定外，就申请人在指定国任何权利的保护而言，国际申请的国际公布在该国的效力，应与指定国的本国法对未经审查的国家申请在国内强制公布所规定的效力相同。"

4. 国际初步审查

国际初步审查不是国际申请的必经步骤，是依申请人请求而进行的。国际初步审查的目的是针对该项申请发明是否具有新颖性、创造性和工业实用性提出初步的意见，并出具审查报告。国际初步审查报告对指定国的专利主管部门不具有法律上的拘束力，仅供指定国参考。国际初步审查单位由 PCT 联盟委员会确定。除西班牙专利与商标局外，其他与国际检索单位相同。如果申请人根据这些报告资料，认为可以获得专利，即可进行下一步程序，进入国家阶段。

对于中国个人或单位向中国知识产权局提出的国际申请，国际阶段中除国际公布由世界知识产权组织国际局统一进行外，其他程序都在中国知识产权局里进行。

（二）国家阶段

国家阶段是国际申请审批程序的第二阶段。国家阶段在申请人希望获得专利权的国家的专利局（指定局或选定局）里进行。它包括办理进入国家阶段的手续和在各指定局或选定局里进行的审批程序。国际申请进入国家阶段的主要手续是按各国规定递交国际申请文件的译本和缴纳规定的国家费用。国际申请进入国家阶段之后，由各国专利局按其专利法规规定对其进行审查，并决定是否授予专利权。

中国申请人通过 PCT 程序可以获得下列有益之处：① 申请人可以使用中文提出申请；② 申请人可以向中国专利局提出申请，请求外国给予专利保护；③ 申请人仅需用中文（或英文）向中国专利局递交一套申请文件即可确定该申请的申请日，并被认为是同一天在各指定国提出的申请；④ 在进入各国的国家阶段之前，申请人已经得到国际检索报告和国际初步审查报告，通过这两个报告申请人可以初步判断该申请在各国专利局被授予专利权的前景，从而决定是否有必要继续国家阶段。

第四节 《商标国际注册马德里协定》

《巴黎公约》确定了商标国际保护的基本原则，但能否在一国提出商标申请即可在其他成员国内取得保护呢？为了进一步加强在商标注册方面的国际合作，1891 年法国、比利时、西班牙、瑞士等国发起，在马德里缔结了《商标国际注册马德里协定》(Madrid Agreement Concerning the International Protection of mark)，简称《马德里协定》。《马德里协定》是《巴黎公约》框架内的一个程序性协定，只对《巴黎公约》成员国开放。它规定了商标国际注册程序和国际注册效力，帮助申请人解决了在外国注册商标的问题。《马德里协定》于 1892 年 7 月生效，历经多次修订，形成了 6 个不同文本，目前只有 1957 年尼斯文本和 1967 年斯德哥尔摩文本仍然有效。截至 2004 年 12 月 31 日，《马德里协定》的缔约国总数为 56 个。中国自 1989 年 10 月 4 日起成为《马德里协定》的成员国，适用 1967 年斯德哥尔摩文本。[1]《马德里协定》的主要内容如下。

一、商标国际注册申请

依照《马德里协定》，国际商标注册的申请人是在协定成员国内有真实有效的工商业营业所或住所或具有其国籍的自然人或法人。

商标必须先在原属国注册以后，才能提出国际注册申请。凡未在原属国进行登记的商标，不得进行国际注册。这里的商标包括服务商标。按照《马德里协定》第 1 条第 3 款规定，称为“原属国”的国家是：申请人置有真实有效的工商业营业所的缔约国；如果他在缔约国中没有这种营业所，则为其有住所的缔约国；如果他在缔约国内没有住所，则为申请人具有该国国籍的那一缔约国。

商标国际注册应通过原属国的注册当局向国际局提出，申请人应使用法文以书面或电子方式，采用细则所规定的格式提出，缴纳一次费用即可。

二、国际注册的法律效力

（一）延伸保护

国际局收到申请后，只进行形式审查，通过审查后予以注册，同时在国际局出版的刊物上进行公告。通过国际注册并不能使该商标在缔约国内自动受到保护，根据《马德里协定》的规定，申请人必须明确提出领域延伸的要求，指定要求保护的国家，才得以延伸至该国。这种要求应在提出注册申请时一并提出。当然，还有一个前提是有关指定国没有根据协定第 5 条进行拒绝。

---

[1] 《马德里协定》不适用于香港特别行政区和澳门特别行政区。

《马德里协定》第 4 条规定，商标在每个成员国的保护，应如同该商标直接在该国提出注册的一样。在国际局的商标注册的有效期为 20 年，并可根据协定第 7 条规定的条件予以续展。

（二）各国注册当局的拒绝

国际局对商标国际申请的注册并不能代替各国注册当局的注册。各国注册当局在接到国际局的注册通知之后，可在一定时间内加以拒绝，拒绝予以保护。《马德里协定》第 5 条第 1 款对拒绝的理由作出了具体规定，即某一商标注册或所作的延伸保护的请求经国际局通知各国注册当局后，各国注册当局有权声明在其领土上对这种商标不能给予保护。根据《巴黎公约》，这种拒绝一般只能以对申请本国注册的商标同样适用的理由为根据。此外协定第 5 条还规定了拒绝的时间、条件、效力、法律救济等。

（三）国际保护与原属国保护的关系

按照协定第 6 条第 3 款的规定，自国际注册的日期开始 5 年之内，如果该商标在原属国已全部或部分不复享有法律保护时，则国际注册所得到的保护不论其是否已经转让，也全部或部分不再产生权利。由此可见，商标国际注册的法律效力，在国际注册开始的 5 年内，与原属国的国家注册还存在着依存关系，需要以其在原属国所受的法律保护为基础。在此期间如果商标在原属国因各种原因不受保护，则该商标在受国际注册保护的一切国家也丧失保护。

协定第 6 条第 2 款规定，自国际注册的日期开始满 5 年后，国际注册即与原属国注册的国家商标无关。此时，国际注册不再依存原属国的注册，而取得了完全独立。

三、《马德里协定》与《商标国际注册马德里协定的议定书》

为吸引更多的国家参加《马德里协定》体系，世界知识产权组织于 1989 年主持缔结了《商标国际注册马德里协定的议定书》，简称《马德里议定书》，该议定书于 1995 年 12 月 1 日生效。《马德里协定》和《马德里议定书》原则相同，执行的机构相同，但在法律上是两个独立的文件，加入的国家也不完全相同。截至 2004 年 12 月 31 日，《马德里议定书》的缔约国总数为 66 个。中国于 1995 年 12 月 1 日成为其成员国。[1]

在内容上，《马德里议定书》是对《马德里协定》的补充，为申请人注册商标提供了更多的便利。与《马德里协定》相比，《马德里议定书》在注册申请条件、审查周期、国际注册与原属国注册的关系、拒绝期限等方面都进行了较大的改进和补充。最突出的几个改进体现在以下几个方面。

（1）《马德里议定书》放宽了申请国际注册的条件。除在原属国已获得注

[1] 《马德里议定书》不适用于香港特别行政区和澳门特别行政区。

册的商标外，对于已经提出申请但尚未获得注册的商标也可以申请国际注册。

（2）《马德里议定书》延长了成员国提出拒绝保护的期限，由《马德里协定》规定的1年延长为18个月。

（3）《马德里议定书》还增加了国际申请所使用的语言种类，由《马德里协定》的法语改为英语和法语等。

（4）《马德里议定书》增加了一项新规定，即国际注册因原属国的基本注册被宣告无效而被国际局撤销时，申请人可向原国际注册生效的国家申请国家注册，以国际申请日为申请日。

第五节 《保护文学艺术作品伯尔尼公约》

《保护文学艺术作品伯尔尼公约》（Berne Convention for the Protection of Literary and Artistic Works，简称《伯尔尼公约》），曾经是版权国际保护领域唯一的世界性多边公约，现在仍旧是成员国最多的版权公约，它的缔结建立起多边的版权国际保护制度。由于伯尔尼公约在实体条文中对版权国际保护领域中的许多概念明确了含义，对许多问题进行了详细回答，使它对各国的版权立法产生了重大影响。

19世纪，随着现代科学技术的不断发展和完善，作品的传播和使用越来越广泛和多样化，也使得版权地域性方面的矛盾越来越尖锐。一些国家开始着手订立双边协定，以加强相互之间的保护。由于双边协定仅对签约双方有约束力，无法制约第三国，所以版权的多边国际条约的制定成为必要。1886年9月，由比利时、法国、英国、德国等10国发起，在瑞士伯尔尼的多边版权会议上缔结了《伯尔尼公约》，并于3个月后生效。《伯尔尼公约》自1886年缔结以来，历经多次增补与修订，形成多个文本。目前大多数国家批准适用的是1971年巴黎文本。截至2004年12月31日，《伯尔尼公约》缔约国总数为157个。中国于1992年10月15日加入该公约。[1]

一、《伯尔尼公约》的基本原则

（一）国民待遇原则

国民待遇原则贯穿公约的大部分实体条文，是公约的最基本原则。《伯尔尼公约》第5条第1款规定，根据本公约得到保护的作品的作者，在除作品起源国之外的本联盟各成员国，就其作品享受各该国法律现在给予或今后将给予其国民的权利，以及本公约特别授予的权利。

---

[1] 《伯尔尼公约》自1997年7月1日对香港特别行政区生效，自1999年12月20日对澳门特别行政区生效。

起源国是一个复杂的概念，根据《伯尔尼公约》第5条第4款进行的详细解释：对于已出版作品，起源国即作品首次出版的国家；对于未出版作品，起源国即作者的国籍或居所所属国或建筑艺术作品的所在国。

根据《伯尔尼公约》第5条的规定，国民待遇原则的基本含义包括以下几个方面内容。

（1）公约成员国国民，无论其作品是否出版，在所有成员国均享有公约最低要求的保护。这是“作者国籍”标准。

（2）非公约成员国的国民，只要其作品首次在公约某一成员国出版，或同时在某一成员国和其他非成员国同时出版，那么在所有成员国均享有公约最低要求的保护。这是“作品国籍”标准。

（3）非成员国国民，只要在成员国中有长期居所，对其作品在所有成员国也享有公约最低要求的保护。

（4）电影作品的制片人在公约成员国内有总部或经常住所的，对其电影作品在所有成员国享有公约最低要求的保护。

（5）对于建造在成员国内的建筑作品，其作者在所有成员国享有公约最低要求的保护。

需要注意的是，依上述情形享有的国民待遇包括享有公约提供的专门保护，还包括公约各成员国依本国法为本国国民提供的版权保护。因为各国版权保护保护水平不一，所以公约规定的最低保护为权利人划定了一个“下限”，以确保为作者提供最起码的版权保护。

（二）自动保护原则

《伯尔尼公约》第5条第2款规定了这一原则，即享受和行使国民待遇的权利不需履行任何手续。这就是说，只要作品创作完成，不需要履行注册、登记、缴纳样本等任何手续，就受到《伯尔尼公约》的保护。

（三）版权独立原则

按这一原则，公约成员国按照本国的国内法对作品提供保护，包括对作品保护的程度以及为保护作者权利而向其提供的补救方法。完全由被要求给予保护的国家的法律规定，不依赖其作品在起源国受到的保护。

二、公约保护的作品

（一）文学艺术作品的范围

依据《伯尔尼公约》第2条的规定，“文学艺术作品”一词包括科学和文学艺术领域内的一切作品，不论其表现形式如何。诸如书籍、小册子及其他著作；讲课、演讲、布道及其他同类性质作品；戏剧或音乐戏剧作品；舞蹈艺术作品及哑剧作品；配词或未配词的乐曲；电影作品或以与电影摄制类似的方法创作的作品；图画、油画、建筑、雕塑、雕刻及版画；摄影作品以及以与摄影类似的方法创作的作品；实用美术作品；插图、地图、与地理、地形、建筑或科学有关的设计图、草图及造型作品。显然，公约通过概括加列举的方法描述了文学艺术作品的范围，列举无法穷尽作品的类型，但概括的表述为作品类型留有空间。

（二）演绎作品

公约规定，翻译作品、改编作品、改编乐曲以及以其他方式改变了原作而形成的作品，应同原作一样受到保护，但不得损害原作的版权。

（三）汇编作品

公约规定，文学艺术作品的汇编本，诸如百科全书和文集，由于对其内容的选择和编排而构成智力创作的，在其本身不损害构成它的各个作品的版权的情况下，同样受到保护。

（四）实用艺术作品和工业品外观设计和模型

公约规定，各成员国可自行以立法决定本国法律对实用艺术品、工业品平面与立体外观设计的适用范围，以及此类作品、设计和模型的受保护条件。有些成员国可能为这类作品提供专门的保护，如果未给予这类专门保护，则这些作品将作为艺术作品得到伯尔尼公约保护。

（五）不受保护的对象和由成员国国内立法决定是否保护的对象

此外，公约还规定了不受保护的对象和由成员国国内立法决定是否保护的对象。公约第 2 条第 1 款规定，公约所提供的保护不得适用于日常新闻或纯属报刊消息性质的社会新闻。依据公约第 2 条第 4 款的规定，对于立法条文、行政及司法性质的官方文件，以及这些作品的官方译本的版权保护问题，公约规定由各缔约国国内立法自行决定。依据公约第 2 条第 2 款的规定，公约成员国有权以立法规定将政治演讲和诉讼过程中发表的言论部分或全部排除于版权保护之外。但公约规定作者享有将上述作品汇编的控制权。

三、作者的权利

（一）精神权利

依公约第 6 条之 2 的规定，作者的精神权利不受作者经济权利的影响，甚至在经济权利转让之后，作者仍保有这种权利。具体包括两项：① 署名权，即作者对其作品主张作者身份的权利；② 保护作品完整权，即作者享有反对任何对其作品进行歪曲、篡改或其他有损于其声誉的一切损害的权利。

作者的精神权利，在其死后应至少保留到作者经济权利期满为止，但在批准或加入公约时其国内法不保护精神权利的，则有权规定对上述精神权利中的某些权利在作者死后不予保留。通过何种方式救济这些权利，公约规定适用被要求给予保护的国家的法律。

（二）经济权利

1. 复制权

复制权是版权的重要内容。公约第 9 条第 1 款规定，受本公约保护的文学艺术作品的作者，享有授权以任何方式和采取任何形式复制其作品的权利；第 9 条第 3 款规定录音和录像均应视为公约所指的复制。公约允许成员国对录制权规定保留及其条件，也就是可以规定强制许可，但其效力仅限于作出此项规定的国家，且在任何情况下都不得损害获得公正报酬的权利。

2. 翻译权

公约第 8 条规定，受本公约保护的文学艺术作品的作者，在对原作享有权利的整个保护期内，享有翻译和授权翻译其作品的专有权利。

3. 表演权

依公约第 11 条第 1 款（1）的规定，戏剧作品、音乐－戏剧作品或音乐作品的作者享有授权以各种手段和方式公开表演和演奏其作品的专有权利，以及授权用各种手段公开播送其作品的表演和演奏的专有权利。后者即“机械表演”，比如播放录有表演和演奏的唱片或录音带。

4. 广播权

公约第 11 条之 2 第 1 款规定作者享有下列三项专有权利：（1）授权以无线电广播其作品或以任何其他无线传送信号、声音或图像的方法向公众传播其作品；（2）授权由原广播机构以外的广播机构通过有线广播或无线广播向公众传播其作品；（3）授权通过扩音器或其他任何传送信号、声音或图像的类似工具向公众传播其作品。

5. 朗诵权

依公约第 11 条之 3 第 1 款的规定，文学作品的作者享有许可用各种手段和方式公开朗诵其作品的权利，并将朗诵公开播送的权利。根据公约第 11 条之 3 第 2 款的规定，文学作品的作者在其作品的权利保护期内，对作品的译本享有同样的权利。

6. 改编权

公约第 12 条规定，文学和艺术作品的作者享有授权对其作品进行改编、整理和其他改变的专有权。

7. 制片权

依公约第 14 条的规定，文学和艺术作品的作者享有将其作品改编和制作成电影作品并将后者复制发行的专有权利和将经过改编或复制的作品公开演出、演奏或以有线方式向公众传播的专有权利。

《伯尔尼公约》规定的上述作者的经济权利为各成员国对作者经济权利的保护划定了最低线，是作者最基本的权利。其实许多国家的版权法规定的经济权利都高于公约规定的水准。为此公约第 19 条明确规定：“本公约的规定不妨碍作者要求得到本联盟成员国的法律所给予作者的、高于公约规定的保护。”

公约第 14 条之 3 第 1 款规定：“对于作者和作曲者的艺术原作和原稿，作者或作者死后由国内法所授权的人或机构，享有作者第一次转让作品后从作品的任何再次转售中分享利益的不可剥夺的权利。”这就是所谓的“追续权”，虽然列为经济权利的一类，但不是公约的最低要求之一，所以成员国不是非授予作者这项权利不可。

四、版权的保护期限

对于一般作品，根据公约第 7 条的规定，一般作品的保护期限为作者有生之年加死后 50 年，合作作品应以最后死亡的作者为准；对于电影作品，其保护期限是经过作者同意自作品公映后 50 年，如果作品摄制完成后 50 年内未公映，则保护期为作品摄制完成后 50 年；对于不署名作品和署笔名作品，保护期为自其合法向公众发表之日起 50 年。如作者采用的笔名不致引起对其身份发生任何怀疑时，或不署名作品和署笔名作品的作者在保护期内公开其身份，则适用一般作品的保护期，即作者有生之年加死后 50 年；摄影作品及实用艺术品的保护期限为该作品完成时算起 25 年。

上述各类作品的保护期限，是公约规定的最低保护期限。各成员国对作品提供保护不得低于上述期限，但可以高于上述保护期限。在符合公约规定的情况下，期限由被要求给予保护的国家的法律来确定。但是，除该国法律另有规定外，保护期限不得超过作品起源国规定的期限。

五、对版权的限制

1. 合理使用

公约规定的合理使用体现为对复制权的限制，主要规定在第 9 条第 2 款、第 10 条、第 10 条之 2 中。具体包括下面几方面内容：（1）准许从公众已经合法获得的作品中摘录原文，只要摘录行为符合公平惯例，摘录范围未超过摘录目的所允许的程度。摘录时，须标明该作品的出处，如原作品上有作者署名，则须标明作者姓名。（2）准许在合理的目的下，以讲解的方式将文学艺术作品用于出版物、广播、录音或者录像，以作为教学之用，只要这种利用符合公平惯例。作为教学之用时，亦须标明该作品的出处和作者姓名。（3）准许通过无线广播或有线广播，复制报刊杂志上关于经济、政治、宗教等时事性文章，以及同类性质的广播作品，只要该文章、作品中未明确保留复制权与广播权，但在任何情况下，均须明确指出作品的出处，否则由保护有关作品的国家依法决定应负的法律责任。（4）为报道时事的目的，以摄影、电影、有线广播或无线电广播等方式，在符合报道目的的范围内复制所报道的时事中的文学艺术作品。

2. 强制许可

根据公约第 11 条和第 13 条的规定，一般情况下，公约仅允许成员国对广播权和音乐作品的录制权实行强制许可。但应注意既不能损害作者的精神权利也不能损害作者获得公平经济收入的权利。强制许可还集中体现在对发展中国家的特殊优惠条款中，即为发展这些国家的科技和文化，允许他们不需履行过多手续发放复制权及翻译权的强制许可证。

六、为发展中国家制定的优惠条款

1. 翻译强制许可证

公约规定，对于在其他成员国已经出版 3 年但还没有译成本国文字出版的作品，可以经本国当局授权将该作品译成本国文字出版，而不需经原作者同意。如果是将该作品译成英文、法文、西班牙文这 3 种文字以外的其他文字出版，则经过 1 年期限就可以了。除期限要求外，颁发翻译强制许可证还要严格遵守一系列复杂的手续和条件，如只能为教学、学习和科学研究的目的而颁发；申请人必须证明曾要求原作者授权，但未获得；申请方必须保证译文准确，并支付原作者以合理的报酬；翻译强制许可证只在申请许可证的缔约国内有效，不能向外销售，等等。

2. 复制强制许可证

取得复制强制许可证，需满足以下条件：（1）对受公约保护的有关数学自然科学和技术的作品，在首次出版 3 年以后可取得复制强制许可证；（2）小说、诗歌、戏剧和乐曲以及美术作品，须首次出版 7 年以后；（3）其他作品，需首次出版 5 年以后。

七、公约的追溯力

公约第 18 条规定了追溯力问题，其主要内容是：（1）公约适用于所有在本公约开始生效时尚未因保护期满而在其起源国失去版权的作品；（2）如作品因原来规定的保护期已满而在被要求给予保护的国家已失去版权，则该作品不再重新受保护；（3）本原则应当遵照本联盟成员国之间现在或将来缔结的专门条款的规定实行，在没有这种规定的情况下，各国可在本国范围内自行决定实行本原则的条件；（4）新加入本联盟时以及因适用第 7 条或放弃保留而扩大保护范围时，以上规定也同样适用。

八、成员国对公约的保留

公约第 7 条规定，受本公约罗马文本约束并在此公约文本签署时有效的本国法律中规定了短于 1971 年文本保护期的成员国，仍可维持较短的保护期；公约第 30 条和附件第 5 条规定，允许公约成员国在加入公约时，宣布该国不实行公约现行文本第 8 条关于翻译权的规定，实行公约 1986 年文本第 5 条的规定，即“翻译权10年保留制度”，根据公约第33条第2款的规定，在加入公约时，允许声明在解决与其他国家发生争端时不受公约规定程序的约束，即“解决争端程序上的保留制度”。

第六节 《世界版权公约》

第二次世界大战以后，美国在经济、技术和文化等方面都有很大发展，为使本国国民的作品在国际上受到保护，仅依靠双边协定和地域性的多边协定方式已不能满足其保护需求，所以加入国际版权保护行列已提上日程。当时的美国版权法与《伯尔尼公约》之间存在较大差距，达不到《伯尔尼公约》的最低保护水平。为把美国及“泛美版权公约”中的一批国家纳入国际版权保护范围，1952年9月，联合国教科文组织在瑞士日内瓦发起制定了第二个国际版权公约即《世界版权公约》，这是一个保护水平略低于《伯尔尼公约》的多边版权公约，该公约自1955年9月16日生效，1971年在巴黎修订过一次。我国于1992年成为该公约的成员国。

一、《世界版权公约》的原则

（一）国民待遇原则

公约第2条（1）款规定，“任何成员国国民出版的作品及在该国首先出版的作品，在其他各成员国中，均享有其给予本国国民于本国首先出版的作品的同等保护，也享有本公约特别提供的保护”；公约第2条（2）款规定，“任何成员国国民未出版的作品，在其他各成员国中，享有同该国给予其国民未出版的作品的同等保护，也享有本公约特别提供的保护”；公约第2条（3）款规定，“为实施本公约，任何成员国可依本国法律将在本国有住所的外国人看作本国国民”。这一原则与《伯尔尼公约》基本一致，主要区别是《伯尔尼公约》规定，在某一成员国国内有惯常住所的非成员国国民，享有该成员国国民的待遇。这种待遇是必须给予的。而《世界版权公约》第2条（3）款规定中使用的是“可”，这样，是否给予其国内有住所的外国人以国民待遇，成员国可以选择。

（二）非自动保护原则

《世界版权公约》采取非自动保护原则，依照该公约第3条规定，成员国国民的任何作品在首次出版时，每一份复制品上均要标有版权标记，即标有“?”、版权人姓名、首次出版年份，标明的方式及位置足以使人注意到版权的权利要求。这样，任何在国内法中要求履行任何手续（如登记、交费或其他程序）的成员国，就必须视其为“已经履行了应有手续”，对该作品加以版权保护。这与《伯尔尼公约》实行自动保护原则有很大不同。当初美国等国不参加《伯尔尼公约》的原因之一，就是这些国家不实行版权的自动保护制度。《世界版权公约》为在这些国家与伯尔尼公约成员国之间寻求平衡，采取了折中的办法。

（三）版权独立原则

公约第4条（1）款明确规定，作品的版权保护期限，应由该作品向其要求版权保护的成员国的法律来规定；依第4条（2）款规定，允许各成员国按国内法对公约列出的经济权利作特别规定，但必须提供合理保护。这说明《世界版权公约》像《伯尔尼公约》一样，也承认版权独立性原则。

二、权利主体

《世界版权公约》对文学、科学及艺术作品的作者及其他著作权所有者的权利提供充分、有效的保护。其权利主体不仅是作者，还有其他著作权人包括法人。而《伯尔尼公约》明确规定就是保护作者。

三、权利客体

《世界版权公约》没有像《伯尔尼公约》那样采用列举的方式，而是指出受保护作品应包括：文字作品、音乐作品、戏剧、电影作品以及绘画、雕刻与雕塑作品。这是个较明确的范围，可以理解为成员国的受保护作品不能少于这些。

四、权利内容

从精神权利看，《世界版权公约》没有把保护精神权利作为对成员国的最低保护要求，只是从某些条款中推断出，该公约对作者某些精神权利给予间接的承认。如在发展中国家颁发复制权、翻译权强制许可证的优惠条款中，提到了翻译时不可曲解原著的原意、应注明原著的作者、应尊重作者的收回权等。而《伯尔尼公约》第6条之2规定，将署名权和修改权列入成员国必须保护的精神权利内容。

从经济权利看，《世界版权公约》作为最低要求列出的经济权利，不像《伯尔尼公约》那么具体，没有像《伯尔尼公约》那样十分明确地指出哪些权利是必须保护的，哪些权利是可保护的。从公约条款中可以推断，《世界版权公约》要求各成员国至少应保护包括复制权、表演权、广播权、演绎权等经济权利。

五、保护期限

《世界版权公约》是针对一般作品的不同情况或不同国家的计算方式而定，一般情况下，成员国给予作品的版权保护期不应少于作者有生之年加死后25年；而《伯尔尼公约》对许多不同类型的作品分别列出最低限度保护期，一般作品的保护期为作者有生之年加死后50年。

六、追溯力

《世界版权公约》第 7 条规定该公约不具有追溯力，成员国只需保护加入公约后创作的作品，而不必顾及加入公约前已经创作出来的作品；而《伯尔尼公约》具有追溯力。这是两个公约的主要区别之一，这将大大减少非成员国参加公约后承担的义务。

七、保留权

《世界版权公约》不允许成员国有任何保留，因为它提供的保护水平比《伯尔尼公约》低得多，如果再允许成员国对这种最低要求声明某些保留，就会使公约提供的保护落空；而《伯尔尼公约》给各成员国留下了较多的在国内法中作某些保留的余地。

八、对《伯尔尼公约》的保护

为避免一个保护水平低的公约与一个保护水平高的公约并存，会使后者的成员国大量转移。《世界版权公约》规定，在其生效之后，任何原已参加了《伯尔尼公约》的国家，可以再参加《世界版权公约》，但不得因此退出《伯尔尼公约》。

第七节 《保护表演者、录音制品制作者和广播组织公约》

《伯尔尼公约》保护了作者的权利，但并未涉及著作邻接权，诸如表演者、录音制作者和广播组织的权利。因此，为解决邻接权的国际保护问题，有必要制定专门保护邻接权的国际条约。1961 年由联合国国际劳工组织、教科文组织和世界知识产权组织共同发起，在罗马签订了《保护表演者、录音制品制作者和广播组织公约》，简称《罗马公约》。《罗马公约》是有关邻接权保护的第一个国际公约，它是一个封闭性的公约，即不是对所有国家开放，只接受《伯尔尼公约》和《世界版权公约》的成员国。截至 2004 年，其成员国共有 79 个。我国没有加入《罗马公约》。

一、《罗马公约》的邻接权保护与版权保护的关系

《罗马公约》第 1 条规定，本公约给予的保护不会触动且也不能影响文学和艺术作品的版权保护；对该公约的解释不得损害对版权的保护。

二、国民待遇原则

《罗马公约》的国民待遇原则与其他国际版权条约所说的国民待遇原则总的精神一致，但是，对于邻接权的保护来讲，确认来源国不像对作品那么容易。在公约正式文本里，最终避开了“来源国”的概念。[1]

---

[1] 参见郑成思：《版权公约、版权保护与版权贸易》，中国人民大学出版社 1992 年版，第 55 页。

公约第4~6条分别规定了表演者、录音制品制作者和广播组织得到国民待遇的条件。

（1）表演者只要符合下列条件之一，即可得到国民待遇：表演发生在成员国；表演被录制在公约保护的录音制品上；表演虽未录制成录音制品，但是在公约保护的广播节目中播出。

（2）录音制品制作者只要符合下列条件之一，即可得到国民待遇：录音制品制作者是成员国国民（国籍标准）；录音首次制作于成员国（录制标准）；录音制品是在成员国首次发行的（发行标准）。

（3）广播组织只要符合下列条件之一，即可得到国民待遇：广播组织的总部设在成员国；广播节目是由设在成员国的发射台播放的。

三、邻接权的内容

（一）表演者权

《罗马公约》第7条规定，表演者享有阻止下列行为的可能性：① 未经表演者同意，广播和向公众传播其表演，但如该表演本身就是广播演出或出自录音录像制品的除外；② 未经表演者同意，录制表演者未曾录制过的表演；③ 未经表演者同意复制其表演的录音或录像制品。但是录制品原版是经过其同意的，或者制作复制品的目的没有超出表演者许可的范围，或者制作复制品的行为没有超出法律允许的合理使用范围的除外。

其他还包括：① 如果广播是经表演者同意的，则防止转播，防止为广播目的的录音录像，以及防止为广播目的的此类录音录像的复制，这种复制应当由被主张保护的国内法规定；② 广播组织使用为广播目的而制作的表演者表演的录音录像制品的期限和条件，应当根据要求其保护的缔约国的国内法确定；③ 上述两款规定的国内法不得限制表演者通过合同控制他们与广播组织之间的关系的能力。

（二）录制者权

录音制品制作者有权许可或者禁止直接或者间接复制其录音制品。所谓直接复制，指通过接触被复制的原件进行的复制，例如以原件为母带，通过录音机复制。间接复制，指不接触原件远距离的复制，例如通过收音机录制广播的节目。

根据公约第11条的规定，如果一缔约国根据其国内法的规定，将履行一定的手续作为对录音制品制作者权利或与录音制品有关的表演者权利保护的一个条件，只要录音制品含有规定的标记，应视为已完全履行了所有手续。

（三）广播组织权

依《罗马公约》第13条的规定，广播组织有权许可或禁止：① 转播其广播节目；② 录制其广播节目，此处的“录制”应被视为将节目固定在可以再现的载体上；③ 复制未经广播组织同意而制作的广播节目的录制品，或是为了与公约规定的以外的目的而复制依本公约规定制作的广播节目的录制品；④ 通过在公共场所的接收装置向大众收费转播广播组织的电视节目。

四、保护期

《罗马公约》第 14 条规定了邻接权人的权利保护期，保护期至少为 20 年。保护期起始的计算根据不同性质的权利人采用不同的标准：对于录音制品和录制在录音制品上的节目，从录制年份的年底计算；对于未被录制成录音制品的表演，从表演发生的年底计算；对于广播节目，从节目开始广播的年底计算。

五、对邻接权的限制

（一）合理使用

依公约第 15 条的规定，任何缔约国都可以依其国内法律和规章，在涉及以下情况时，对本公约的保护作例外规定：① 私人使用；② 在时事报道中少量引用；③ 广播组织为了自己的广播节目，利用自己的设备暂时录制；④ 仅用于教学和科学研究。

（二）强制许可

在不违反公约规定的范围内，缔约国可以颁发关于公约项下受保护的邻接权的强制许可。

第八节 《世界知识产权组织版权条约》

《伯尔尼公约》、《罗马公约》等作为著作权或邻接权保护的重要国际公约，在各自领域内一直发挥着重要的作用，但是《伯尔尼公约》和《罗马公约》的最后文本都是 20 世纪 70 年代和 60 年代制定的。近年来由于信息和通信技术的迅速发展，尤其是数字技术的应用，对传统的文学艺术作品的创作和传播产生了深刻的影响，这些变化显然是制定或者修订《伯尔尼公约》和《罗马公约》时无法预料的。新技术的发展所带来的问题靠传统的版权保护原则已经不能得到解决，另外 TRIPS 的某些规定对上述问题提供了一定的解决办法，也使得《伯尔尼公约》和《罗马公约》的地位受到撼动。在新技术发展和国际贸易的新环境下，为解决版权和邻接权领域的新问题，在一定程度上弥补《伯尔尼公约》和《罗马公约》的不足，1996 年 12 月在世界知识产权组织的主持下，在日内瓦举行的“关于版权和邻接权若干问题”的外交会议上最后通过了世界知识产权组织的两个新条约，即《世界知识产权组织版权条约》（WIPO Copyright Treaty，WCT）和《世界知识产权组织表演和录音制品条约》(WIPO Performances and Phonograms Treaty, WPPT)。2002年3月6日和5月20日WCT和WPPT先后生效。截至2004年12月31日，WCT缔约方总数为50个，WPPT缔约方总数为48个。我国尚未加入两条约中的任何一个。

本节介绍的是WCT的主要内容，它由25条组成，未分章节。第1～14条系实体条款，15～25条为行政管理条款。此外还附有“议定声明”9条，对条约中一些可能发生歧义的问题作进一步解释。主要包括以下内容。

一、与《伯尔尼公约》的关系

对于《伯尔尼公约》的成员国而言，WCT系该公约第20条意义下的专门协定[1]，因而不得与除《伯尔尼公约》以外的条约有任何关联，亦不得损害依任何其他条约的任何权利和义务，也不得减损成员相互之间依照《伯尔尼公约》已承担的现有义务。

二、版权的保护范围

版权保护延及表达，而不延及思想、过程、操作方法或数学概念本身，在保护上比照《伯尔尼公约》第2～6条的规定。WCT规定了计算机程序和数据库受到保护，其版权保护范围与TRIPS相一致。

WCT第4条规定：“计算机程序作为《伯尔尼公约》第2条意义下的文字作品受到保护。此种保护适用于各类计算机程序，而无论其表达方式或者表达形式如何。”即公约只对有独创性的数据库进行保护，而不保护无独创性的数据库。

WCT第5条对数据库作出了规定：“数据或者其他资料的汇编，无论采用何种形式，只要由于其内容的选择或者编排构成智力创作，其本身即受到保护。这种保护不延及数据或者资料本身，亦不得损害汇编中的数据或者资料已存在的任何版权。”

三、经济权利

（一）发行权

条约第6条规定：“（1）文学和艺术作品的作者应享有授权通过销售或其他所有权转让形式向公众提供其作品原件和复制件的专有权。（2）对于在作品的原件或复制件经作者授权被首次销售或其他所有权转让之后适用本条第（1）款中权利用尽所依据的条件（如有此种条件），本条约的任何内容均不得影响缔约各方确定该条件的自由。”

（二）出租权

依照条约第7条的规定，计算机程序、电影作品和唱片的作者享有出租作

---

[1] 《伯尔尼公约》第20条规定：“本联盟各成员国政府有权在他们之间签订特别协议，以给予作者比本公约所规定的更多的权利，或者包括不违反本公约的其他条款。凡符合上述条件的现有协议的条款仍然适用。”

品原件或复制件的专有权。但是，当计算机程序本身并非出租的主要对象时，该计算机程序的作者不享有出租权。而且当电影作品的商业出租严重损害复制权时，电影作品的作者不能享有出租权。

（三）向公众传播的权利

依照条约第8条的规定，在不损害《伯尔尼公约》有关条款规定的情况下，文学和艺术作品的作者应享有专有权，以授权将其作品以有线或者无线方式向公众传播，包括将作品向公众提供，使公众中的成员在其个人选定的地点和时间获得这些作品。显然，这是条约针对网络传输这种新的作品传播方式而作出的规定，并将公众传播权单列于发行权之外。

四、限制与例外

条约第10条第1款规定："对于本条约授予文学艺术作品的作者的权利，缔约方得在其国内法中规定某些特殊情况下的限制或例外，但不得与作品的正常使用相冲突，也不得不合理的损害作者的合法利益。"

五、技术措施

近年来，为保护自己的版权，权利人对自己的数字化作品采取加密等技术措施加以保护，但是也出现了专门对此进行解密，或对其他保护手段进行类似的反向行为的个人或企业。多数解密者的目的是提供给复制者进行非法盈利。依照条约第11条的规定，这种解密或其他反向破坏权利人的保护措施的行为是违法行为。缔约各方应规定适当的法律保护和有效的法律救济办法，制止规避由作者为行使条约规定的权利而对其作品采取的有效技术措施的行为。条约的这项规定并不是作为版权人的一项权利，而是作为保障网络安全的一项主要内容去规范的。至今，绝大多数国家都把它作为一种网络安全保护，规定在本国的法律中。[1]

六、权利管理信息

条约第12条第2款明确了"权利管理信息"的含义，"权利管理信息"是指识别作品、作品的作者、对作品拥有任何权利的所有人的信息，或有关作品使用的条款和条件的信息，和代表此种信息的任何数字或代码，各该项信息均附于作品的每件复制品上或在作品向公众进行传播时出现。条约第12条第1款明确规定，制止任何人故意从事未经许可去除或改变任何权利管理的电子信息以及未经许可发行、为发行目的进口、广播或向公众传播明知已被未经许可去除或改变权利管理电子信息的作品或作品的复制品的行为。

---

[1] 参见郑成思："知识经济、信息网络与知识产权"，载中国私法网。

第九节 《世界知识产权组织表演与录音制品条约》

在上一节中，对《世界知识产权组织表演与录音制品条约》（WPPT）的制定背景已经做了介绍，此处不再赘述。显然 WPPT 是为了弥补《罗马公约》的不足，为解决邻接权领域的新问题制定的。WPPT 由 33 条组成，共分五章。第 1 ~23 条（除第 21 条外）系实体条款，第 24 ~33 条及第 21 条系行政管理条款。此外还附有“议定声明”10 条。其主要包括以下内容。

一、与其他公约的关系

根据条约第 1 条的规定，条约的任何内容均不得损减缔约方相互之间依照《罗马公约》已承担的现有义务；不得触动或影响对文学和艺术作品著作权的保护或用于损害这种保护；不得与其他条约有任何关联或损害其他条约的任何权利和义务。

二、表演者的权利

（一）表演者的精神权利

依照条约第 5 条第 1 款的规定，表演者所享有的精神权利不依赖于其经济权利的享有或转让。表演者对其现场有声表演或以录音制品录制的表演，有权要求表明其表演者身份，除非使用表演的方式决定可省略不提其系表演者；有权反对任何对其表演进行将有损其名声的歪曲、篡改或其他修改。

表演者精神权利在其死后应继续保留，至少到其经济权利期满为止，并应可由被要求提供保护的成员国立法所授权的个人或机构行使。但批准或加入本条约时其立法尚未规定在表演者死后保护上述全部精神权利的成员国，可规定其中部分权利在表演者死后不再保留。

（二）表演者的经济权利

依照条约第 6 条的规定，表演者的经济权利包括以下内容。

（1）对其尚未录制的表演的经济权利。表演者享有授权他人广播或向公众传播其尚未录制的表演以及录制其表演的专有权利。

（2）复制权。表演者享有授权他人以任何方式或形式对其以录音制品录制的表演直接或间接地进行复制的专有权利。

（3）发行权。表演者享有授权他人通过销售或其他所有权转让形式向公众提供其以录音制品录制的表演的原件或复制品的专有权利。

（4）出租权。表演者享有授权他人将其以录音制品录制的表演的原件或复制品向公众进行商业性出租的专有权利，即使该原件或复制品已由表演者发行或根据表演者的授权而发行。

（5）提供已录制表演的权利。表演者享有授权他人通过有线或者无线方式向公众提供其以录音制品录制的表演，使其表演可为公众中的成员在其个人选定的地点和时间获得的专有权利。

三、录音制品制作者权

（一）复制权

录音制品制作者应享有授权以任何方式或形式对其录音制品直接或间接地进行复制的专有权。

（二）发行权

录音制品制作者应享有授权通过销售或其他所有权转让形式向公众提供其录音制品的原件或复制品的专有权。条约第12条第2款规定，对于在录音制品的原件或复制品经录音制品制作者授权被首次销售或其他所有权转让之后适用本条第（1）款中权利用尽所依据的条件（如有此种条件），本条约的任何内容均不得影响缔约各方确定该条件的自由。

（三）出租权

录音制品制作者应享有授权对其录音制品的原件和复制品向公众进行商业性出租的专有权，即使该原件或复制品已由录音制品制作者发行或根据录音制品制作者的授权发行。

（四）提供录音制品的权利

录音制品制作者应享有专有权，以授权通过有线或无线的方式向公众提供其录音制品，使该录音制品可为公众中的成员在其个人选定的地点和时间获得。

WPPT与WCT对于发行权和向公众传播的权利的规定基本相同，这些规定是这两个新条约的最重要内容之一，反映了信息技术与通信技术对著作权保护产生的影响。

四、保护期限

条约授予表演者的保护期应自表演以录音制品录制之年年终起至少持续到50年期满；授予录音制品制作者的保护期应自该录音制品发行之年年终起至少持续到50年期满，录音制品自录制完成时起50年内未发行的，则保护期应自录制完成之年年终起至少持续50年。

其他诸如技术措施、权利管理信息及权利的限制与例外等内容，WPPT与WCT的规定基本一致。

第十节　《与贸易有关的知识产权协议》

一、《与贸易有关的知识产权协议》的制定背景及经过

（一）知识产权与国际贸易

随着经济和科学技术的迅猛发展，知识产权的地位日益重要。近几十年

来，知识产权日益成为国际贸易的重要组成部分，如转让专利和商标的使用权，通过版权许可使版权人获得收益。含有知识产权的产品在国际贸易中所占的比重也越来越大，如新药品、计算机软件、知名品牌的商品、植物新品种等。当然从国际贸易额的绝对数字上看，无形的知识产权转让还远远比不上有形货物买卖，但知识产权贸易额的上升速度却大大高于有形货物买卖。

知识产权保护与国际贸易的发展息息相关，尤其对以美国为代表的掌握科技优势的发达国家有着切身利害，而引进先进技术、发展国民经济对于广大发展中国家也关系重大。另外，现存的知识产权国际保护体系存在着许多缺陷，各知识产权保护的国际公约的成员国不尽相同，许多国际条约的缔约国数目太少，各条约缺少强有力的机制来保证其实施，各公约缺少相互协调机制，等等。所以建立国际贸易中的知识产权保护机制显得相当迫切。

（二）关税及贸易总协定的知识产权谈判

关税及贸易总协定（世界贸易组织前身，以下简称关贸总协定），是货物贸易领域的一个重要的国际协定，为第二次世界大战后国际经贸和金融的恢复发展起到了重要的作用，其缔结与发展是通过多次多边谈判实现的。最初的谈判中虽也涉及知识产权问题，但并没有形成明确的规则。

1986 年，关贸总协定决定发起第八轮多边贸易谈判，即乌拉圭回合谈判。以美国、瑞士等为代表的发达国家主张应将知识产权列入多边谈判的议题。美国代表甚至提出，如果不将知识产权作为新议题，美国将拒绝参加第八轮谈判。另外，发达国家还主张，应制定保护所有知识产权的标准，并且必须通过关贸总协定的争端解决机制对知识产权进行保护。而以印度、巴西等国为代表的发展中国家认为，保护知识产权是世界知识产权组织的任务，应当把制止假冒商品贸易与广泛的知识产权保护区别开来。发展中国家担心强化保护知识产权会有利于跨国公司的垄断、提高药品和食品的价格，从而对公众福利产生不利的影响。各方争议很大，为此形成了发达国家和发展中国家截然相反的两个阵营。至 1991 年，当时的总干事邓克尔提出了最后文本草案的框架，其中有关知识产权问题的协定基本获得通过。1993 年 12 月 15 日，随着乌拉圭回合谈判的全部结束，知识产权问题也最终形成了协议。《与贸易有关的知识产权协议》（Agreement on Trade-Related Aspects of Intellectual Property Rights，TRIPS），作为最后文件的一部分成为世界贸易组织多边贸易机制的一部分。TRIPS 属于世界贸易组织框架下的多边协定，凡世界贸易组织的成员都必须加入。中国于 2001 年 12 月 11 日正式加入世界贸易组织。

二、TRIPS 的宗旨、一般规定和基本原则

（一）宗旨

TRIPS 在序言部分开宗明义阐明了缔结该协定的宗旨：减少对国际贸易的

扭曲与阻碍；促进对知识产权在国际范围内更充分、有效地保护；确保知识产权的实施及程序不对合法贸易构成壁垒。

协定第7条规定了它要达到的目标是：通过知识产权的保护与权利的行使，促进技术的革新、技术的转让与技术的传播，以有利于社会及经济发展的方式，促进生产者与技术知识使用者间互利互惠，并促进世界贸易组织成员间权利与义务的平衡。

（二）一般规定

1. 知识产权的范围

协定第二部分第一节至第七节规定了各类知识产权，包括版权与邻接权；商标权；地理标志权；工业品外观设计权；专利权；集成电路布图设计（拓扑图）权；未披露信息专有权。

2. 与其他知识产权公约的关系

协定第2条第1款规定："对于本协定第二、第三、第四部分，成员应遵守《巴黎公约》（1967年文本）第1条至第12条和第19条。"协定第2条第2款规定："本协定第一至第四部分的任何规定，不得减损成员之间依照《巴黎公约》、《伯尔尼公约》、《罗马公约》及《集成电路知识产权条约》所相互承担的义务。"

3. 权利穷竭

协定第6条规定："为依据本协定解决争端的目的，在符合国民待遇和最惠国待遇的规定下本协定的任何规定不得用于处理知识产权的穷竭问题。"知识产权的穷竭是国际上争论很大的一个问题，权利人首次出售包含知识产权的产品后，其权利是在该国范围内用尽，还是在国际范围内用尽，各国做法不同。协定这一条款表明，成员之间在解决有关知识产权穷竭问题而产生争端时，不得用本协定的规定去支持或否定权利穷竭问题。

4. 承认知识产权为私权

TRIPS在序言部分规定，"承认知识产权是私有权利"，同时也规定"承认各国知识产权保护体系最基本的公共政策目标，包括发展目标和技术目标"。

（三）基本原则

1. 国民待遇原则

根据协定第3条的规定，各成员在知识产权保护上，对其他成员的国民提供的待遇，不得低于其给予本国国民的待遇。《巴黎公约》、《伯尔尼公约》、《罗马公约》及《集成电路知识产权条约》允许在某些情况下以互惠原则代替国民待遇原则；就表演者、录音制品制作者和广播组织而言，国民待遇只适用于本协定规定的权利；一些司法和行政程序，也可以成为国民待遇的例外。

2. 最惠国待遇原则

在以往的知识产权国际公约中并没有明确规定过最惠国待遇原则，TRIPS将作为关贸总协定基石的这一原则引入有关知识产权保护的协议，显然是增加和扩大了该协定的适用效力和范围。该项原则的含义是：在保护知识产权方面，任何成员国给予另一成员国国民的优惠、特权与豁免，应立即无条件地给予所有其他成员国国民。这个原则有许多例外，比如来自《伯尔尼公约》和《罗马公约》的互惠性保护；WTO成立前的知识产权协议所产生的优惠。

最惠国待遇和国民待遇还有一个总的例外，即这两个原则不适用于世界知识产权组织主持下订立的有关取得或维持知识产权的多边协议中所规定的程序。

三、知识产权的有效性、范围及行使的标准

（一）版权与邻接权

1. 与《伯尔尼公约》的关系

根据协定第9条第1款的规定，全体成员，不论成员是不是《伯尔尼公约》的成员，均应遵守《伯尔尼公约》（1971年文本）第1～21条和附件的规定。但涉及《伯尔尼公约》第6条之2规定的权利及由此而衍生的权利，即作者的精神权利，成员既无权利又无义务。

协定第9条第2款规定："版权保护及于表达而不及于思想、过程、操作方法以及数学概念本身。"

2. 计算机程序与数据汇编

协定第10条第1款规定："计算机程序，不论是以源代码还是以目标代码表达，应作为《伯尔尼公约》规定的文字作品予以保护。"协定第10条第2款规定："数据汇编或其他资料汇编，不论是用机器可读形式或者其他形式，由于对其内容的选择或编排构成智力创作，即应予以保护；但这种保护不及于数据或资料本身，不应损害这些数据或者资料本身存在的版权。"

3. 计算机程序和电影作品的出租权

依据协定第11条的规定，成员国一般应承认计算机程序和电影作品的经济权利中存在"出租权"，即计算机程序和电影作品的作者及其合法继承人有权许可或禁止以商业性方式向公众出租其享有版权作品的原件或复制件。但是协定对出租权进行了限制：第一，对于电影作品，除非向公众的商业出租已导致该作品的大范围复制，从而使成员授予作者或其合法继承人的专有复制权受到实质损害，该成员可免于承担有关出租权的义务；第二，对于计算机程序来说，如果程序本身不是出租的实质标的，则不适用上述义务。

4. 保护期限

协定重申了《伯尔尼公约》50年的保护期，并特别指出，除摄影作品与

实用艺术作品外，对一切不以自然人有生之年加死后若干年方式计算的作品，其保护期均不得少于 50 年，自作品许可出版之年年底起算。如果自作品创作完成起 50 年未出版的，自作品创作完成之年年底起算 50 年不再保护。

5. 对合理使用的限制

协定第 13 条规定："成员应将对专有权的限制或例外限制于某些特殊情况，这些特殊情况不得与作品的正常使用相冲突，也不得不合理地损害权利人的合法利益。"这实际上是对成员国有关合理使用的限制。

6. 表演者、录音制品制作者和广播组织的保护

对于表演者，依据协定第 14 条第 1 款的规定，表演者应享有制止下列未经其许可而实施的行为的可能性：将表演固定在录制品上；以及将此种已经固定的表演进行复制；以无线方式广播其现场表演，以及将其现场表演向公众进行传播。

对于录音制品制作者，依据协定第 14 条第 2 款的规定，录音制品制作者应享有许可或禁止直接或间接复制其录音制品的权利。此外，协定第 14 条第 4 款还规定录音制品制作者有权许可或禁止以商业目的出租其录音制品。

对于广播组织，依据协定第 14 条第 3 款的规定，广播组织有权禁止他人未经其许可将其广播加以固定，有权禁止他人未经其许可将其经固定的广播进行复制，有权禁止其他广播组织未经其许可以无线方式转播其广播，有权禁止他人未经其许可将其广播向公众传播。

（二）商标

1. 可保护的客体

协定规定，任何能够将一企业的商品或服务与其他企业的商品或服务区分开的标记或标记组合，均应能够构成商标。这类标记，特别是文字（包括人名）、字母、数字、图形要素和色彩的组合，以及前述内容的任何组合，均应能够作为商标获得注册。如果标记缺乏区别商品或服务的固有能力，各成员可以根据通过使用而获得的可识别性来确定其是否可予注册。协定规定成员可要求标记应以视觉可感知作为注册条件，对不能被视觉感知的，如气味商标的申请等，未作为各成员商标权最低保护义务。

协定规定了注册商标不得损害任何已有的在先权利，这就意味着不但商标注册后不得损害在先权利，而且在商标注册过程中如发现损害在先权利的，也不能对其予以授权注册。

2. 商标权利内容

依据协定第 16 条的规定，商标权人应享有防止任何第三方未经许可而在贸易活动中使用与注册商标相同或近似的标记去标示相同或类似的商品或服务的权利，以避免由此种使用而可能导致的混淆。协定对"混淆"的判断是：

如果确将相同标记用于相同商品或服务上，即应当推定存在着混淆的可能性。这有利于权利人的举证，在知识产权保护的司法、执法中发挥作用。

3. 保护期限

协定第 18 条规定：“商标的首次注册和每一次续展的保护期不应少于 7 年，续展次数不受限制。”

4. 使用要求

依据协定第 19 条的规定，如果成员以使用作为维持注册的条件，则只有在至少连续三年不使用的情况下，而商标所有人又未证明存在有妨碍使用的正当有效理由，才可以取消其注册。所谓正当、有效的理由，包括遇有进口限制或政府对该商标所标示的商品或服务有其他要求的情形。所谓保持商标的使用，应当包括商标为权利人所控制情况下的他人的使用。

5. 许可和转让

依据协定第 21 条的规定，各成员可以规定商标许可和转让的条件。但排除了强制许可，并且注册商标所有人有权将商标连同或不连同商标所属的企业一起转让。

6. 驰名商标

协定对驰名商标的保护包括以下内容。

第一，服务商标应适用驰名商标的有关规定。协定规定，《巴黎公约》第 6 条之 2 关于驰名商标的规定原则上应适用于服务商标。

第二，确定驰名商标应考虑的因素。协定规定，在确定一个商标是否成为驰名商标时，成员应考虑到该商标在相关领域的公众中的知名度，包括在成员内由于商标宣传而获得的知名度。

第三，驰名商标的效力。协定规定，《巴黎公约》第 6 条之 2 原则上应适用于与商标注册使用的商品或服务不相类似的商品或服务，如果在有关商品或服务上使用该商标将使人认为有关商品或服务与注册商标所有人存在有关联，而且注册商标所有人的利益由于此种使用而可能受损害。

（三）地理标志

所谓地理标志，是指下列标志：指明某商品来源于某成员地域内，或来源于该地域内的某地区或某地方，同时该商品的特定质量、信誉或其他特征是由该地理来源决定的。对地理标志的保护，成员的义务主要包括两个方面。第一，对商标中包含有或组合有商品的地理标志，并具有误导公众对商品的真正来源产生误解，忽略认明真正来源地的，商标行政主管部门依职权或利害关系人请求不予注册或撤销该商标；第二，对构成《巴黎公约》第 10 条之 2 规定的不正当竞争的行为的任何使用应加以制止。

由于酒类的地理标志保护涉及欧盟许多国家的重大利益，因此 TRIPS 在

第23条对葡萄酒与烈酒的地理标志作了补充规定。协定要求：每一成员应为利害关系方提供法律手段，以防止将识别葡萄酒、烈酒的地理标志用于并非来源于所涉地理标志所标明地方的葡萄酒与烈酒，即使对货物的真实原产地已标明，或翻译该地理标志，或附有“种类”、“类型”、“特色”、“仿制”或类似表达方式；对于葡萄酒或烈酒商标中包含识别葡萄酒或烈酒的地理标志或由此种标志构成，成员国应在其立法允许的情况下依职权或在利害关系方请求下，对不具备此来源的此类葡萄酒或烈酒，拒绝该商标注册或宣布注册无效。

（四）工业品外观设计

1. 工业品外观设计受保护的条件

协定规定各成员应为具有新颖性和独创性的工业品外观设计提供保护，所谓新颖性或原创性，是指某外观设计与已知设计或已知设计特征的组合相比，有明显区别。但各成员可规定该保护不延及实质上由于技术或功能的考虑而产生的设计。

协定还规定，每个成员应确保为获得纺织品设计保护而规定的要求，特别是有关任何费用、审查和公布的要求，不至于对寻求和获得保护的机会造成不合理的损害。各成员可自行通过工业品外观设计法或版权法来履行该项义务。

2. 对工业品外观设计的保护

依据协定第26条的规定，受保护的工业品外观设计的所有人有权阻止第三方未经所有人同意而为商业目的制造、销售或进口带有或含有受保护外观设计的复制品或实质上构成其复制品的物品。各成员可对工业品外观设计的保护规定有限的例外，但此种例外不会与受保护的工业品外观设计的正常利用发生冲突，也不会不合理的损害受保护的工业品外观设计所有人的合法权益。对工业品外观设计的保护可获得的保护期限应至少达到10年。

（五）专利

1. 可授予专利的客体

协定规定，技术领域的任何发明，无论是产品还是方法，只要它们具有新颖性、创造性和工业应用性，都可申请获得专利。在遵守协定有关规定的前提下，关于对这些发明的专利授予和专利权的享有不应因发明地点、技术领域、产品是进口的还是当地制造的而加以歧视。对可以不授予专利的情形，TRIPS也作了规定，包括：① 以保护公共秩序、社会公德为目的，包括保障人类、动植物生命与健康，防止严重损害环境的情形；② 人类或动物的疾病诊断、治疗和外科手术方法；③ 植物、动物（微生物除外）和生产动植物的生物学方法，但各成员应当采用适当的形式对植物新品种提供法律保护。

2. 授予的权利

根据协定第28条第1款的规定，专利权人享有的专利权因产品专利和方法专利的不同而有所不同。对产品专利，权利人有权制止第三方未经许可制造、使用、许诺销售、销售专利产品及为此目的进口专利产品的行为；对方法专利，专利权人有权制止他人未经其许可使用该方法和许诺销售、销售和进口依该方法专利直接获得的产品。

根据协定28条2款的规定，专利权人还享有转让权和许可权，即对专利权的转让、继承和订立许可合同的权利。

依据协定第33条规定，专利权的保护期最少应为自申请日起的20年。

3. 对专利申请人的要求

根据协定第29条第1款的规定，成员应要求专利申请人以足够清楚和完整的方式披露其发明，以使同一技术领域的技术人员能够实施该发明，要求指明在申请日或在优先权日该发明的发明人所知的最佳实施方案。

根据协定第29条第2款的规定，各成员可要求专利申请人就其相应的国外申请与授予情况提供信息。

4. 专利权的例外

协定第30条规定，各成员国可以对专利权规定少数例外，但应在考虑第三方合法利益的情况下，不与专利的正常利用发生不合理的冲突，也不得不合理地损害专利所有人的合法利益。

5. 未经权利人许可的其他使用

协定第31条所称的“其他使用”主要是指专利的强制许可。协定对授权其他使用规定了12项条件，实际上是对各成员授予强制许可进行了严格限制。这些条件包括：强制许可必须个案处理；在申请或批准强制许可之前，使用者已作出各种为获准使用专利的努力，在合理期限内未获成功，但在国家紧急状态下或公共非商业场合不受上述限制，但有及时通知权利人的义务；强制许可不享有独占权利；除与使用的企业或商誉一同转让，此种许可不得转让，等等。之所以对强制许可的限制规定得如此详细，与美国的国内法没有强制许可制度并在谈判中反对专利强制许可不无关系。

6. 专利的撤销与无效

协定第32条要求成员在作出任何撤销或宣布专利无效的决定时，应提供司法审查的机会。

7. 方法专利的举证责任

协定第34条规定，对侵犯方法专利，司法机关应有权责令被告证明其获得相同产品的方法与专利方法不同。在下列情况下，任何未经专利所有人同意而生产的同样产品，如无相反证明，即应视为是依该项专利方法而获得：① 如果依专利方法所获得的产品是新产品；② 如相同产品很可能是依该专利方法所制造，而专利所有人经过合理努力未能确定事实上使用了该方法。只有在满足前述第一种情况或第二种情况所规定的条件下，成员国才有权要求被控侵权者承担举证责任。

在引用相反证据时，应考虑被告保护其生产和商业秘密的合法利益。

（六）集成电路的布图设计

各成员同意按照《集成电路知识产权条约》的有关条款规定保护集成电路布图设计，根据这些条款的规定，对集成电路布图设计图知识产权的保护可以根据各成员自己的情况适用特别法、版权法、专利法、实用新型法、工业品外观设计法、不正当竞争法或其他法，或任何这类法的结合。此外，协定第36条还规定了对集成电路布图设计的以下各项保护。

1. 保护范围

按照协定第36条规定，除了第37条第l款另有规定外，各成员应视下列未经权利人许可的行为为非法：未经权利人许可的为商业目的的进口、销售或以其他方式发行受保护的布图设计，为商业目的的进口、销售或以其他方式发行含有受保护布图设计的集成电路，或为商业目的的进口、销售或以其他方式发行含有上述集成电路的物品。

2. 无需获得权利人许可的行为

协定第37条第1款规定的例外行为是：对从事和提供含有非法复制布图设计的集成电路和含有此类电路的物品的人，在获得该物品时不知也无合理理由应知有关物品中含有非法复制品，不能认为该活动为非法。上述行为人收到该布图设计原系非法复制的确切通知后，仍可以就事先库存的物品或预购的物品从事上述活动，但应当以此种布图设计许可协议应付的合理使用费为标准支付使用费。

3. 保护期限

协议第38条规定，在以登记为保护条件的成员中，布图设计的保护期限自登记申请之日起或自在世界上任何地方第一次商业利用之日起至少满10年；在不以登记为保护条件的成员中，布图设计的保护期限自在世界上任何地方第一次商业利用之日起至少10年。各成员可以规定，布图设计创立后15年，即终止保护。

（七）对未披露信息的保护

1. 未披露信息受保护的条件

依据协定第39条的规定，未披露信息受保护的条件可归纳为以下几个方面：第一，未披露信息是秘密的，即该信息作为一个整体或作为其各组成部分的精确排列和组合而言，尚不为通常处理所涉信息范围内的人所普遍了解或轻易接触；第二，该信息具有商业价值；第三，采取了保密措施，即信息的合法控制人根据有关情况采取了合理的措施以保持其秘密状态。

2. 对未披露信息的保护

协议对侵害未披露信息的行为进行了界定，即未经许可以违背诚实商业行为的方式，至少包括违约、泄密及诱使他人泄密的行为，及通过第三方获得未披露过的信息，无论该第三方已知或应知此种获得是否违背诚实信用原则。

对未披露信息的保护范围包括以下几个方面：一是制止《巴黎公约》1967 年文本第 10 条之 2 的规定为不正当竞争的行为；二是保护前述受保护的未披露信息；三是根据协定第 39 条第 3 款的规定，保护向政府或政府代理机构提交的数据。提交此种数据，是成员要求以提交未披露过的试验数据或其他数据，作为批准采用新化学成分的医药用或农用化工产品上市的条件。在此种数据的取得活动蕴含了相当努力的情况下，对该数据应当保护。协定要求，各成员应采取措施保护这些数据以防止被披露，除非此种披露是为了保护社会公众所必需的，或已经采取了措施确保数据不被不公正地投入商业利用。

（八）对许可协议中限制竞争行为的控制

技术转让或许可协议中有时会出现限制竞争行为，例如独占性返授，即技术的许可方要求被许可方将其改进的技术的使用权只授予许可方，而不得转让给第三方；禁止对有关知识产权的有效性提出异议；强迫性的一揽子许可，即技术的转让方强迫受让方同时接受几项专利技术或非专利技术，可能对贸易具有消极影响。协定规定，对前述这些不合理的竞争行为，各成员可采取适当措施防止或控制这些行为。成员还可在这些方面进行有效的合作。

四、知识产权执法

协定的第三部分规定了知识产权执法的内容，从第 41 ~ 60 条，共 20 条。这是一套保证执法的规则，内容十分详尽，是 TRIPS 协议颇具特色的一部分，该规则与世界贸易组织争端解决机制相配合，使该协定成为知识产权国际条约中执行力最强的条约。这也是 TRIPS 协议与过去所有的知识产权国际条约的重要区别之一。

（一）知识产权执法的一般义务

协定第 41 条对于实施知识产权的程序提出了总体要求，主要包括以下五个方面。

（1）各成员应保证其国内法中含有本协议规定的执法程序，以便对任何侵犯受本协议保护的知识产权的行为采取有效行动，包括采取及时防止侵权的补救措施及遏制进一步侵权的救济措施。实施这些程序时，应避免对合法贸易造成障碍并防止有关程序的滥用。

（2）有关知识产权的执法程序应公平和公正。这些程序不得不必要地烦琐或费用高昂，也不应规定不合理的时限或导致无端的迟延。

（3）对一案件是非曲直的裁决，最好采取书面形式并陈明理由，裁决应及时送达有关当事人。裁决只应以证据为根据，并应为当事人提供就证据陈述意见的机会。

（4）诉讼当事人应有机会要求司法部门对行政终局裁决进行审查，并在遵守成员法律中对重要案件的司法管辖权规定的前提下，有机会要求至少对初审司法裁决中的法律问题进行司法审查。但是，各成员对刑事案件中的无罪判决没有义务提供审查机会。

（5）协定不要求各成员为知识产权执法而建立一种与一般法律执法不同的司法制度。

（二）民事和行政程序及救济

1. 民事程序的基本要求

各成员应向权利人提供有关执行本协定下任何知识产权的民事司法程序。被告有权获得及时和充分详细的书面通知，包括起诉的依据；应允许诉讼代理人代表当事人出庭，关于强制本人出庭的程序不应规定过于烦琐；当事人有权陈述其权利要求并出示所有相关证据；该程序应规定一种识别和保护秘密信息的办法，除非其违反现行宪法的要求。

2. 对证据提供的要求

TRIPS 第 43 条第 1 款规定，如果对方当事人出示了由其合理获得的足以支持其权利要求的证据，并指出支持其权利要求的有关证据在对方控制之下时，司法当局应有权在确保秘密信息受到保护的条件下，命令对方出示该证据。

TRIPS 第 43 条第 2 款规定，如果一方当事人在合理期限内没有正当理由拒绝提供以其他方式表示不提供必要的资料，或明显妨碍知识产权诉讼程序，成员可授权司法当局基于向其出示的资料作出肯定或否定的初步判决或最终判决，包括由于未得到必要资料而受到不利影响的当事方提出的起诉或指控，但应向各当事人提供机会就指控或证据进行陈述。

3. 救济

（1）禁令。司法当局有权作出停止侵权的决定，特别是有权在清关后立即阻止那些涉及知识产权侵权行为的进口商品进入其管辖内的商业渠道。但如果受保护的客体是在某人知道或有合理理由知道从事有关交易会构成知识产权侵权之前获得或订购的，各成员没有义务赋予上述授权。

（2）损害。对明知或有充分理由应知自己从事的行为系侵权，司法部门有权令其向权利人支付足以补偿因其侵权行为遭受损害的损害赔偿金。司法部门还有权令侵权人向权利人支付有关费用，包括相应的律师费用。在特定情况下，即使侵权人不知或没有充分理由应知自己从事的活动系侵权，各成员也可授权司法部门令其退还利润或支付预先设定的损害赔偿金，或二者并处。

（3）其他补救。为了有效地遏制侵权，司法部门有权在不给予任何补偿的情况下，下令将被发现侵权的货物清除出商业渠道，或者下令将其销毁（除非如此会违背现行宪法）。司法部门还有权在不给予任何补偿的情况下，把主要用于制造侵权产品的材料和工具清除出商业渠道，以便将发生进一步侵权的风险减少到最低限度。此时应考虑侵权的严重程度和给予的补救及第三方利益之间的均衡。对于假冒商标货物，除了例外情况，仅仅除去非法贴上的商标并不足以阻止该货物进入商业渠道。

（4）获得信息的权利。各成员可规定，司法部门有权责令侵权人告知权利人有关参与生产和分销侵权产品或服务的第三方的身份，以及他们的分销渠道，除非这与侵权的严重程度不成比例。

4. 对被告的赔偿协定

协定第 48 条规定了对滥用知识产权的赔偿责任，该条规定的内容分为两个部分：第一，对一方当事人申请的措施已经实施，但该申请人滥用了知识产权执法程序，司法当局应当责令该申请人向误受禁止或限制的对方当事人就因滥用而造成的损害提供适当赔偿。还应有权责令申请人为被告支付由此引起的包括适当律师费的开支；第二，在知识产权行政执法中，行政机关及其人员只有在善意采取或试图采取特定的救济措施时，才能免除他们对采取该措施的过失责任。

（三）临时措施

协定第 50 条规定了有关知识产权保护方面的临时措施。这里所谓的临时措施，是指在民事诉讼程序或行政程序开始之前一方当事人请求司法机关或行政机关采取的保全措施。协定关于临时措施的规定主要包括以下几个方面。

第一，临时措施的各项要求主要针对各成员的司法机关和民事诉讼程序，同时要求如果行政程序可以采取任何的临时措施，应当执行该节规定的相同原则。

第二，司法当局应当有权采取及时有效的临时措施。临时措施的范围包括：① 制止行为人任何侵犯知识产权行为的发生，特别是包括由海关放行的进口商品在内的侵权商品进入所管辖的商业渠道；② 保存被指控侵权的有关证据。

第三，司法部门有权要求申请人提供任何可合理获得的证据以使司法部门足以肯定该申请人是权利人，并且该申请人的权利正受到侵害或这种侵害即将发生。为保护被告和防止滥用程序，司法部门有权责令申请人提供相应的保证金或相当的担保。

第四，如果已经采取了不作预先通知的临时措施，则至迟应在执行该措施后毫不迟延地通知受影响的各方。被告请求对所采取的临时措施复议的，应当在通知后的合理期限内提供复议机会，在复议中应保证被告陈述的权利。经过复议，司法当局应当根据情况作出变更、撤销或维持原决定的复议决定。

第五，为了让司法部门验明有关的商品，将要执行临时措施的当局可以要求申请人提供其他的必要信息。

第六，在采取临时措施之后，申请人应在一定期限内提起诉讼。如果在规定的期限内未提出诉讼，可应被告的请求撤销或暂停执行临时措施。

第七，如果临时措施被复议撤销或因申请人的任何行为或疏忽而失效或事后发现自始不存在对知识产权的侵犯或侵权威胁，根据被告的请求，司法当局有权责令申请人对因临时措施给被告造成的损害予以适当赔偿。

（四）与边境措施相关的特别要求

为防止侵权物品和盗版物品的进口，协定第三部分第四节对成员应采取的边境措施提出了特别的要求。这些特别要求主要包括十个方面：海关当局的暂停放行；申请；保证金或相当的担保；暂停放行的通知；暂停放行的时限；对进口商和货物所有人的补偿；检验和获得信息的权利；职权内行动；补救；微量进口。对边境措施的特别要求实际上也是对临时措施的要求的具体化。

（五）刑事程序

依照协定第 61 条的规定，各成员应规定刑事程序和处罚，至少将其适用于具有商业规模的故意假冒商标或版权案件。可使用的补救手段应包括足以起威慑作用的监禁和罚金，处罚程度应与适用于同等严重程度的犯罪所受到的处罚程度一致。在适当情况下，可使用的补救手段还应包括剥夺、没收和销毁侵权货物和主要用于侵权活动的任何材料和工具。各成员可规定适用于其他知识产权侵权行为的刑事程序和处罚，尤其是故意并具有商业规模的侵权案件。

四、知识产权的获得、维持及相关程序

这部分内容是有关程序的综合性规定，其内容包括如下几个方面。

（1）各成员可要求把合理的程序和手续作为获得或维持本协定所指知识产权的条件之一，当然这种程序和手续应符合本协定的规定。

（2）如果知识产权的获得以该权利的授予或注册为前提，各成员应保证，在符合获得权利的实质性条件的情况下，有关授予或注册程序将在一合理期限内完成权利的授予或注册，以避免无端地缩短保护期限。

（3）《巴黎公约》（1967 年文本）第 4 条关于商标注册的规定，也适用于服务标记。

（4）有关获得或维持知识产权的程序，以及一成员法律提供了这些程序时，行政撤销和诸如异议、无效和撤销等当事人之间的程序，应遵循上述第 41 条第 2 款和第 3 款所规定的一般原则。

（5）根据上述任何程序作出的行政终局裁决应受司法或准司法部门的审

查。但在异议或行政撤销不成立时，只要提出这些程序的理由能成为无效程序的内容，则成员对这些程序中作出的决定没有提供审查的义务。

五、争端的防止与解决

（一）透明度原则

议定第63条规定了争端的防止与解决的透明度要求。其中该条第1款规定，各成员已经生效的、与本协议内容有关的法律和规章以及普遍适用的终审司法判决和终局行政决定，均应以本国语言公布。各成员应将上述法律和规章通知与贸易有关的知识产权理事会，以便协助理事会审查本协议的实施情况。

（二）争端的防止与解决机制

各成员有关TRIPS协议争端的解决，应适用WTO争端解决机制。争端解决机制主要规定在WTO《关于争端解决的规则与程序的谅解》。

六、过渡安排、机构安排与最后条款

过渡安排主要规定了对发展中国家和最不发达国家的特殊优惠。协定第65条规定，一般国家可在协定生效之日后1年开始适用本规定。发展中国家适用本协定的时间可再推迟4年，但国民待遇、最惠国待遇及本协定第5条的规定除外。从计划经济向市场经济转变中的成员，以及正在进行知识产权制度结构改革的成员，也可享受给予发展中国家的延迟期限的利益。鉴于最不发达国家成员的特殊需要，其经济、财政和管理压力以及技术基础等因素的考虑，可再推迟10年。

TRIPS第七部分“机构安排和最后条款”主要涉及六个问题：建立与贸易有关的知识产权理事会，进行国际合作，关于协定的追溯力，协定的审查与修订，对协定的保留以及基于安全理由的例外。

[司法应用]

1996年发生了美国与日本关于录音带进口措施的纠纷，是WTO贸易争端解决机制受理的第一个知识产权纠纷。日本当时的版权法对1946年1月1日到1972年1月1日期间生产的录音制品不予保护，美国认为，根据TRIPS协议，对录音制品应自其制作完成之年的年底起至少保护50年，日本的规定显然与TRIPS协议第14.6条和70.2条的规定不符合，于是要求与日本磋商。1996年12月，日本政府修改了版权法，对录音制品和表演的保护期规定为50年。1997年1月24日，双方达成和解，美国政府撤回了申诉❶。

多边争端解决机制是世界贸易组织各成员维护自身权益的一种有效手段，

❶ 参见朱榄叶编著：《世界贸易组织国际贸易纠纷案例评析》，法律出版社2000年版，第405页。

上述案例中美国就是通过这一机制成功解决了与日本的录音制品保护纠纷。我国已经成为世界贸易组织的正式成员，为维护在世界贸易组织中的合法权益，趋利避害，我们应该充分熟悉和利用这一机制。

按照 WTO《关于争端解决的规则与程序的谅解》的规定，争端解决的基本步骤是：

1. 磋商

在发生争端后，要求协商的缔约方应以书面形式通知争端解决机构（简称 DSB，直接隶属于部长会议，有自己的主席、工作人员、工作程序等）和 TRIPS 理事会，并说明请求的理由和依据。被请求的成员应在收到请求之日起 10 日内给予答复，并在 30 日内进行善意的磋商，以求满意解决。如果在规定的期限内被请求的成员未作出答复和进行磋商，请求方可直接请求进行专家组程序。

2. 斡旋、调解和调停

这一程序是在争端各当事方同意之下自愿进行的，争端任何当事方可在任何时候要求斡旋、调解和调停，也可在任何时候终止。一旦终止，申诉方即可提出请求设立专家组。如争端各方同意，在专家组工作同时，斡旋、调解和调停仍可继续进行。总干事可依其职权进行斡旋、调解和调停，以协助各方解决争端。

3. 专家小组审理

专家小组审理程序是世界贸易组织争端解决机制的核心，在实践中使用得最多，《关于争端解决的规则与程序的谅解》对它的设立、组成及其职权作了较详细的规定。世界贸易组织秘书处有一份拥有专家小组成员资格的政府和非政府人士的名册，从符合条件的人员中选定专家小组成员时，应当确保其具有客观独立性。如果争端发生在发展中国家与发达国家之间，发展中国家成员方可提出请求，要求专家小组中至少应包括 1 名来自发展中国家的专家小组成员。专家小组的职权是：审查争端当事方提交 DSB 的有关事项，进行必要的调查，最终作出解决该争端的决定，并提交 DSB 采纳。

4. 上诉机构裁决

DSB 设立常设的上诉机构，处理争端当事方对专家小组决定不服提出的上诉请求。上诉机构依程序作出裁决，其可以维持、修改或推翻专家组的法律调查和结论。该裁决一旦被 DSB 接受将是最终裁决。

5. 对决定或报告的履行

对于争端各方未提出上诉审查的专家组决定以及上诉机构的报告，均需由 DSB 通过才能生效。通过的决定或报告首先由争端各方主动履行，如果在合理时间内未得到实施，申诉方可申请授权赔偿和中止其关税减让义务或其他义务的措施。

思考题

1. 简述知识产权国际保护的体制框架。
2. 简述《保护工业产权巴黎公约》的基本原则和主要内容。
3. 简述《保护文学艺术作品伯尔尼公约》的基本原则和主要内容。
4. 简述《与贸易有关的知识产权协议》的制定背景和主要内容。
5. WCT 和 WPPT 在哪些方面弥补了《伯尔尼公约》和《罗马公约》的不足?
6. TRIPS 协议与世界知识产权组织管理的条约相比，有哪些突出特点?

参 考 书 目

[1] 吴汉东，刘剑文. 知识产权法学［M］. 2 版. 北京：北京大学出版社，2002.

[2] 刘春田. 知识产权法［M］. 北京：高等教育出版社、北京大学出版社，2000.

[3] 李明德，许超. 著作权法［M］. 北京：法律出版社，2003.

[4] 孙国瑞. 知识产权［M］. 北京：西苑出版社，1998.

[6] 蒋志培. 入世后我国知识产权法律保护研究［M］. 北京：中国人民大学出版社，2002.

[7] 知识产权出版社. 知识产权学习读本［M］. 北京：知识产权出版社，2004.

[8] 唐安邦. 中国知识产权保护前沿问题与 WTO 知识产权协议［M］. 北京：法律出版社，2004.

[9] 刘春茂. 知识产权原理［M］. 北京：知识产权出版社，2002.

[10] 尹新天. 专利权的保护［M］. 北京：专利文献出版社，1998.

[12] 阿瑟 · R. 米勒，迈克尔 · H. 戴维斯. 知识产权法概要［M］. 北京：中国社会科学出版社，1998.

[13] 德利娅 · 利普希克. 著作权与邻接权［M］. 北京：中国对外翻译出版公司、联合国教科文组织，2000.

[14] 文希凯. 专利法教程［M］. 北京：知识产权出版社，2003.

[15] 唐超华. 知识产权法学［M］. 长沙：湖南大学出版社，2004.

[16] 曾文革，陈静熔. 知识产权法学［M］. 重庆：重庆大学出版，2002.

[17] 马治国. 知识产权法学［M］. 西安：西安交通大学出版，2004.

[18] 黄勤南. 新编知识产权法教程［M］. 北京：法律出版社，2003.

[19] 汤宗舜. 专利法解说［M］. 修订版. 北京：知识产权出版社，2002.

[20] 刘春田. 知识产权法［M］. 2 版. 北京：中国人民大学出版社，2002.

[21] 汤宗舜. 专利法教程［M］. 3 版. 北京：法律出版社，2003.

[22] 吴汉东. 知识产权法［M］. 北京：法律出版社，2004.

[23] 李国光. 知识产权诉讼［M］. 北京：人民法院出版社，1999.

[24] 郑成思. 知识产权论［M］. 3 版. 北京：法律出版社，2003.

[25] 胡开忠. 知识产权法比较研究［M］. 北京：中国人民公安大学出版社，2004.